# 国际投资争端解决公约法律
# 实务指南

于治国　著

中国商务出版社
CHINA COMMERCE AND TRADE PRESS

图书在版编目（CIP）数据

国际投资争端解决公约法律实务指南／于治国著
. —北京：中国商务出版社，2022.8（2023.5重印）
ISBN 978-7-5103-4228-8

Ⅰ.①国…　Ⅱ.①于…　Ⅲ.①国际投资—国际争端—
研究②国际投资—国际条约—指南　Ⅳ.①D996.4

中国版本图书馆 CIP 数据核字（2022）第 061869 号

# 国际投资争端解决公约法律实务指南
GUOJI TOUZI ZHENGDUAN JIEJUE GONGYUE FALÜ SHIWU ZHINAN

于治国　著

出　　版：中国商务出版社
地　　址：北京市东城区安外东后巷 28 号　　邮　　编：100710
责任部门：商务事业部（010-64269744）
责任编辑：张高平
直销客服：010-64269744
总 发 行：中国商务出版社发行部（010-64208388　64515150）
网购零售：中国商务出版社淘宝店（010-64286917）
网　　址：http://www.cctpress.com
网　　店：https://shop595663922.taobao.com
邮　　箱：bjys@cctpress.com
排　　版：北京天逸合文化有限公司
印　　刷：河北赛文印刷有限公司
开　　本：700 毫米×1000 毫米　1/16
印　　张：15.75　　　　　　　　　字　　数：246 千字
版　　次：2022 年 8 月第 1 版　　　印　　次：2023 年 5 月第 2 次印刷
书　　号：ISBN 978-7-5103-4228-8
定　　价：56.00 元

# 序

　　对外投资不仅是企业"走出去"开展跨国经营活动的重要标志，还是其实现全球战略布局的重要步骤。为了维护跨国投资者在东道国的合法权益，一些国家在签署投资促进与保护协定的同时，还在世界银行的主持下达成了《解决国家与他国国民间投资争端公约》。全球190多个国家中已有156个国家加入此公约。

　　国际投资争端解决中心（ICSID）就是根据《解决国家与他国国民间投资争端公约》建立的唯一专门解决外国投资者与东道国政府国际投资争端的政府间常设国际机构，其目的是通过提供仲裁和调解等服务协助当事人解决国际投资争端以促进国际投资流动。作为独立和非政治性的争端解决机构，ICSID自成立50年来已发展成为最具影响的国际投资争端解决机构。全球绝大多数国际投资争端均在ICSID以仲裁方式解决，众多国际投资条约、国内投资法和投资合同均将ICSID作为指定仲裁机构。根据英国伦敦玛丽女王大学与美国伟凯律师事务所（White & Case）联合发布的《2021年国际仲裁观察》，ICSID已成为全球优先选择的第六大仲裁机构。到2022年4月30日，ICSID已受理904个案件（仲裁案件占99%）。大部分案件首先是指控东道国政府违反与投资有关的国际条约，其次是指控其违反东道国国内法以及外国投资者与东道国政府或其指定国有企业等机构签署的投资合同。并且在大多数情况下，外国投资者胜诉，这表明ICSID在维护跨国投资者合法权益方面发挥了极其重要的作用。

　　改革开放以来，我国政府高度重视投资促进和保护工作，不仅以创始成员国身份加入了世界银行多边投资担保机构，还在1993年成为ICSID公约缔约国。多年来，我国一直稳居世界第二大资本输入国，在2020年更是成为世界第一大资本输出国，这预示着涉华国际投资争端可能会逐步增多，相关企业和机构应当做好风险防范和投资争端解决预案。

目前，我国对 ICSID 进行全面和系统研究的著作相对较少，并且大多侧重理论问题。本书则从法律实务角度出发，结合精选出的 170 多个 ICSID 典型案件，对 ICSID 及其仲裁规则的主要规定与适用进行分析，以澄清 ICSID 仲裁实践对相关问题的具体解读。该书几乎涵盖了 ICSID 仲裁涉及的所有重要程序，包括处理案件适用的法律规则（条约解释、证据、先例的效力等）、仲裁程序（立案、组庭、庭审、裁决、集体仲裁、合并仲裁、第三方、保密与透明度等）、仲裁庭的管辖权（管辖主体、客体、管辖合意等）、仲裁员遴选和更换、立案审查与临时措施、损失赔偿和仲裁费用、仲裁裁决的复审与执行等。本书还对外国投资者与东道国政府投资争端仲裁机制从普通商事仲裁制度中的脱胎独立过程、ICSID 的设立背景、我国全面接受 ICSID 仲裁的历程、涉华 ICSID 仲裁案件及其裁决结果进行剖析，以帮助读者认识国际投资争端仲裁机制不同于一般商事仲裁的特殊性和作用。

本书作者毕业于对外经济贸易大学和美国乔治城大学法律专业，在我国商务部从事涉外法律相关工作近 20 年，处理了多起贸易救济调查案件，并参与多项国际经贸规则谈判、世贸组织争端案件以及 ICSID 国际投资争端仲裁案件应对工作，具有深厚的涉外法律功底和丰富的实务经验。本书的出版将丰富我国在 ICSID 领域的研究成果，并为我国企业和法律实务工作者更好地利用 ICSID 公约和仲裁机制做好风险预判和维护合法权益提供可信赖的指引和帮助。

史晓丽

中国政法大学国际法学院教授和博士生导师

2022 年 5 月

# 前　言

　　《华盛顿公约》规定了外国投资者和东道国因投资产生法律纠纷的仲裁机制。依其设立的国际投资争端解决中心（ICSID），是当前国际上解决投资争端最重要的机构之一。截至 2021 年，国际投资争端解决中心已经处理了超过 800 个国际间的投资争端。

　　我国于 20 世纪 90 年代加入《华盛顿公约》，对《华盛顿公约》及相关仲裁规则的发展做出了自己的贡献。在实践中，针对我国发起的仲裁不多，仅有 5 起；而我国企业对外国政府发起的仲裁则有 10 起。虽然案件不多，但我国涉案仍有几个特点：一是案件数量近年逐渐增多。在我国应诉的 5 起案件中，2019 年后的案件就占了 3 起。二是我国企业参与程度不高但潜力明显。虽然目前中国企业提出的国际投资争端仲裁案件数量不多，但近半数是近三年内提出的仲裁请求。从趋势上看，我国参与国际投资争端仲裁的案件数量将逐年上升。

　　随着"一带一路"倡议的深入推进，中国企业在"一带一路"沿线国家的投资额和中国吸收外商直接投资的规模日益增加。中国企业有必要对国际投资争端法律机制和实践进行研究，并做好相应的起诉和应诉准备。虽然目前已有大量学术论文研究讨论《华盛顿公约》相关规则和实践的问题，但系统化地针对仲裁程序进行分析的出版物不多，尤其是结合条约进行集中的案例分析很少。

　　本书着眼于《华盛顿公约》及其已有案例，从仲裁涉及的各个重要条件、程序和内容出发，对重点、热点和新问题进行了梳理、总结和分析，对进一步研究《华盛顿公约》规则有一定的参考价值，可为企业和律师更好地利用《华盛顿公约》以维护合法权益提供有力的指导作用。

于治国

2022 年 3 月

## 目录 CONTENTS

## 第一章

# 《华盛顿公约》和国际投资争端解决中心

《解决国家与他国国民间投资争端公约》即《华盛顿公约》（简称《公约》）是各国间关于解决外国投资者与缔约国之间因投资产生的法律争端的国际条约。随着国际间多边和双边投资保护协定的快速增长，《公约》已经成为各国吸引外国投资发展经济、消除外国投资者顾虑和解决有关法律争端的重要的法律工具。

国际投资争端解决中心 ICSID（以下简称"中心"）是直接依据《公约》成立的仲裁机构，是隶属于世界银行的政府间组织。目前，国际投资争端解决绝大部分案件都是根据《公约》在中心组成的仲裁庭审理。① 中心是国际上解决投资争端的最主要机构。

## 第一节 《华盛顿公约》

鉴于私人投资在经济发展中的重要作用，各国认识到保护私人投资者合法权益的重要性。传统上，投资争端或求诸东道国国内司法程序，或寻求本国的外交保护。但两种方式都存在明显的缺陷：投资者担心东道国司法机构的偏袒，而外交保护可能影响双边关系且烦琐复杂。因此，各国都

---

① 2019 ICSID Annual Report, P19.

在努力寻求解决私人投资者与外国政府之间争端的妥善之道。为了这一目标，国际上进行了很多尝试和努力，最终形成了《公约》。《公约》起草于1965 年，并最终在 1966 年生效。经过五十多年的发展，《公约》已经成为解决国际投资争端的最重要的国际条约。

截至 2022 年 1 月，《公约》共有 164 个缔约国。目前主要工业国家和亚洲、非洲、拉丁美洲的发展中国家都是《公约》缔约国。俄罗斯和泰国等 8 国虽然已经签署了公约，但仍未完成加入《公约》的国内批准程序。而玻利维亚、厄瓜多尔和委内瑞拉则于 21 世纪初先后退出了《公约》。①

## 一、《公约》 及相关规则

### (一)《公约》

《公约》共分 10 章 75 条，规定了关于其运行的机构、规章规则、程序和实体规则等内容。主要内容包括：

（1）关于国际投资争端解决中心的规定；

（2）关于管辖权的规定；

（3）关于仲裁或调解的规定；

（4）关于任免仲裁员或调解员的规定；

（5）关于仲裁费用和地点的规定；

（6）关于缔约国之间争端的规定；

（7）关于《公约》修订及生效等其他条款的规定。

### (二)《仲裁规则》《调解规则》 等相关规则

根据《公约》的规定，中心还起草了《启动程序规则》《仲裁规则》《调解规则》和《行政财务条例》。

《启动程序规则》规定了如何根据《公约》启动仲裁或调解程序。通过分步骤的形式，该规则分解了从登记仲裁或调解请求，到发放登记通知

---

① LIST OF CONTRACTING STATES AND OTHER SIGNATORIES OF THE CONVENTION（as of June 9, 2020），https://icsid.worldbank.org/resources/lists/icsid-3.

这一过程的程序和实体要求。

《仲裁规则》规定了登记仲裁后的程序，包括组成仲裁庭、仲裁庭权限、通用和特殊程序规则、仲裁裁决、裁决后救济等相关规定。

《调解规则》是针对《公约》调解程序的规定，包括成立调解委员会、工作程序、通用程序和终止调解的相关规定。

《行政财务条例》提供了中心机构管理和案件管理相关的规定，包括行政理事会和秘书处的组成和工作程序、案件管理以及时限、豁免权等其他规定等。

### (三)《附加便利规则》及相关规则

如果申请仲裁的当事方并不能满足《公约》第二十五条规定的管辖权规定，例如，在当事方之一并非缔约国或缔约国国民或所涉案件并非投资争端等情况下，当事方仍然可以依据《附加便利规则》向中心提出仲裁、调解等请求。

根据《附加便利规则》的规定，当事方可以请求中心安排相应程序，提供仲裁、调解和事实认定等服务。秘书长对《附加便利规则》下的仲裁、调解等请求有自由决定权，可以拒绝向当事方提供相应的服务。

此外，《附加便利规则》下的仲裁裁决，也不能依据《公约》规定的裁决执行机制获得认可和执行，须根据《纽约公约》相关规定采取与其他商事仲裁类似的机制获得执行。

《附加便利规则》也有与之相关的《启动程序规则》《仲裁规则》《调解规则》和《行政财务条例》等具体规则。

### 二、《公约》的起源和发展

外国投资者与东道国政府通过国际仲裁解决投资争端的概念，肇始于联合国的一系列研究报告。随着《纽约公约》的成功，联合国在发展国际仲裁等方面取得了明显成功，也积累了相当的经验，开始考虑推动其他领域的国际仲裁制度。联合国发布的《促进私人资本国际流动的报告》提出了将仲裁手段作为解决外国私人投资者与他国政府争端的替代方案，并建议成立有别于商事仲裁的新的仲裁机构负责投资仲裁。① 但是由于联合国内部政治分歧显著，拉丁美洲发展中国家和华约成员均对此建议反应消极，使得该方案难有进展。②

随后，经济合作与发展组织（OECD）在 1962 年公布了《关于投资保护公约的草案》。③ 起草人 Shawcros 提出该草案附件提供了外国投资者可利用仲裁机制与东道国政府解决争端的机制。④ 由于国际公约和共识的缺位，最终该草案并未通过生效。

同时世界银行也在观察和考虑国际投资争端解决的问题。时任总法律顾问 Broches 建言，在世界银行体系内成立仲裁和调解国际投资争端的机制，并提出了四项具体的建议：

一是成员国要同意外国私人投资者可以通过国际仲裁机构提出仲裁请求解决经济和财务争端。二是成员国要承认外国投资者提出的仲裁请求因承诺而对本国产生法律约束力。三是制定关于仲裁员选任、仲裁规则等具体规则。四是调解可以作为投资者选择备用的解决手段。⑤

世界银行主要由发达工业国家执掌，相对于联合国而言，成员国对国际投资仲裁的分歧较小，为国际投资仲裁在世界银行体系内得以建立提供了良好的条件。

1962 年，Broches 提出了《公约草案的工作文件》⑥，内含 11 条建议，涉及条约目的、机构设置和管辖权等内容。就仲裁管辖，此时的条款与后

---

① The Promotion of the International Flow of Private Capital: Progress Report by the Secretary-General (26 February 1960) UN Doc. E/3325, 80–81.

② Aron Broches, Selected Essays: World Bank, ICSID, and Other Subjects of Public and Private International Law, Martinus Nijhoff Publishers.

③ OECD Draft Convention on the Protection of Foreign Property (1963) 2 ILM 241 (1962 OECD Draft Convention).

④ Hartley Shawcross, "The Problems of Foreign Investment in International Law" (1961) 102 Recueil des cours 339, 362.

⑤ History of the ICSID Convention, Documents Concerning the Origin and the Formulation of the Convention on the Settlement of Investment Disputes between States and Nationals of Other States, Volume II-1, Doc No. 1, 第 1–3 段。

⑥ History of the ICSID Convention, Documents Concerning the Origin and the Formulation of the Convention on the Settlement of Investment Disputes between States and Nationals of Other States, Volume II-1, Doc No. 6, P9–46.

世生效的文本差异很大：一方面不要求争端必须是与投资相关的法律争端，另一方面又设置了十万美元的仲裁门槛。

在《公约草案的工作文件》的基础上，经商世界银行成员国，Broches 于 1963 年提出了更加详细的《第一次初步文本》。[①] 在对该文本举行的一系列意见征求会上，各方提出了许多修改建议，成为现行《公约》的一部分。例如，立案登记前审查的规定、关于临时措施的规定，以及将明显超越职权仲裁作为撤销仲裁裁决的理由等。

在 1964 年世界银行东京年会上，Broches 向各国代表团散发了《公约》的正式草案。该草案最显著的内容即是对投资的定义：货币或任何有经济价值的资产。由于拉美地区的集体反对，该草案并没能获得通过生效。年会后，61 个国家派出代表参与了《公约》文本的最后起草工作，并于当年再次提交了最后的文本草案。最后的文本草案删除了关于投资的定义，并将缔约国执行仲裁裁决的义务仅局限于财产义务。最终世界银行于 1965 年 3 月正式批准了最后的文本草案，并交付缔约国履行国内批准的程序。在得到 20 个缔约国的批准后，《公约》于 1966 年 10 月 14 日正式生效。

## 第二节　国际投资争端解决中心

国际投资争端解决中心 ICSID 是根据《公约》设立的仲裁机构，旨在促进仲裁或调解缔约国和他国国民之间因投资产生的法律争端，并以此促进国际投资和经济发展。中心本身并不直接参与解决争端，它的作用在于为当事方提供组织服务，并协助仲裁庭完成解决争端的任务。

中心位于世界银行总部，是世界银行五大分支机构之一，因此也是国际间的政府组织。根据《公约》规定，中心有两级管理机构：行政理事会和秘书处。

---

① the First Preliminary Draft of a Convention on the Settlement of Investment Disputes between States and Nationals of Other States, History of the ICSID Convention, Documents Concerning the Origin and the Formulation of the Convention on the Settlement of Investment Disputes between States and Nationals of Other States, Volume Ⅱ-1, Doc No. 21, P133-174.

## 一、行政理事会

行政理事会是最高权力机构，由缔约国代表组成。每年举行一次年会，与世界银行年会同期举行。世界银行行长根据《公约》规定依职权成为行政理事会的主席。

在决策程序中，行政理事会遵循一国一票的投票原则，但行政理事会主席没有投票权。在大多数情况下，行政理事会决策依据简单多数票决定，在少数议题上则需要 2/3 多数的票决。

根据《公约》规定，行政理事会主要负责以下事项：

1. 通过《行政财务条例》《启动程序规则》《仲裁规则》和《和调解规则》；

2. 批准使用世行设施和服务的安排；

3. 将中心迁移往其他地点；

4. 选任秘书长和副秘书长；

5. 决定中心支出分配规则；

6. 决定修订《公约》的建议；

7. 组成相应的委员会；

8. 履行《公约》所必需的其他权力和职能。

行政理事会主席的主要职权如下：

1. 提名秘书长和副秘书长；

2. 在仲裁员名录和调解员名录中任命总数不超过十人的仲裁员或调解员；

3. 在特定情况下任命具体个案的仲裁员或调解员；

4. 任命特设委员会的委员；

5. 决定除名个案仲裁庭的仲裁员或调解员。

## 二、秘书处

中心秘书处由秘书长和副秘书长领导，由来自缔约国的法律顾问等国际职员组成。秘书处主要负责为当事方和仲裁庭提供行政支持，例如，提供听证会场地、翻译服务和案件协调等。

秘书长作为秘书处的负责人，保障其主要职责包括提供案件申请登记和审查，维护仲裁员和调解员名录，保障缔约国在《公约》项下的权利义务，以及为非缔约国加入《公约》提供咨询和辅助等。

秘书处的工作人员主要是经验丰富、会多语种的法律顾问，为缔约国、投资者提供咨询服务。此外，他们还同时承担仲裁庭秘书的工作，保管相关法律文件，接转传达各方提交的材料和证据，组织听证会并做好纪要，协助仲裁庭准备程序命令法律文件。

# 第三节 我国与《华盛顿公约》

中国于 1990 年 2 月签署《公约》，并于 1993 年 2 月正式成为《公约》的缔约国。这也是首次我国同意将事关国家经济权益的国际争端交由第三方国际机构管辖。在加入《公约》的同时，我国也对中心仲裁庭的管辖权进行了限制：根据《公约》第二十五条第四款的规定，中国仅同意中心仲裁庭管辖因征收或国有化而产生赔偿相关问题的争端。[①]

## 一、我国签订国际投资保护协定（BIT）的情况

鉴于吸引外国投资对改革开放和经济发展的重要作用，我国从 20 世纪 80 年代开始与其他国家商签多边或双边投资保护协定。目前是世界上签有国际投资协定最多的重要经济体之一。根据世界银行的统计，截至 2020 年 9 月，中国已签有 128 个投资协定，仅低于德国（160 个），明显高于美国（58）、日本（22）、印度（85）、韩国（87），数量位居世界第二。[②]

我国首个包含投资仲裁条款的国际投资协定是 1992 年中国-西班牙投资协定。[③] 在加入《公约》后，我国陆续签订了许多国际投资协定。这些

---

① 对该同意管辖的分析请详见"管辖权"章节。

② Database of Bilateral Investment Treaties, ICSID, World Bank, https://icsid.worldbank.org/resources/databases/bilateral-investment-treaties.

③ 据笔者了解，我国签订的第一个国际投资协定是 1982 年中国-瑞典投资协定。但该协定并没有投资仲裁的相关规定。

协定都明确规定了中国同意将国际投资争端交付中心仲裁的意愿。这个时期的仲裁条款，仍然坚持我国对中心仲裁庭管辖权的条件，即只同意就征收和国有化有关的赔偿问题接受仲裁。

1998 年中国-巴巴多斯投资协定标志着我国新的投资协定模式的出现。在该协定中，我国不再强调仲裁庭管辖权仅限于征收和国有化相关的赔偿问题，而做出了更加广泛、更有深度的管辖同意，从而提高了对外资保护的力度和水平。①

由于最惠国条款的应用，投资仲裁的范围得以进一步的扩展。外国投资者可以借用已有投资协定中的规定，为自己的仲裁请求提供管辖权依据。在我国已有的国际投资协定中，对最惠国待遇的使用大致可以分成两种：指定争端解决条款不适用最惠国待遇和未特指争端解决条款的适用范围。例如，中国-哥伦比亚投资协定规定，最惠国待遇不适用于投资争端解决机制。② 而中国-马耳他投资协定则规定，一缔约国给与另一国投资者的待遇，不应当低于该国给与第三国投资者的待遇。③

## 二、参与国际投资仲裁案件的情况

虽然我国已经加入《公约》近 30 年，但我国企业和政府参与《公约》仲裁的案件数量不多。根据中心统计，截至 2022 年 1 月，我国企业共发起仲裁请求和案件 10 起，外国投资者诉我国案件 5 起。④

## （一）我国企业发起的案件

在我国企业提起仲裁的 10 起案件中，有 5 起做出了最终的仲裁裁决，

---

① 余劲松，詹晓宁. 论投资者与东道国间争端解决机制及其影响 [J]. 中国法学，2005（05）：175-184.

② Agreement Between the People's Republic of China and Colombia on the Promotion and Reciprocal Protection of Investment, art. 3 (3), Nov. 22, 2008.

③ Agreement Between the People's Republic of China and the Government of Malta on the Promotion and Protection of Investment, art. 3 (3) (1), Feb. 22, 2009.

④ 在其他国际仲裁机构中，尚有我国企业发起的国际投资争端仲裁案件。例如，在海牙常设仲裁法院，根据 UNCITRAL 规则仲裁的 Sanum Investments Limited v. Lao People's Democratic Republic, UNCITRAL, PCA Case No. 2013 - 13, Beijing Shougang and others v. Mongolia, PCA Case No. 2010-20 等案件。

其余 5 起案件正在仲裁程序中。

### 1. Shum-秘鲁案

该案是我国企业发起的第一起依据《公约》仲裁的国际投资争端。仲裁庭在若干关键问题上支持了申请方的主张，认为仲裁庭有权管辖该案，且被申请方的征税措施构成了间接征收，从而违反了中国-秘鲁投资保护协定的规定。在随后的撤销程序中，特设委员会驳回了撤销本案仲裁裁决的请求，维持了原案裁决。

在本案中，主要涉及了以下重要的法律问题。

第一，仲裁庭能否管辖？本案是香港特区居民依据中国-秘鲁投资协定提出的仲裁案件。被申请方提出了三项仲裁庭缺乏管辖权的理由：首先申请方为香港居民，应当依据香港-秘鲁投资协定的规定确定管辖，而依据中国-秘鲁投资协定则仲裁庭无权管辖。仲裁庭认为国籍认定应当基于中国国内法律的规定，因此香港居民仍然是中国国籍法律规定的中国公民，享有中国-秘鲁投资协定的权利义务。其次，涉案投资并非直接投资，不符合《公约》管辖权的规定。仲裁庭提出《公约》规定仅对"投资"相关法律争端有管辖权，并未区分直接投资和间接投资。因此，间接投资仍然是投资，仍然提供了管辖权的基础。最后，中国-秘鲁投资协定规定仅可以对"国有化或征收相关补偿问题"交付仲裁。仲裁庭指出，被申请方的征收行为构成了间接征收，因此符合投资协定的规定。鉴此，仲裁庭确定其对案件有管辖权。

第二，征税行为是否构成征收？仲裁庭认为，首先，被申请方实施的临时性强制税收，既是对投资者业务重大的、致命的干预，也是导致其业务中断的直接原因。其次，征税措施不符合其国内法律规定，并具有任意性和武断性的特征。最后，征税行为违反正当程序原则，因为投资保护的救济措施徒具形式，所以投资者业务未得到合理保护。因此，仲裁庭认为涉案措施构成了间接征收。

在此基础上，仲裁庭最终认定被申请方违反了中国-秘鲁投资协定的规定，应当对投资者进行补偿。

### 2. 中国平安-比利时案

中国平安投资了位于比利时的金融服务公司。比利时政府应对 2008 国际金融危机时采取的措施，使中国平安投资利益受损，从而引发了该案。经审理，仲裁庭以缺乏管辖权为由驳回了申请方的主张。

本案由于中国-比利时存在两份先后相继的投资协定，若依旧约则仲裁庭对本案没有管辖权。因此案件的焦点就在于应当适用哪一份投资协定。仲裁庭认为，当事双方在新约生效前没有进入司法或仲裁程序，从而为适用新约提供了条件。仲裁庭认为，新约中第八条规定的争端仅指新约生效后出现的争端，而本案争端发生在新约生效前，因而不能适用新约。新约第十条规定，新约适用于其生效前后所有的投资。仲裁庭将此条解释为其仅指向投资而非争端。因此，生效前发生的争端仍不符合该第十条的规定。据此，仲裁庭认为依据新约其没有案件的管辖权。

### 3. 北京城建-也门案

北京城建在也门施工了机场项目，后因被申请方剥夺了该投资项目而引发该仲裁。本案的争议焦点仍然是管辖权异议，主要包括：

第一，涉案工程是否构成投资？首先，被申请方主张申请方为国有企业，因此不能成为《公约》规定的外国投资者。其次，工程项目不是投资。仲裁庭一一驳回了其主张。对于投资者资格，仲裁庭认为申请方为独立法人，本案争议项目具有商业活动的特征；对于工程投资，根据Salini-摩洛哥案确定的标准，工程项目同样符合投资的特征。因此，仲裁庭认为涉案项目构成了《公约》意义上的投资。

第二，是否构成征收？由于中国-也门投资协定将仲裁事项仅约定为与征收和国有化相关的补偿问题，因此被申请方主张本案没有征收的事实。仲裁庭认为被申请方驱赶申请方使得项目难以完成，构成了征收。

因此，仲裁庭支持了管辖权的主张，并做出了最终的裁决。

## （二）我国应诉的案件

在现有的5起案件中，只有Ansung-中国案做出了裁决，Ekran-中国案、Macro Trading Co., Ltd.-中国案和Goh Chin Soon-中国案被终止，其余1起仍在仲裁程序中。

### 1. Ansung-中国案

在本案中，仲裁庭以明显缺乏法律依据为由驳回了申请方的请求。有关争议焦点是诉讼时效问题。

中韩投资协定规定,投资者应在知晓损失日起三年内交付仲裁。而本案申请方提出仲裁请求时已经超过了时效。此外,申请方主张依据最惠国条款规避三年的诉讼时效规定。仲裁庭认为,最惠国条款不适用于东道国的管辖同意。

由于申请方未能满足时限的要求,因此其主张明显缺乏法律依据。仲裁庭一次驳回了其全部仲裁请求。

### 2. Ekran-中国案

申请方于 2011 年依据中国–马来西亚投资协定和中国–以色列投资协定,向中心提出了仲裁请求。2013 年,经双方书面请求,秘书长终止了本案的仲裁。

## 第二章

# 法律规则和适用

《公约》主要是关于解决外国投资者与东道国之间关于投资争端的程序性规定，而少有实体性规则。由于缔约国之间经济发展水平差异很大，文化法律制度也千差万别，各国很难在国际层面就实体性规则达成一致。但为了保持国际投资争端仲裁体制的稳定性，需要对仲裁的法律规则及其解释和适用进行一定的约定。

## 第一节　法律规则

《公约》第四十二条规定了仲裁庭如何选择在仲裁中适用的法律的规则。它结合了当事方合意自决和法律强制两方面的特点，对仲裁法律适用提供了一定的灵活性和保障性。一方面，当事方可以通过协商选择适用的法律；另一方面，对该自由选择权进行了限制，法律选择只能在缔约国国内法和可适用的国际规则中选择。《公约》第四十四条则要求中心仲裁程序仅遵循《公约》及其指定的相关规则。

### 一、合意选择的法律

当事方可以合意选择国内法、国际法或者其组合，以及其他类型的法律规定和原则。但正如 Santa Elena-哥斯达黎加案仲裁庭指出的，当事方对适用法律做出的选择应当清晰而明确。① 就选择的方式而言，当事方可以以明示的协议或合同，直接约定法律适用；亦可以通过间接的方式选择双方同意的实体法律。

### （一）东道国法律

当事方可以约定在仲裁时适用东道国的实体法律。如在 Tanzania Electric-IPTL 案中，仲裁庭认为双方在合同中明确指定了坦桑尼亚法律作为仲裁的法律。② 也有一些投资合同选择了更为稳妥的方式，通过纳入法律稳定条款，双方选择东道国法律作为仲裁法律，且不受法律修订的影响，以保护投资者的利益。在 MINE-几内亚案中，当事方在合同中约定了仲裁适用法律是几内亚法律，但不包括在合同订立时更严格的修订后的法律条款。③

但是适用东道国法律，并不意味着可以通过其法律否认合同义务。在 Conoco Phillips-委内瑞拉案中，仲裁庭决定适用委内瑞拉法律仲裁案件，但不能接受被申请方关于依据委内瑞拉法律申请方不具备申诉资格的主张：相关国际法原则表明，东道国不能依据其国内法规定否认国际仲裁的管辖权，并以此逃脱其既定的合同义务。④

### （二）第三国法律

在因借贷合同而引发的投资争端中，当事方可能会倾向于选择国际金融中心或贷款国的法律。例如在 SPP-埃及案中，涉案合同规定本案适用英格兰法律。⑤ 同样，在 CDC-塞舌尔案中，贷款双方当事人也约定仲裁应

---

① Compañia del Desarrollo de Santa Elena S. A. v. Republic of Costa Rica, ICSID Case No. ARB/96/1, Award (17 FEB 2000)，第 60-68 段。

② Tanzania Electric Supply Company Limited v. Independent Power Tanzania Limited, ICSID Case No. ARB/98/8, Award (12 JUL 2001)，第 51 段。

③ Atlantic Triton Company Limited v. People's Revolutionary Republic of Guinea, ICSID Case No. ARB/84/1, Award (21 April 1986), ICSID Reports：Volume 3, Cambridge University Press.

④ Autopista Concesionada de Venezuela, C. A. v. Bolivarian Republic of Venezuela, ICSID Case No. ARB/00/5, Award (23 September 2003)，第 88-89 段，第 206 段。

⑤ Southern Pacific Properties (Middle East) Limited v. Arab Republic of Egypt, ICSID Case No. ARB/84/3, Award (20 May 1992)，第 225 段。

适用英格兰法律。①

选择仲裁法律是当事方的权利，只要可行，仲裁庭一般都会支持当事方的选择。例如，在 WDFC-肯尼亚案中，当事方在合同中约定仲裁应适用英格兰法律和肯尼亚法律。虽然与合同的约定冲突，但仲裁庭认为由于英格兰法律和肯尼亚法律高度同源，仲裁适用二者没有明显困难。②

### （三）国际法

采用国际法作为仲裁实体法律的优势在于双方权利义务免受东道国或第三国法律修订带来的不确定的影响，从而能够更好地保护投资者的利益。通常，当事方会选择国际法或国际法原则，与东道国法律一起作为仲裁的实体性规则。在 AGIP-刚果案中，当事方就选择了刚果法以及可适用的国际法原则作为选定的仲裁法律。③ 在 Kaiser-牙买加案中，当事方也做出了类似的选择。④

《执行董事的报告》把国际法解释为《联合国国际法院规约》第二十八条第一条规定的法律，同时强调该类国际公法的地位。作为仲裁依据的国际法及原则，主要有以下几种来源。

#### 1. 国际条约

双边投资协定和多边协定中的投资保护条款，是国际投资仲裁中经常援引的国际法来源。AAPL-斯里兰卡案是第一起以双边投资协定为主要法律依据的中心仲裁。自此，双边投资协定成为国际投资仲裁重要的法律依据。

国际条约方面，《北美自由贸易协定》《能源协定公约》《维也纳条约法公约》都是中心仲裁庭经常援引的法律依据。此外，关于人权、环保和文

---

① CDC Group plc v. Republic of Seychelles, ICSID Case No. ARB/02/14 Award（17 December 2003），第43段。

② World Duty Free Company v. Republic of Kenya, ICSID Case No. Arb/00/7, Award（4 October 2006），第158-159段。

③ AGIP S. p. A. v. People's Republic of the Congo, ICSID Case No. ARB/77/1, Award（30 November 1979），第18段。

④ Kaiser Bauxite Company v. Jamaica, ICSID Case No. ARB/74/3, Decision on Jurisdiction（6 July 1975），第12段。

化等方面的国际公约，也常常出现在仲裁庭的考虑范围内。例如，在 SPP-埃及案中，仲裁庭就依据《联合国教科文组织保护世界文化和自然遗产公约》进行了仲裁。①

### 2. 国际习惯法

国际习惯法也是投资仲裁重要的法律渊源。它提供了在征收和补偿方面对外国投资者最低限度的保护。在实践中，仲裁庭经常适用的国际习惯法包括国家责任原则、征收赔偿规定等。例如，在 Azurix-阿根廷案中，仲裁庭依据国际法委员会的《国家责任条款》的规定，认定地方政府的行为仍然可归咎于被申请方的责任。②

### 3. 国际法一般原则

当国际条约和国际习惯法不足以解决争议时，仲裁庭有时也会采用国际法的一般原则来处理在手的案件。在 MCI-厄瓜多尔案中，仲裁庭指出国际法的一般原则是国际法自动且直接的来源，各方普通接受一般原则是国际法的基础和普适的标准和规则。因此，一般原则应当可以作为规则被直接适用。③

常见的国际法一般原则包括善意原则、反腐败规定、不当得利、禁止反言、程序正义原则、禁止滥用权利等。

### 4. 司法裁判

中心仲裁庭做出的裁决也往往成为后续案件的论据，以增强其论证的说服力。虽然在《公约》仲裁中，先例并没有法律效力，在后案例并非一定要遵循先例，但仲裁庭倾向于在同样的问题上采用相同的处理方法。例如，在 SGS-菲律宾案中，仲裁庭就提出了"通用法律意见"的概念。④ 在 ADC-匈牙利案中，仲裁庭指出，仲裁先例总结的一些原则可以作为具有说服力的佐证，从而发展成为中心仲裁所适用的法律，使之成为一个能为

① Southern Pacific Properties (Middle East) Limited v. Arab Republic of Egypt, ICSID Case No. ARB/84/3, Award (20 May 1992)，第77-78段。

② Azurix Corp. v. The Argentine Republic, ICSID Case No. ARB/01/12, Award (14 July 2006)，第50段。

③ Inceysa Vallisoletana S. L. v. Republic of El Salvador, ICSID Case No. ARB/03/26, Award (2 August 2006)，第226-267段。

④ SGS Société Générale de Surveillance S. A. v. Republic of the Philippines, ICSID Case No. ARB/02/6, Decision on Jurisdiction (29 January 2004)，第97段。

投资者和东道国提供可预测性的法律体系。①

### 5. 联合国决议

在处理与国有化相关的争议时，仲裁庭有时也会参考联合国的相关决议。②

## （四）法律选择的时机

《公约》第四十二条授权了当事方可以合意选择仲裁适用的法律，但并没有规定当事方应当或可以在哪个时点选择适用的法律。通常，当事方在达成管辖同意时，即在投资争端仲裁前通过明示或默示的方式选择了适用的法律。在实践中，也有当事方在仲裁程序启动后才就法律的适用达成一致。

在 SOABI-塞内加尔案中，仲裁庭认为双方起初并未就法律适用做出选择，但通过双方提交的抗辩可以发现，双方均同意适用塞内加尔法作为仲裁依据。③ 同样在 AGIP-刚果案中，当事方在仲裁过程中授权仲裁庭采用公正合理的法律原则进行仲裁。④ 同样在 AAPL-斯里兰卡案中，仲裁庭认为当事方通过行为选择了斯里兰卡-英国双边投资协定，并辅以相关国际法和斯里兰卡法作为仲裁法律。⑤

## （五）法律稳定器条款

缔约国修订国内法律是常见的现象，但对于选择国内法作为仲裁法律的当事方来说也存在一定的不确定性。并且，有些争端正是由于东道国修改有关法律致使投资者利益受损而诉诸投资仲裁。因此，为了保障外国投

---

① ADC Affiliate Limited and ADC & ADMC Management Limited v. The Republic of Hungary, ICSID Case No. ARB/03/16 , Award（2 October 2006），第 293 段。

② Amco v. Indonesia, Award（20 November 1984），第 188 段；LETCO v. Liberia, Award（31 March 1986），2 ICSID Reports 366.

③ Société Ouest Africaine des Bétons Industriels v. Senegal, ICSID Case No. ARB/82/1, Award（25 February 1988），第 5.02 段。

④ S. A. R. L. Benvenuti & Bonfant v. People's Republic of the Congo, ICSID Case No. ARB/77/2, Award（15 August 1980），第 1.22 段。

⑤ Asian Agricultural Products Ltd. v. Republic of Sri Lanka, ICSID Case No. ARB/87/3, Award（27 June 1990），第 19-20 段。

资者的利益，有些投资合同规定了法律稳定器条款，使投资双方法律义务不受随后修订的法律的影响。但若当事方没有事先约定该类条款，则意味着当事方同意其权利义务随相关国内法律的修订而随之调整。

中心鼓励和支持当事方在合同中加入法律稳定器条款。一方面，在其印制的标准合同中提供了稳定器条款模板；另一方面，仲裁庭也支持当事方采用该类条款。在 AGIP-刚果案中，仲裁庭认为稳定器条款使修订前的国内法律，基于东道国在先承诺而在本案中成为国际法的一部分，因此对本案国有化争议的仲裁，可以根据此类国际法进行。[①] 类似的意见还出现在 LETCO-利比亚案、MINE-几内亚案、SEMOS-马里案、Azurix-阿根廷案等的裁决中。

## 二、仲裁庭依职权选择的法律

如果当事方并未选择合意的仲裁法律，根据《公约》第四十二条第一款的规定，仲裁庭将适用东道国法律和国际法作为仲裁的依据。在 AGIP-刚果案中，仲裁庭认为既然当事方没有选择仲裁法律，其将选择刚果法和国际法进行仲裁。[②] 在 Amco-印度尼西亚案中，仲裁庭指出当事方未就仲裁适用法律做出选择，因此仲裁庭将适用东道国印度尼西亚的法律，以及仲裁庭认为合适的国际法来考虑和解决本案的争议。[③] 在其他案件中，例如 SOABI-塞内加尔案、Genin-爱沙尼亚案、MCI-厄瓜多尔案等，仲裁庭或特设委员会都认可东道国法律和相关国际法作为仲裁的法律依据。

## 三、依据公正合理原则仲裁

《公约》第四十二条第三款授权仲裁庭在当事方同意的情况下，可以依据公正合理原则考虑案件并做出裁决，即在某些情况下，只要能保证公

---

① AGIP S. p. A. v. People's Republic of the Congo, ICSID Case No. ARB/77/1, Award (30 November 1979)，第86-88段。

② S. A. R. L. Benvenuti & Bonfant v. People's Republic of the Congo, ICSID Case No. ARB/77/2, Award (15 August 1980)，第4.2段。

③ Amco Asia Corporation and others v. Republic of Indonesia, ICSID Case No. ARB/81/1, Award (20 November 1984)，第148段。

平合理，仲裁庭可以不依据前述的法律规则进行裁判。公正合理原则既是对依法裁判原则的突破，也是为保证公平性而对其进行的合理补充。但若当事方不同意突破法律规则，仲裁庭也不能自动适用公正合理原则，否则仲裁庭有越权裁判的嫌疑。

在实践中，适用公正合理原则并不必然排斥法律规则的适用。在大部分情况下，仲裁庭同时考虑二者在案件中的作用。例如，在 AGIP-刚果案中，仲裁庭获得当事方授权可以采用公正合理原则进行仲裁。仲裁庭同时考虑了法律规则和公正合理原则，认为结论不仅适用东道国和国际法的规定，还适用公正合理原则，损失赔偿都是合理公平的结论。① 而在 MINE-几内亚案中，当事方同意仲裁庭采用法律规则和公正合理原则进行仲裁。因此，仲裁庭在一些议题上根据法律规则做出了裁决②，而在另一些议题上根据公正合理原则进行了考虑。③

同时，仲裁庭根据公正合理原则进行裁判并非毫无限制。首先，根据《公约》第四十八条的规定，仲裁庭应当明确适用公正合理原则进行裁判。其次，仲裁庭根据公正合理原则的自由裁量权，不能突破一些重大的国际法原则，如反对奴隶制和恐怖主义等。

# 第二节　条约和法律解释

在实践中，仲裁的起点往往是条约和法律的解释。正如 Azurix-阿根廷案仲裁庭指出的，仲裁庭将遵循条约解释的规则来考虑在手案件。④ 通过解释，仲裁庭能够发现法律规则文字背后的真实含义和立法意图，从而利用法律规则的工具对在手案件做出判断。《维也纳条约法公约》第三节是国际法领域法律解释的重要工具，包含了大量条约解释的原则和方法。通过

---

① S. A. R. L. Benvenuti & Bonfant v. People's Republic of the Congo, ICSID Case No. ARB/77/2, Award (15 August 1980)，第 4、97-98 段。

② Atlantic Triton Company Limited v. People's Revolutionary Republic of Guinea, ICSID Case No. ARB/84/1, Award (21 April 1986), P33-36.

③ 同上，P30-32.

④ Siemens A. G. v. The Argentine Republic, ICSID Case No. ARB/02/8, Decision on Jurisdiction (3 August 2004)，第 80 段。

流程化和步骤化的规定，仲裁庭可以根据《维也纳条约法公约》进行标准化和系统化条约的解释。

## 一、解释方法

第三十一条是《维也纳条约法公约》条约解释的原则和起点。仲裁庭在根据第三十一条进行条约解释时，应当从条约文本出发，结合上下文、立法目的和意图、嗣后的协议等予以综合考量，而不是单纯地进行限制性或扩张性解释。[①] 并且第三十一条中提出的诸多可采用的方法构成了一个系统性的整体工具，并没有效力高下之别。正如 Paulson 先生在 Hrvatska-斯洛文尼亚案中指出的，如果在考虑了文本整体情况、谈判历史和缔约方的实际行动等因素后，发现某一暗含术语的含义是确定无疑的，则缔约方将同意将该术语纳入条约和规则的解读中来。[②]

第三十二条提供了进一步的解决方案。如果通过第三十一条的解读，有关条约法律的含义仍然模糊不清或前后矛盾，仲裁庭可以借助其他辅助手段继续辨明其含义。这些辅助性的手段包括条约或文件的准备材料，或其签署生效的背景和条件等。因此，第三十二条的适用是以第三十一条适用后未能解决问题为前置条件的。一旦第三十一条提供了清晰准确的含义，则无须考虑第三十二条的辅助性工具。

第三十三条用于处理多语言版本的条约。多语言版本对条约解读既是助益，又可能是增加问题复杂程度的帮凶。通过不同语言对相同问题的说明，可以澄清一些可能存在的争议。例如《公约》第十四条中对独立性的规定，就通过对照西语版本后，将其含义确定为独立性和公正性。有时候，多语言版本就同一问题的不同规定，还可能将原本明确的问题复杂化。例如，在《公约》第四十二条第一款中，在当事方未取得一致时，仲裁庭应当适用东道国法和国际法，而法文版本则出现了"采用"（adopt）的用词，仿佛法文版本要求仲裁庭应当通过考量比较等思考过程，才能选

---

① Austrian Airlines v. The Slovak Republic, UNCITRAL, Final Award (9 October 2009)，第119-121 段。

② Hrvatska Elektroprivreda d. d. v. Republic of Slovenia, ICSID Case No. ARB/05/24, Individual Opinion of Jan Paulsson (12 June 2009)，第64 段。

择可以适用的法律。英法版本的区别，可能导致仲裁庭义务的变化。

## 二、国际条约和国内法解释

面对国际条约，仲裁庭将《维也纳条约法公约》第三节视作国际习惯法，可以有效地解释国家间的国际条法。例如，在 Phoenix-捷克案中，仲裁庭认为第三十一至三十三条是解释国际条约的习惯法，这些规则并不是随意的选择，而是具有法律约束力的法律规定。①

面对缔约方的国内法，仲裁庭则需要考虑能否在国内法解读中适用《维也纳条约法公约》。正如第三章有关管辖权的介绍中，东道国明确表示的管辖同意也可以通过其国内投资立法，甚至投资合同做出标注。在进行仲裁时，仲裁庭则需要对这些国内立法和投资合同进行解释。在 Conoco Phillips-委内瑞拉案中，仲裁庭指出，东道国的管辖同意规定于其投资立法中，即通过单方面向外国投资者做出的邀约，一旦投资者接受该邀约做出投资，则管辖同意即已达成。② 并且对东道国法律的解读，也可以相应地采用《维也纳条约法公约》提供的解释方法。③

## 三、文义和上下文解释

就中心仲裁案例看，在《维也纳条约法公约》提供的条约法律解释的诸工具中，文义和上下文解释是最常用的工具。④ 在 Ping An-比利时案中，仲裁庭指出，文义解释通过解读清晰的措辞和条约结构发现缔约方真实的目的，而不是用曲解的意图作为条约解释的基础。⑤ 同样在 UPS-加拿大案中，仲裁庭重申《维也纳条约法公约》第三十一条和第三十二条，特别强

---

① Phoenix Action Ltd v. Czech Republic, ICSID Case No. ARB/06/5, Award (15 April 2009), 第 75 段。

② CEMEX Caracas Investments B. V. and CEMEX Caracas II Investments B. V. v. Bolivarian Republic of Venezuela, ICSID Case No. ARB/08/15, Decision on Jurisdiction (30 October 2010), 第 77 段。

③ 同上，第 89 段。

④ O. K. Fauchald, The Legal Reasoning of ICSID Tribunals-An Empirical Analysis, European Journal of International Law, 2/2008, 316.

⑤ Ping An Life Insurance Company of China, Limited and Ping An Insurance (Group) of China, Limited v. Kingdom of Belgium, ICSID Case No. ARB/12/29, Award (30 April 2015), 第 166 段。

调在条约上下文环境中进行文义解释的重要性。①

## 四、立法意图和目的解释

在解释条约时，通常依据相关条约和法律的立法目的和意图对有关条款进行解释。②

国际投资保护协定的目的和意图通常存在于其前言中。Azurix-阿根廷案仲裁庭指出：仲裁庭应当依据蕴含于标题和前言中的条约目的来进行解释工作。投资协定致力于保护和促进投资，通过创造优惠的条件促进和带动私人部门的投资来发展经济，实现人民福祉。③

由于双边投资协定（BIT）致力于在对等的基础上实现对外国投资者和投资的保护，因此其目的和意图常常倾向于保护投资者的利益。仲裁庭在对投资协定条款进行解释时，应当依据立法目的和意图进行解释，往往得出有利于投资者的解释效果。Noble-罗马尼亚案仲裁庭提出，依立法目的和意图解释也能得出相同的有利于投资者的结论。④

过分依赖依立法目的和意图解释也可能导致差错。例如，Plama-保加利亚案仲裁庭则指出，过分重视条约目的和意图，解释过程可能出现结果导向，而在极端情况下，可能忽视条约缔约方真实的目的。⑤

## 五、嗣后协议和义务

根据《维也纳条约法公约》，缔约方在随后就条约解释达成的协议或为执行条约而采取的措施，都是解释条约应当考虑的因素。

---

① Mobil Investments Canada Inc. & Murphy Oil Corporation v. Canada, ICSID Case No. ARB（AF）/07/4, Decision on Liability and on principles ofquantum（22 May 2012），第 232 段。

② Aguas del Tunari, S. A. v. Republic of Bolivia, ICSID Case No. ARB/02/3, Decision on Jurisdiction（21 October 2005），第 240-247 段。

③ Siemens A. G. v. The Argentine Republic, ICSID Case No. ARB/02/8, Decision on Jurisdiction（3 August 2004），第 81 段。

④ Noble Ventures, Inc. v. Romania, ICSID Case No. ARB/01/11, Award（12 October 2005），第 52 段。

⑤ Plama Consortium Limited v. Republic of Bulgaria, ICSID Case No. ARB/03/24, Decision on Jurisdiction（8 February 2005），第 193 段。

国际法委员会认为："第三十一条第三款（a）和（b）项所称的嗣后协定和嗣后惯例是缔约方对条约含义理解的客观证据，因而适用第三十一条所反映的条约解释通则时的解释资料。"① 如中国－加拿大双边投资协定第十八条授权双方可以就协定中的问题，共同做出有约束力的解释。第二十条进一步要求，在仲裁时，如一方提出援引协定例外作为辩护理由，双方应当协商确定该辩护理由的有效性。

此外，还有一些缔约方单方面做出表示，也可以在第三十二条的适用中将补充资料用于文本解释。例如，在 Azurix－阿根廷案中，美国方面就有关条款的解释提供了自己的观点。② 在 Azurix－阿根廷案中，在主张协定中的最惠国待遇条款不能解释为可以参考其他投资协定时，阿方提出了其与巴拿马的释法协议作为证据。仲裁庭认为，该释法协议可以作为《维也纳条约法公约》第三十二条意义上的补充材料，而不能作为第三十一条意义上的嗣后措施。③

## 六、限制性和扩张性解释

曾经有国际司法机构认为，国际条约是主权国家让渡部分主权而形成的，因此在解释国际条约时应当遵循限制性解释的原则。④ 例如，在 SGS－巴基斯坦案中，仲裁庭倾向于采用限制性的解释方法：基于"存疑则有利于义务方"的原则较为谨慎的方法，是在条约解释中适当的方法。⑤

而 Aguas－玻利维亚仲裁庭则反对限制性解释的方法：《维也纳条约法

---

① U. N. , "Report of the International Law Commission on its sixty-fifth session"，《第四章与条约解释相关的嗣后协定和嗣后惯例》，A/68/10, P20.

② Siemens A. G. v. The Argentine Republic, ICSID Case No. ARB/02/8, Decision on Jurisdiction (3 August 2004)，第 80 段。

③ National Grid PLC v. Argentine Republic, UNCITRAL, decision on jurisdiction (June 20, 2006)，第 85 段。

④ C. Schreuer, The Interpretation of Treaties by Domestic Courts, 45 The British Year Book of International Law 255 (1971)，第 283-301 段。

⑤ SGS Société Générale de Surveillance S. A. v. Islamic Republic of Pakistan, ICSID Case No. ARB/01/13, Decision on Jurisdiction (6 August 2003)，第 171 段。

公约》并未要求对条约解释应当从窄从严。[①] Eureko-波兰案仲裁庭强调了有效性解释原则的重要性，条约解释的重要规则就是每个条款都应当有其各自的含义。[②]

Mondev-美国案仲裁庭则回避了扩张性和限制性解释的问题，提出问题的核心是如何利用有关解释规则解释争议中有关条款的含义。而《维也纳条约法公约》规定了这些解释规则。[③] 同样在 Azurix-阿根廷案中，仲裁庭提出条约解释既不能是限制性的解释，也不能是扩张性的解释。[④]

## 第三节　证据规则

证据是仲裁中的核心和焦点问题之一。《仲裁规则》第三十三至三十七条是中心仲裁庭所依据的基本的证据规则。此外，在实践中，仲裁庭往往还参考国际律师协会的证据规则等"软规则"，作为裁定当事方证据的相关性和证据效力的依据。

就国际争端仲裁而言，证据大体可以分为以下几个分类：书证（包括影音资料和电子数据等）、证人证言、专家意见和实地勘察。[⑤]

### 一、证据的采纳

证据规则的首要问题是证据的可采纳性。《仲裁规则》第三十四条第一款明确规定，仲裁庭决定能否采纳当事方提交的证据。

由于不同类别证据性质的不同，因此仲裁庭在考虑证据采纳问题时的重点也不尽相同。例如，书证、影音资料和电子数据等证据材料。除了真伪之外，往往还存在证据是否是非法获得的问题。而证人证言、专家意见

---

① Aguas del Tunari, S. A. v. Republic of Bolivia, ICSID Case No. ARB/02/3, Decision on Jurisdiction（21 October 2005），第 91 段。

② Eureko B. V. v. Republic of Poland, Partial Award（19 August 2005），第 248 段。

③ Mondev International Ltd. v. United States of America, ICSID Case No. ARB（AF）/99/2, Award（11 October 2002），第 43 段。

④ Siemens A. G. v. The Argentine Republic, ICSID Case No. ARB/02/8, Decision on Jurisdiction（3 August 2004），第 81 段。

⑤ 《仲裁规则》第 34 条。

和实地勘察等证据类型，则不存在这样的顾虑。在实践中，仲裁庭在处理证据的非法获得、侵犯在先权利等问题时，都留下了一些可资借鉴的案例。

## （一）相关规则

《公约》和《仲裁规则》对证据规则的规定有限，主要是授与仲裁庭自由裁量权，自行判断证据的采纳与否。《仲裁规则》第三十四条第一款授权仲裁庭自行决定证据的可采纳性和证据效力。在 Lao Holding-老挝案中，仲裁庭强调了在证据采信方面的最终决定权①。

同样，在国际投资争端仲裁领域的其他规则对证据问题的规定也不充分，仲裁庭对证据问题享有较大的裁量空间。② 例如，《仲裁规则》第二十七（四）条规定，仲裁庭应当决定证据的可采纳性、关联性和证明效力。而联合国贸易法委员会谈判历史显示，缔约方更倾向给予仲裁庭在证据方面的最大权限，使其免受严格的证据规则的限制。③

除了上述规则之外，国际律师协会《证据规则》和《布拉格规则》也是国际仲裁中重要的证据规则的参考依据。但二者仅是推荐性的参考规则，是实践中的软规则。其中，国际律师协会《证据规则》是国际投资仲裁中最重要的证据规则之一，为仲裁庭处理证据有关问题提供了决策参考。该规则第9.1条对于证据采纳提供了简明扼要的指引，仲裁庭自行决定证据的可采纳性、关联性和效力；第9.2条则提出了证据排除的规则。《布拉格规则》（即《国际仲裁高效实施的规则》）同样授予仲裁庭针对证据的广泛的自由裁量权，更进一步地根据"法官知法"原则，认为仲裁庭可以采用任何其认为合适的证据规则。④

---

① Lao Holdings N. V. v The Lao People's Democratic Republic, ICSID Case No. ARB（AF）/ 12/6, Procedural Order No. 11, 25 June 2018, p. 2, sb.

② Jeffery Commission and Rahim Moloo, Procedural Issues in International Investment Arbitration（Oxford University Press 2018）, para 7. 01.

③ Report of the Secretary-General on the Preliminary Draft Set of Arbitration Rules, UNCITRAL, 8th Session, UN Doc A/CN. 9/97（1974）176.

④ Rules on the Efficient Conduct of Proceedings in International Arbitration（Prague Rules）2018（final draft version）, 第2. 4条和第7. 2条。

## （二）不当途径获取的证据

### 1. 非法获取

通常司法程序，对通过窃听、非同意录音/录像等非法获取的证据都呈现排斥的态度，如英美证据法中关于毒树之果的规定。在国际投资争端仲裁领域，由于缺乏具体详细的证据规则，因此仲裁庭主要依据个案情况来判断通过不当途径获取证据的采纳问题。在实践中，仲裁庭倾向于不与采纳通过不当途径获取的证据。

在 Noble-罗马尼亚案中，申请方通过秘密设备偷录了与罗国政府官员的对话，用于证明被申请方征收涉案投资的恶意。仲裁庭随后依据国际律师协会《证据规则》拒绝采纳该录音，并就证据问题阐明了其观点。首先，证据采纳是一项程序议题，应当由仲裁庭依据相关国际法和原则做出裁定，相关国内法律对国际仲裁中的证据问题没有效力。其次，证据议题关乎程序公正和当事方善意。根据国际律师协会《证据规则》第九（二）（g）条的规定，在证据严重关乎公平和平衡时，仲裁庭可排除相关的证据①。

在 Libananco-土耳其案中，申请方提出被申请方提出的证据系通过窃听等方式取得，仲裁庭应当拒绝采纳此类证据。仲裁庭强调了隐私和商业秘密的重要性，指出滥用公权力侵犯私权将危及仲裁的公正和公平；因此仲裁庭决定排除相关证据和文件，并予以销毁。②

### 2. 钓鱼证据

所谓钓鱼证据是指当某相关事实尚未出现或成熟时，当事方通过诱导、刺激等手段使之加速发展，从而出现或成熟的证据。通常，仲裁庭不接受因钓鱼而"人工催熟"的证据。在 Libananco-土耳其案中，仲裁庭就明确指出，其不允许当事方在仲裁程序利用钓鱼的方法，发掘尚未出现的材料，作为其论证的依据。③ 因此，当事方不能因仲裁程序需要而主动寻求尚不为人知晓的事实，而应当审慎地寻求已经存在或已知的事实作为证据基础。

---

① EDF（Services）Limited v Romania, ICSID Case No. ARB/05/13, Procedural Order No 3（29 August 2008），第 47 段。

② Libananco Holdings Co Ltd v Republic of Turkey, ICSID Case No ARB/06/8, Decision on Preliminary Issues（23 June 2008），第 72-82 段。

③ 同上，第 70 段。

### （三）侵犯在先权利的证据

在国际投资仲裁中，在先权利通常指律师客户特权，即律师和客户之间关于案情的交流不受外界侵犯。中心仲裁庭在处理证据问题时，除了考虑其来源之外，往往还会考虑当事方的在先权利。

在 Caratube-哈萨克斯塔案中，当事方提交了一批经匿名黑客盗取并公之于众的证据材料，其中就有部分证据受律师客户特权的保护。仲裁庭经过考虑，认为其有权决定证据采纳问题，并认为虽经公开，但律师客户特权并不因此消失，因此相关证据仍受在先权利的保护。据此，仲裁庭拒绝接受受制于律师客户特权的证据材料，而采纳了其他由黑客公开的证据材料。[①]

Caratube-哈萨克斯塔案还有一点值得关注，所主张的证据仍然是匿名黑客被盗取的材料，仍然是经过非法手段而公之于众的信息。而仲裁庭对于不受在先权利保护的经黑客公开的举证，一致决定予以采纳。由此，本案与前述 Libananco-土耳其案中情况有所差异。在前案中，由于被申请方滥用公权力主动通过非法手段取得证据材料，并因之得益，因此 Libananco-土耳其仲裁庭认为，如采纳这些证据则对申请方显失公平。二者都是通过非法手段获取的证据，而重点区别则在于谁采取了非法行动获取信息。只要不是当事方主动以利己为目的而采取的不公平手段获取的证据，仲裁庭似乎倾向于同意接纳并在案件中予以考虑。

## 二、举证责任

与其他诉讼和仲裁程序类似，中心仲裁也奉行谁主张谁举证的一般原则。申请方需要举证证明其仲裁请求，而被申请方则需要通过证据证明其辩护理由。

此外，在某些情况下举证责任也可以转移。在 AAPL-斯里兰卡案中，仲裁庭认为，如果当事人通过表面证据证明了其主张，则举证责任将转移

---

① Caratube International Oil Company LLP and Mr. Devincci Salah Hourani v Republic of Kazakhstan, ICSID Case No. ARB/13/13, Award (27 September 2017)，第 156 段。

至对方。① 在实践中，诸如 Thunderbird-墨西哥案和 RosInvestCo-俄罗斯案等，众多仲裁庭大都基本遵循类似的立场。但也有仲裁庭坚持，举证责任不能转移。在 Noble-罗马尼亚案中，仲裁庭认为举证责任在当事方之间的分配是固定的，不能从一方转移到另一方，理由是举证责任转移将混淆谁来举证和是否完成举证这两个问题。② 类似的主张也为 CSOB-斯洛伐克案和 UPS-加拿大案仲裁庭所采纳。③

而 Mondev-美国案仲裁庭则另辟蹊径，将举证责任细化分类，分别论证其能否转移的性质。该庭认为举证责任可以分为两种：一种是举证的法律责任，即谁主张谁举证，特点是不能转移至对方当事方；另一种则是举证的证据责任，是以证据的可获得性为判断依据的责任，可以根据案件情况转移至对方。在本案中，仲裁庭指出在某些情形下，证据责任将转移至被申请方，要求被申请方提出对申请方主张的反驳证据，否则申请方将受制于东道国提供证据材料的意愿，而难以充分、完整获取证据材料以支持其主张。因此，举证的证据责任将转由被申请方承担，以反驳对方当事方基于可获得证据提出的主张。④

## 三、证明标准

与其他国际争端解决程序类似，中心仲裁的一般原则认为证据的证明标准也是可能性平衡的标准（balance of probabilities）或优势证据标准（preponderance of evidence），即当证据显示某主张更可能发生或存在时，则该证据即达到了证明的标准。

诚然还有一些例外，使得证明标准或高或低于一般原则。例如，在管

① Asian Agricultural Products Ltd. (AAPL) v. Republic of Sri Lanka, ICSID Case No. ARB/87/3, Final Award (27 June 1990)，第 56 段。

② RosInvestCo UK Ltd. v. The Russian Federation, SCC Arbitration V. (079/2005), Final Award (12 September 2010)，第 178 段。

③ Oostergetel v. The Slovak Republic, UNCITRAL ad hoc Arbitration, Final Award (23 April 2012)，第 148 段；United Parcel Service of America Inc. v. Government of Canada, UNCITRAL, Award on the Merits (24 May 2007) 第 84 段。

④ Apotex Holdings Inc. and Apotex Inc. v. United States of America, ICSID Case No. ARB (AF) /12/1, Award (25 August 2014)，第 8.65-8.69 段。

辖权异议快速程序（bifurcation）中，被申请方需要提供证据反驳申请方以表面证据支持的管辖权主张。此外，当涉及贪腐、贿赂等主张时，有些仲裁庭则采用了高于可能性平衡的证明标准。在 EDF-罗马尼亚案中，申请方主张罗国高级官员索贿。仲裁庭指出，一方面腐败指控限于实体证据少而很难证明，另一方面鉴于该指控的严重性，需要"清晰和令人信服"这样更高要求证明力的证据。① 类似的，在 SPP-埃及案中，埃国主张申诉人国籍系欺诈取得。仲裁庭认为，在通常情况下，严重指控需要更高标准的证据。在本案中，证据标准应当是高于可能性平衡的民事证据标准，而低于疑罪从无的刑事证据标准。②

即使在重大和严重指控问题上，有些仲裁庭也不支持提高证据标准，仍然坚持可能性平衡或优势证据的标准。在 Libananco-土耳其案中，仲裁庭认可欺诈是严重指控的主张，但不认为需要提供更高标准的证据。③ 同样在 Noble-罗马尼亚案中，仲裁庭表示即使在出现严重指控的案件中，同样可以适用通常的可能性平衡的证据标准，而本案直接和间接证据的整体已经证明了这一点。④

## 第四节　既判效力和先例作用

仲裁庭已经做出的裁决对本案和未来案件都有不同的影响。对本案而言，已做出的裁决是既判裁决，对本案有既判效力。而对未来案件而言，在先判决则没有英美法系中的判例效力，但可以作为当事方主张的依据。

### 一、既判效力

国际仲裁当事方可以约定选择争端解决机构，因此可能会出现多个机

---

① EDF（Services）Limited v Romania，ICSID Case No. ARB/05/13，Procedural Order No 3（29 August 2008），第 221 段。

② Waguih Elie George Siag and Clorinda Vecchi v. Arab Republic of Egypt，ICSID Case No. ARB/05/15，Award（1 June 2009），第 325-326 段。

③ Libananco Holdings Co. Limited v. Republic of Turkey，ICSID Case No. ARB/06/8，Award（2 September 2011），第 125 段。

④ The Rompetrol Group N. V. v. Romania，ICSID Case No. ARB/06/3，Award（6 May 2013），第 183 段。

构都可能享有案件管辖权的现象。多头仲裁可能带来的恶果，例如资源和时间的浪费、相互冲突的裁决，都与仲裁解决争端寻求最终和有效的解决方案的目的相违背。

国际仲裁规定了既判效力规则，即最终裁定产生法律效力，有关诉求不能再次仲裁。伊朗-美国索赔仲裁机构曾解释了既判效力的内涵：既判效力规则是国际法中的一项受到各方认可的普遍原则，已经成为国际法的既定规则。既判效力规则的适用有三个条件：一是当事方相同，二是仲裁请求相同，三是仲裁理由相同。[①]

《公约》及其有关规则并没有既判效力相关的完整和详细的规则。与之相关的是，《公约》第五十四条规定各缔约国应当按照其国内法院做出最终裁决相同的待遇，认可根据《公约》规定所做出的仲裁裁决，并执行其中有关经济方面的内容。除了执行之外，关于已判裁决在随后或新的仲裁程序中的地位和作用，《公约》则没有更加明确和详细的规定，只能通过以往案例中仲裁庭的意见来发掘。

Conoco Phillips-委内瑞拉案[②]是中心历史上标志性案件之一，它首次涉及并论述了关于既判裁决在后续程序中的效力问题。在审理过程中，仲裁庭根据申请进入管辖权异议快速程序，解决了一些关于管辖权的异议。不久当事方根据新获得的证据主张管辖权裁定错误，要求仲裁庭重新考虑管辖权异议，由此引出既有裁决的效力问题。

根据该案仲裁庭的争论以及后续案件的仲裁意见，对既判效力问题大致有三种意见。

## (一) 无权重审已完成的裁决

第一种意见以 Conoco Phillips-委内瑞拉案仲裁意见为代表，认为仲裁庭无权再审已决的争议，即存在既判效力。该意见指出，仲裁程序中的裁决都将成为最终仲裁裁决的一部分，并以最终裁决的形式解决当事方之间

---

[①]　Islamic Republic of Iran v. United States of America, IUSCT Award No. 601 – A3/A8/A9/A14/B61–FT, Partial Award (17 July 2009)，第 114 段。

[②]　ConocoPhillips Petrozuata B. V., ConocoPhillips Hamaca B. V. and ConocoPhillips Gulf of Paria B. V. v. Bolivarian Republic of Venezuela, ICSID Case No. ARB/07/30.

的相关争议，因此这些裁决具有既判效力，仲裁庭不能在仲裁过程中就相同问题重复裁决。[①] 并且即使《公约》第四十四条允许仲裁庭自行决定有关程序争议，以及《仲裁规则》第三十八条允许仲裁庭因重大新证据或澄清解释误解而重开仲裁程序，仲裁庭也认为这些规定都是程序性的规定，并未给仲裁庭权力以重新审查和考虑已做出决定的问题。[②] 因此，仲裁庭认为其无权重新审理已经做出决定的问题。[③]

同样，在 Tanesco-Iptl 案中，仲裁庭提出《公约》仲裁体系并未规定初步或部分裁决的概念，《公约》规定只存在一个最终的裁决；仲裁过程中做出的任何决定都将成为最终裁决的一部分。[④] 从这个意义上理解，无论在哪个阶段出现，仲裁庭的决定都具备既判效力。

在随后的 Azurix-阿根廷案和 Jan De Nul-埃及等案件中，仲裁庭延续了已有裁决具备既判效力，不能在后续程序中受到挑战的思路；在解决完管辖权异议后，不再考虑其他关于管辖权的主张。

## (二) 有条件重审

第二种意见以 Conoco Phillips-委内瑞拉案中 Abi-Saab 教授的异议意见为代表。有些仲裁庭认为对部分已判争点可以有条件地再次审理。关于启动条件，Abi-Saab 教授的三段论测试提出：首先，应当确认仲裁庭是否获知前裁决可能存在实质性的错误；其次，仲裁庭是否有普遍授权重审未完成的裁决；最后，仲裁庭是否有特定授权解决有关问题。[⑤]

关于普遍授权，Abi-Saab 教授认为，根据《公约》第四十八条第(三) 款规定，仲裁庭应当解决当事方之间的"所有"争议；一旦仍有争

---

① ConocoPhillips Petrozuata B. V., ConocoPhillips Hamaca B. V. and ConocoPhillips Gulf of Paria B. V. v. Bolivarian Republic of Venezuela, ICSID Case No. ARB/07/30, Decision on Respondent's Request for Reconsideration (10 March 2014)，第 21 段。

② 同上，第 22-23 段。

③ 同上，第 24 段。

④ Tanzania Electric Supply Company Limited v. Independent Power Tanzania Limited, ICSID Case No. ARB/98/8, Final Award (12 July 2001)，第 32 段。

⑤ ConocoPhillips Petrozuata B. V., ConocoPhillips Hamaca B. V. and Conoco Phillips Gulf of Paria B. V. v. Bolivarian Republic of Venezuela, ICSID Case No. ARB/07/30, Dissenting Opinion of G. Abi-Saab (10 March 2014)，第 10 段。

议未能解决，仲裁裁决仍然不是最终和生效的裁决，仍然可以通过修订和补充进一步完善和完成。① 从这个角度看，在仲裁庭未能解决所有争议的情况下，仲裁庭有权并有义务去进一步地考虑案件情况并最终处理完成所有争点。

关于特定授权，Abi-Saab 教授认为，它来自仲裁作为争端解决的根本性方法。仲裁机构应当确保仲裁职能的效率、公平和公正，应当通过寻求事实真相并依法做出判断。② 因此，仲裁庭也有权继续寻求事实真相。

类似的，在 Tokios-乌克兰案中，仲裁庭一方面坚持已做裁决的既判效力，另一方面也承认在证据显示在先裁决存在错误时，其寻求公正解决争议的职责；在出现新证据的情况下，仲裁庭会对原有裁决进行重新考虑。③ Saipem-孟加拉案仲裁庭也认可在发现新证据的情况下，有权修正其在先裁决。④

此外，SPP-埃及案仲裁庭代表了另一种不考虑既判效力的意见。该仲裁庭在完成管辖权裁定后考虑当事方提出的新的管辖权异议时，依据证据和主张的截止时间规定，而非既判裁决效力做出了裁定，从而回避了既判效力问题的争议。⑤

## （三）事后新证据

第三种意见立足于《公约》第五十一条：仲裁庭可以应当事方申请，根据重大新证据对已完成裁决进行重审。但是重审应当满足特定的条件，即在原仲裁程序中，该重大新证据尚未被仲裁庭获知，并不在仲裁庭的掌握范围之内。

这种意见部分回答了在仲裁庭无过错的情况下，未考虑重大新证据而做出的裁决，可以重新审理，从而不具备既判效力。但仍然没能回答，诸

---

① 同上，第 44-45 段。

② 同上，第 56 段。

③ Tokios Tokelės v. Ukraine, ICSID Case No. ARB/02/18, Award（26 July 2007），第 98 段。

④ Saipem S. p. A. v. People's Republic of Bangladesh, ICSID Case No. ARB/05/7, Award（30 June 2009），第 94 段。

⑤ Helnan International Hotels A/S v. The Arab Republic of Egypt, ICSID Case No. ARB/05/19, A-ward（3 July 2008），第 110-113 段。

如 Conoco Phillips-委内瑞拉案中仲裁庭已知但不予考虑新证据的情形。

## 二、先例作用

根据布莱克法律词典的定义，先例是指为此后类似案件事实作为依据的在先案例。[1] 在英美法系中，上级法院做出的法律裁决作为先例具有法定的约束力，并能为其后类似案件作为法律依据进行裁判。大陆法系同样重视在先判例的作用，但目的不是作为有约束力的法律，而是为了裁决的统一性和可预测性，要求法庭适当考虑已有判例的论证和结论。由此可见，先例虽然在不同法系中的地位和作用不同，但都可以为后来法庭所借鉴用以裁判在手案件。

在国际法领域，根据《国际法院规约》第三十八条的规定，国际法主要包括条约、国际习惯和法律原则；第五十九条进一步规定先例只是帮助法庭做出法律裁决的辅助性工具。《公约》第五十三条也规定，仲裁裁决对当事方有法律约束力。BIBVC 巴拉圭案仲裁庭解释道，仲裁裁决仅对当事方有法律约束力，仲裁庭不受先前仲裁裁决的约束。[2] 在 Azurix-阿根廷案中，仲裁庭也认为国际投资争端仲裁没有遵循先例的法律传统和规则，每个仲裁庭都要根据个案情况独立地调查并完成仲裁裁决。[3] 因此在国际投资争端仲裁中，在先判例对其后的仲裁庭并没有法律约束力。

虽然没有必然的约束力，但仲裁先例为后来仲裁庭在考虑类似问题上提供了很多参考。近年来，中心仲裁曾出现了针对阿根廷和委内瑞拉的两次比较集中的争端爆发期。由于时间接近、背景相同、原因类似和行业集中等原因，先后提起的仲裁案件有很多相似之处，因此参考甚至遵循先例的主张在这些案件中比较突出。对于先例的作用，仲裁庭的意见主要分成了两类。

---

[1] Black's Law Dictionary, 1196 (Bryan A. Garner (ed.), 10th ed., West Publishing Co. 2014).

[2] Bureau Veritas, Inspection, Valuation, Assessment and Control, BIVAC B. V. v. The Republic of Paraguay, ICSID Case No. ARB/07/9, Decision of the Tribunal on Objections to Jurisdiction (29 May 2009), 第 58 段。

[3] Total S. A. v. Argentine Republic, ICSID Case No. ARB/04/1, Decision on Liability (27 December 2010), 第 176-187 段。

## （一）适当参考

在 Azurix-阿根廷案中，仲裁庭表达了其对于在先案例给予适当考虑的观点。仲裁庭指出，本案中，申请方不适当地把部分在先仲裁裁决当成了有约束力的法律依据，由于不同的双边协定内容和侧重都有所差异，即使相同或类似的措辞也可能需要进行不同的解释。从规则上看，《公约》第五十三条确认了国际法领域不适用遵循先例规则的原则，因此先例不构成仲裁庭所依赖的法律依据。但是《公约》也并不禁止仲裁庭考虑先例中的推理和结论，作为接近在手争端的参考资料，尤其是对于相同或类似的问题，仲裁庭可以适当考虑在先案例的裁决。①

ADC-匈牙利案仲裁庭采用了含义近似的"谨慎依据先例"的措辞。仲裁庭一方面指出国际投资争端仲裁不适用判例法，案件不同、依据不同，导致裁决不尽相同；另一方面又提出从促进投资和保护投资者利益角度出发，提高国际投资法律的可预测性，要求仲裁庭谨慎地依据在先判例进行裁判。②

## （二）必须考虑

Saipem-孟加拉国案仲裁庭则提出了应当考虑先例的观点。仲裁庭提出，虽然仲裁庭不必遵循先例，但其有责任采用由先例发展而来的观点和思路，也有责任为发展确定性的国际投资法律和为国际投资法律的内在和谐统一做出贡献。③ 在 MCI-厄瓜多尔案和 Aguas-玻利维亚案中，仲裁庭也采用了几乎完全相同的措辞。④

---

① AES Corporation v. The Argentine Republic, ICSID Case No. ARB/02/17, Decision on Jurisdiction（26 April 2005），第 18-33 段。

② ADC Affiliate Limited and ADC & ADMC Management Limited v. The Republic of Hungary, ICSID Case No. ARB/03/16, Award（2 October 2006），第 293 段。

③ Saipem S. p. A. v. The People's Republic of Bangladesh, ICSID Case No. ARB/05/07, Decision on Jurisdiction and Recommendation on Provisional Measures（21 March 2007），第 67 段。

④ Burlington Resources Inc. v. Republic of Ecuador, ICSID Case No. ARB/08/5, Decision on Jurisdiction（2 June 2010），第 100 段；Quiborax S. A., Non Metallic Minerals S. A. and Allan Fosk Kaplún v. Plurinational State of Bolivia, ICSID Case No. ARB/06/2, Decision on Jurisdiction（27 September 2012），第 46 段。

笔者认为，虽然 Saipem-孟加拉国案仲裁庭提出了宏大的政策目标，但即便如此，仲裁庭也不能盲目追求遵循先例的偏好。毕竟仲裁庭的目的是兼顾效率和公平，完全彻底地解决当事方的投资争端。因时因地地考虑个案情况，做出符合个案案情的裁决才是仲裁庭的首要任务。而致力于统一和谐的国际投资法律体系，只能是解决争端之后第二位的目标，亦非仲裁庭的法定职责。

此外，究其原因，《公约》仲裁不能兼容遵循先例的规则，除了没有明文规定外，主要还是由《公约》本身和国际投资仲裁体系的特点所致。首先，国际投资协定没有统一的规则体系。根据联合国贸发会议统计，截至2019 年，全球共有 3284 项国际投资协定，其中 2654 项仍然有效。[①] 如此分散的国际投资协定缺乏统一的、广为接受的规则体系，使得依据不同协定做出的仲裁裁决很难适用于依据其他国际投资协定的仲裁案件。其次，中心仲裁体系没有明确的权威机构，依《公约》成立的仲裁庭在地位上完全平等，且中心并没有设置上诉机构和上诉程序，因此在体系上缺乏一个能够约束其他仲裁庭的核心机构来维护应当遵循的先例。最后，《公约》的一些规定也不利于建立和实施遵循先例的规则。例如，仲裁裁决仅在当事方同意的条件下才能对外公开，有些裁决可能自始不为人所知，更遑论可以被其后的仲裁庭所遵循。

因此，在《公约》仲裁体系中，在先的仲裁裁决不能作为法律依据。仲裁庭可根据需要适当地借鉴和参考其他仲裁庭的推理和结论，用于解决在手案件。

---

① UNCTAD World Investment Report 2020，P106.

## 第三章

# 仲裁程序

## 第一节 主要程序

与其他国际仲裁类似，中心仲裁也包括立案、组成仲裁庭、提交书面意见、听证会和裁决后救济等主要程序，以及管辖权异议、临时措施和仲裁员替换等附加程序。

ICSID 仲裁程序糅合了大陆法与普通法司法程序的特点。在大陆法特点方面，仲裁强调了提交书面证据材料的重要性，要求各方在听证会前提交其立场和主张，并通过相应证据予以证明。而 ICSID 仲裁的听证程序与普通法类似：一方面包括双方律师对专家和证人的交叉质询，以及仲裁员的主动发问等内容；另一方面听证程序历时较长，通常为数天至数周时间。

### 一、立案阶段

立案阶段主要包括申请方申请案件登记和秘书长审查等程序。

### （一）申请登记

申请方可以向中心提交投资争端仲裁的登记申请，同时缴纳 25000 美元的立案费用。根据《公约》第三十六条的规定和《启动程序规则》《行政财务条例》的有关规定，登记申请应当满足以下几个条件。

### 1. 形式要件

登记申请应当以《公约》认可的三种工作语言之一，即英语、法语或西班牙语撰写。如果部分证据材料或附件未能以上述三种工作语言提供，申请方还应当提供相应的翻译。登记申请还应当由申请方或其授权的代理人签名，并注明申请日期。

### 2. 实质要件

登记申请需要指明争端的当事方、争议投资、争端的性质以及当事方同意管辖的初步证据和基本信息，而不需要提供明确、具体和全面的

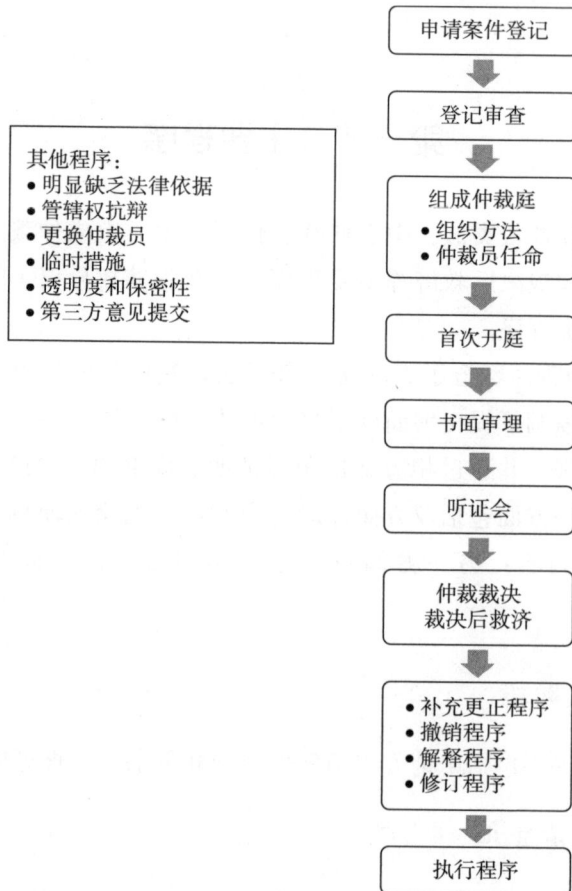

其他程序：
- 明显缺乏法律依据
- 管辖权抗辩
- 更换仲裁员
- 临时措施
- 透明度和保密性
- 第三方意见提交

申请案件登记
↓
登记审查
↓
组成仲裁庭
- 组织方法
- 仲裁员任命
↓
首次开庭
↓
书面审理
↓
听证会
↓
仲裁裁决
裁决后救济
↓
- 补充更正程序
- 撤销程序
- 解释程序
- 修订程序
↓
执行程序

图3-1 启动程序规则

对争端及其主张的陈述。由于管辖权在仲裁中的重要作用，申请方需要根据《公约》第二十五条规定的关于中心管辖权的要件，提供关于申请方主体资格、争端的客观要件以及当事方同意接受中心仲裁管辖的证据材料。

### 3. 时间要件

在有些争端中，当事双方约定或东道国规定了争端启动的冷静期条款，通常为 3~6 个月。因此申请方不能立即向中心提出登记投资争端仲裁的申请，而应当向对方当事方提出争端解决的通知寻求双方友好协商解决争端。而该通知也启动了冷静期的计时，申请方可以在冷静期结束后向中心申请争端解决登记。

## （二）秘书长审查

立案登记并非自申请方提交登记申请后自动开始，秘书长有权对收到的登记申请进行审查后决定是否予以登记。但是秘书长的审查范围仅限于该申请涉及的争端是否明显超出了中心仲裁管辖的范围。如果根据登记申请中的信息，秘书长没有发现争端明显超越中心管辖权的情况，则应当对该申请进行登记，从而正式启动仲裁程序。

## 二、仲裁庭组成阶段

当事方在协商同意仲裁庭的组织方法及仲裁员的选任办法后，依据合意或《公约》规定选择仲裁员；当选任的仲裁员接受任命邀请后，则仲裁庭组织完毕。

当事方可以商定仲裁庭的组织方法。仲裁庭可以由一位以上奇数个仲裁员组成，在实践中大多由三位仲裁员组成仲裁庭。就仲裁员的选任，当事方既可以各选一位仲裁员、共选首席仲裁员，也可以交由各自选定的仲裁员选举推荐首席仲裁员。在当事方无法就仲裁庭组织和仲裁员选任达成一致的情况下，可以依据《公约》及《仲裁规则》的规定组织仲裁庭。

《公约》对仲裁员参加仲裁的任职资格做了一些规定。除了能力、品格方面的要求外，国籍是选择仲裁员的硬性要求。除非当事方同意，与当事方国籍相同的仲裁员不能超过所有仲裁员的半数。

被选择的仲裁员亦可选择是否接受任命参加仲裁庭。除了考虑时间、精力等参加仲裁的必要资源等因素外，拟任仲裁员还将检查潜在的利益冲突，并将个人重要事项披露给仲裁当事方。当所有选定仲裁员均接受任命时，仲裁庭即宣告组成。

### 三、首次开庭

仲裁庭召集当事方首次开庭主要处理与争端有关的程序性问题。通过确定工作语言、仲裁规则及日程安排等，仲裁庭拟定该案仲裁的工作计划和流程。

首次开庭通常在仲裁庭组成后 60 天内进行，当事方另有约定的除外。但如果当事方没有其他约定，也没能在 60 天内与仲裁秘书商定首次开庭的时间和方式，仲裁庭可以在没有当事方出席的情况下自行开庭，确定有关事项；当事方可以以书面方式参加。

首次开庭通常在中心或其安排的会议室以面对面的方式召开。此外，开庭也可安排线上或电话会议。由于时间、成本等方面的原因，越来越多仲裁庭和当事方以电话或线上会议的方式召开首次开庭会议。由于首次开庭主要涉及程序性事项，通常开会时间在半天至一天。

除了程序性事项之外，当事方还可以在首次开庭中提出关于管辖权异议、临时措施或以缺乏法律依据为由撤销案件的请求。

### 四、提交书面材料

提交书面材料是仲裁程序中最重要的环节之一。当事方通过向仲裁庭提交主张、要求以及相应的证据材料，提出各自的意见并反驳对方的评论。根据《仲裁规则》第三十一条的规定，通常当事方有两轮提交书面材料的机会；当事方也可以另行商定提交书面材料的次数和时间。

第一轮是申请方提出事实陈述（memorial）和被申请方提出反陈述（counter-memorial）。在事实陈述中，申请方提出事实和法律方面的论据；而被申请方则以反陈述的方式提出其主张的事实和法律依据。当事方准备事实陈述和反陈述的时间通常为首次开庭后的 3~6 个月。

第二轮则是申请方对被申请方反陈述的评论（reply）以及被申请方就评论提出的反评论（rejoinder）。在准备评论和反评论时，当事方通常只有准备事实陈述一半的时间。

### 五、听证会

听证会是仲裁庭主持召开的、听取当事方对涉案争端有关法律和事实的观点和论证，以及对证人证词和专家证言进行交叉质询在内的质证过程。听证会是仲裁庭验证已提交的书面材料并获得第一手信息的主要途径。

通常在举行听证会前，仲裁庭还会与当事方商定听证会举行的时间、地点和方式等准备事项，以及听证顺序和内容等会议安排。当事方还将确定因无争议而无须听证的内容，以提高工作效率、节约成本。

除了当事方对对方证人和专家进行交叉质询外，仲裁庭通常也会积极提问，通过证人和专家获得更多的细节和进一步的信息。而当事方代理律师则主要通过重述其在书面材料里的主要观点，争取仲裁庭对己方主张和要求的支持。

### 六、裁决

听证结束后，仲裁庭将讨论和考虑案件的情况并做出仲裁裁决。仲裁庭可以以面对面的形式召开保密会议，由仲裁员充分发表各自观点并形成一致意见或多数意见并据此做出仲裁裁决。此外，仲裁庭也可以采用电话会议、线上会议或邮件通信的方式对案件进行分析讨论。

仲裁裁决既是仲裁庭对涉案争端的最终决定，也是争端仲裁终止的标志。在仲裁过程中，仲裁庭做出的关于管辖权异议以及临时措施等程序的裁定，都将最终纳入仲裁裁决从而产生法律效力。而如果仲裁庭认为其对案件没有管辖权，则该管辖权裁定也将成为本案的仲裁裁决。

根据《公约》规定，仲裁裁决需在法定时限内做出，符合特定的形式要求，并说明裁决的理由。仲裁员也可以就争端的部分或全部争点做出单独的意见，并作为仲裁裁决的一部分向当事方公布。

当中心秘书长将仲裁庭做出的仲裁裁决及副本分发给当事方后，该裁决即产生法律效力，对当事方都有法律约束力，并要求当事方履行裁决规定的相应义务。

### 七、裁决后救济

《公约》规定了其体系内的救济制度，包括补充更正程序、解释程序、修订程序以及撤销程序等，并强制排除体系外司法体系对仲裁裁决的审查救济机制。

### 八、承认和执行

生效的仲裁裁决对当事方都产生法律效力，当事方都有义务履行裁决规定的法律义务。在某当事方怠慢于履行其义务时，相对当事方可在《公约》缔约国司法系统寻求裁决的认可和执行。缔约国都有义务认可生效的裁决，并执行裁决规定的财产部分的义务规定。

### 九、其他程序

《公约》及其《仲裁规则》规定了仲裁过程中的一些中间程序，用于解决当事方可能产生的特定问题。这些程序主要包括管辖权异议、以明显缺乏法律基础为由的终止仲裁、更换仲裁员等。

# 第二节　程序性问题

在实践中，仲裁庭往往还需要处理一些重要的程序性的问题。例如，在出现基于相同或类似事实的多个仲裁请求时，仲裁庭如何处理平行的仲裁程序或者集体仲裁的请求；案外第三方能否以及如何参加仲裁或提交评论意见，以及如何平衡透明度和仲裁私密性的要求等。在《公约》及有关仲裁规则没有规定、当事方也没有约定时，仲裁庭需要依《公约》第四十四条的规定对重要的程序问题进行判断和决定。

## 一、集体仲裁

当众多利益方对相同当事人由同一事件引发的争议，提出的性质相同或类似的仲裁请求，就会产生集体仲裁的问题。在 ICSID 实践中，共有 4 起案件仲裁庭处理了集体仲裁的问题。前三起案件，Azurix‐阿根廷案、Azurix‐阿根廷案、Azurix‐阿根廷案都发生在 21 世纪初阿根廷经济危机后，与其当时有关经济政策紧密相关。在债务违约后，众多债权人提出了国际争端仲裁的请求。

在集体仲裁中，核心焦点是东道国是否已经给与明确的同意，接受仲裁庭的仲裁管辖。在前三起案件中，仲裁庭发展了一并同意说和单一争端说两种思路。第四起案件是在 2020 年结案的 Adamakopoulos‐塞浦路斯案，也采用了单一争端说的解决思路。

### （一）一并同意说

在首起案件 Azurix‐阿根廷案中，仲裁庭和当事方确认了在 18 万申请方中的 6 万人基于同一投资争端提出了仲裁请求。在处理东道国提出的管辖权异议时，仲裁庭（多数意见）首次提出了集体仲裁（mass claims）的概念，并认为如果其对其中一起案件有管辖权，那么对所有的案件都有管辖权。在实际仲裁中，由于《公约》和《仲裁规则》对集体仲裁没有规定，仲裁庭有权依据《公约》第四十四条的规定对集体仲裁中的程序问题做出决定。[①] 这就是关于管辖权的一并同意说。

一并同意说受到了被申请方的挑战，且一位仲裁员也提出了明确的反对意见。反对的焦点问题仍然是东道国通过投资协定的方式事先给出的管辖同意，是针对"某一"投资争端进行仲裁的而非针对集体仲裁；既然当事方并未同意进行集体仲裁，则仲裁庭对集体仲裁没有管辖权。[②]

在随后的 Azurix‐阿根廷案中，仲裁庭采用了与一并同意说略有区别的

---

[①] Abaclat and Others v. Argentine Republic，ICSID Case No. ARB/07/5，Decision on Jurisdiction and Admissibility（August 4 2011），第 492 段。

[②] Abaclat and Others v. Argentine Republic，ICSID Case No. ARB/07/5，Dissenting Opinion（October 28 2011），第 128–145 段。

方法。对于当事方提出的同一仲裁中申请方最大数量应当设限的主张时，仲裁庭没有明确讨论一个仲裁能够处理的申请方的最大数量，但明确指出本案的 90 个申请方明显没有超过合理的限度。因此仲裁庭认为其对该集体仲裁仍然有管辖权。①

## (二) 单一争端说

Azurix-阿根廷案仲裁庭提出了单一争端说。仲裁庭依据《公约》和涉案投资协定仅可以仲裁"单一"投资争端（a dispute）。因此在申请方众多的情况下，其仲裁主张和请求应当有同一性，能够构成同一个争端，才可以由仲裁庭在一个仲裁程序中处理。这个思路也为后来 Adamakopoulos-塞浦路斯案仲裁庭所采纳。

在 Azurix-阿根廷案中，仲裁庭采用了不同的处理方法。首先，它认为没有必要区分管辖权和可诉性的概念。这与先例中认可管辖权但排斥部分诉求的可诉性的做法明显不同。其次，仲裁庭从《公约》第二十五条和涉案投资协定即意大利和阿根廷投资协定中对管辖权的规定出发，认为仲裁庭对当事方之间的"一个争端"有管辖权。因此管辖权问题的关键就在于集体仲裁的诉求是否属于同一个争端。② 由于管辖权的决定需要对案件细节进行分析，因此仲裁庭决定在考虑实体问题时一并考虑管辖权的问题。

Adamakopoulos-塞浦路斯案仲裁庭基本采纳了 Azurix-阿根廷案仲裁庭对集体仲裁中管辖权问题的处理方法，认为当众多申请方的诉求能够构成一个相同的争端时，仲裁庭就有权管辖该争端。随后仲裁庭从争端的起因、性质、法律责任以及涉案两件投资协定的同一性角度出发，认为涉案争端构成了同一个争端。此外，仲裁庭也不认为本案 956 个申请方超过了 ICSID 仲裁能够处理的限度，因此做出了其对该集体仲裁有管辖权的决定。③

① Giovanni Alemanni and Others v. The Argentine Republic, ICSID Case No. ARB/07/8, Decision on Jurisdiction and Admissibility（November 17 2014），第 276 段。

② Giovanni Alemanni and Others v. The Argentine Republic, ICSID Case No. ARB/07/8, Decision on Jurisdiction and Admissibility（November 17, 2014），第 291-293 段。

③ Theodoros Adamakopoulos and others v. Republic of Cyprus, ICSID Case No. ARB/15/49, Decision on Jurisdiction（February 7, 2020），第 205-221 段。

由于前三个案件并未最终完成仲裁程序，仲裁庭没有做出仲裁裁决；其关于集体仲裁管辖权的决定只是阶段性的决定，并不是最终生效的裁决。而截至 2020 年，Adamakopoulos-塞浦路斯案是唯一可能就集体仲裁问题做出最终决定的案件，或许该案裁决能为集体仲裁问题提供更具权威性的意见。

## 二、程序合并

程序合并也与参与仲裁的当事方数量较多有关。但与集体仲裁不同，程序合并的仲裁案件均是独立的争端仲裁，是为了促进程序便利、提高仲裁效率而整合的多个不同的案件。合并程序的基础通常包括相同或类似的法律或事实问题。

可以提出合并程序请求的条约和法律主要有两类：最直接的一类是直接规定了程序合并事项的国际条约。《北美自由贸易协定》、美国《标准投资协定》《东盟全面投资协定》等国际投资协定和自贸区协定规定，如果两个以上分别提出的仲裁请求包含相同或类似的法律和事实问题，则可以申请合并这些仲裁程序。另一类则是仲裁庭依据《公约》第四十四条规定自行决定程序合并事项。《公约》及其相关规则并没有关于程序合并的规则，但第四十四条授权仲裁庭在没有相关规定时自行决定与仲裁有关的程序事项。因此，仲裁庭也可以据此合并不同的仲裁案件的程序。

在实践中，合并仲裁案件能够显著地节约应诉政府的时间和财力，能避免不同仲裁庭在相同问题上做出相左的认定。例如，Phoenix-捷克案①在 2001 年 9 月做出裁决，Phoenix-捷克案②于 2003 年 3 月做出裁决；但两个裁决的结论则不尽相同。这样的裁决不仅耗费了东道国政府应诉的时间和资源，还对东道国的投资政策带来了负面的影响。因此，合并程序的请求通常由东道国提出，而申请方基于信息保密等理由提出反对意见。

在 ICSID 仲裁实践中，第一个处理合并仲裁程序议题的是 Thunderbird-墨西哥案。申请方在 2003 年在 ICSID 提出了仲裁请求，随后

---

① Ronald S. Lauder v. The Czech Republic, UNCITRAL, Final Award (September 3 2001).

② CME Czech Republic B. V. v. The Czech Republic, UNCITRAL, Final Award (March 14 2003).

另外两家企业在 2004 年针对东道国实施的同一税务措施提出了类似的仲裁请求。墨西哥根据《北美自由贸易协定》第一千一百二十六条提出了合并仲裁程序的请求。仲裁庭认为申请方之间是利益相关的直接竞争者，合并程序将导致申请方和被申请方出于保密信息的考虑，不能充分仲裁和抗辩，也不能自由决定仲裁策略等重要事项，从而影响了仲裁结果的公平性。因此，仲裁庭驳回了合并仲裁的请求。①

在实践中，仲裁庭在处理程序合并诉求时采用了两种方法：一种是直接合并，即将两个不同的仲裁案件纳入同一仲裁程序中。另一种则是准合并程序，即启用相同的仲裁庭裁决不同的案件。

在直接合并程序的案件中，仲裁庭重点考虑程序的便利性、效率以及当事方的仲裁权利，但并不一定都同意合并仲裁。例如，在前述 Thunderbird-墨西哥案中，仲裁庭就驳回了合并仲裁的请求。在 Azurix-阿根廷案中，两组申请方先后就阿根廷经济措施提出了争端仲裁请求。由于申请方和阿根廷政府达成一致，仲裁庭决定合并两案的仲裁程序并做出一份最终裁决。②

而有些案件中则采用了准合并程序的方法，即交由同一个仲裁庭处理多个仲裁案件。这样既有利于提高效率、保证裁决的一致性，又能保障申请方仲裁自主性和信息的保密性。例如，在 Azurix-阿根廷案③和 Azurix-阿根廷案④中，两个申请方同意由相同的仲裁员组成各自的仲裁庭解决在手争端，并在同一天做出了相同的仲裁决定。同样在 Salini-摩洛哥案和 Salini-摩洛哥案中，由于事实基础和涉案投资协定相同，中心秘书长因此协调两案申请方指定相同的仲裁员组成仲裁庭。最终虽然两案仲裁庭相

---

① Corn Products International, Inc. v. United Mexican States, ICSID Case No. ARB (AF) /04/1, Order of the Consolidation Tribunal (May 20 2005).

② BP America Production Company, Pan American Sur SRL, Pan American Fueguina, SRL and Pan American Continental SRL v. The Argentine Republic, ICSID Case No. ARB/04/8, Decision on Preliminary Objection (July 27 2006), 第 7 段。

③ Sempra Energy International v. The Argentine Republic, ICSID Case No. ARB/02/16, Decision on Jurisdiction (May 11 2005), 第 11-19 段。

④ Camuzzi International S. A. v. The Argentine Republic, ICSID Case No. ARB/03/2, Decision on Jurisdiction (May 11 2005), 第 4-6 段。

同，但是仲裁程序依然各自独立。[①]

从《公约》规定和实践看，合并仲裁程序虽然没有明确规定，但出于提高仲裁效率、保障裁决权威的角度，仲裁庭可能会考虑对基于相同法律和事实的不同仲裁进行合并处理。而当事方尤其是申请方仲裁自主性和信息保密性的要求，则可能促使仲裁庭做出驳回合并的决定。

共用仲裁庭的方案可能解决当事方关于保密性的关切，以及中心对于裁决一致性的要求，但仍然不能有效降低应诉东道国政府在仲裁程序上花费的时间和经济成本。

### 三、保密和透明度

通常而言，仲裁相较于诉讼的优势之一是其私密性的特点。当事方可以以不公开的方式解决其存在的法律争端。在外国投资者和东道国之间的国际投资争端中，保证仲裁过程和结果不为外界所知，似乎对二者都是合乎利益的选择。对投资者而言，在仲裁中保护有关争议投资的商业秘密，对其商业利益和股东权益是更明智的选择。而对东道主而言，过多地暴露其对外国投资的有争议的法律和措施，对其国际声誉和吸引外国投资的能力都是负面的影响。因此，在《公约》早期，当事双方对保持国际投资争端仲裁的私密性怀有一定程度的共识：一方面，《公约》及其相关规则对公开仲裁程序和结果的规定很少；另一方面，仲裁程序文件和裁决也少有公开发表。

随着公众对投资仲裁热情和兴趣的增强，对仲裁程序和结果的公开性和透明性的要求也随之出现。作为在 21 世纪初出现的一个标志性的案件，Aguas-玻利维亚案[②]，引发了广泛的社会关注，也最终推动中心修订《仲裁规则》，纳入仲裁程序公开和透明规则。Aguas 公司在东道国政府私有化自来水务的政策中获得了特许经营权；由此引发社会公众的强烈抗议，最终政府终止了该特许合同。随即 Aguas 在中心启动了对东道国的仲裁程序。

---

① Consortium RFCC v. Royaume du Maroc, ICSID Case No. ARB/00/6, Decision on Jurisdiction (July 16 2001); Salini Impregilo S. p. A. v. Argentine Republic, ICSID Case No. ARB/15/39, Decision on Jurisdiction (July 23 2001).

② Aguas del Tunari, S. A. v. Republic of Bolivia, ICSID Case No. ARB/02/3.

由于涉案投资事关生活基础设施，社会公众和组织提出了公开审理、公开仲裁的要求。

为了顺应发展的需要，解决仲裁程序公开，尤其是听证程序公开的问题，中心在 2006 年修订《仲裁规则》时增加了关于参加和公开听证的规定，[1] 在一定程度上为当事方之外的社会公众提供争端和仲裁的主要情况。同时，一系列仲裁裁决为中心秘书处和当事方公开仲裁相关文件提供了法律指引。

### (一) 关于保密要求的规定和案例

《公约》及其相关规则最初保留了仲裁私密性的规定。例如，《仲裁规则》第六条第二款要求仲裁员签署书面承诺，保障仲裁程序的私密性。第十五条要求仲裁庭评议过程应当采用非公开和保密的形式举行，并禁止非仲裁庭人员参与评议。

即使修订后的《仲裁规则》允许公开仲裁听证程序，当事方仍然享有否决权，可以拒绝与其相关的仲裁庭公开听证。例如在 Biwater-坦桑尼亚案中，面对第三方提出的公开仲裁听证会的申请，仲裁庭以当事方反对为由拒绝了第三方公开听证的要求。[2] 同样，在 WDFC-肯尼亚案中，在处理当事方提出的禁止公开仲裁信息的临时措施主张时，仲裁庭指出在未经当事方同意授权之前，仲裁庭不能做出公开仲裁程序相关文件资料的决定；在没有决定公开听证的情况下，听证会相关的记录文件不能由单一当事方单方对外公布和散发。[3]

### (二) 关于程序公开的规定和裁决

而《公约》对仲裁程序保密性的态度也在不断地变化发展中。从起初的倾向于传统商事仲裁的侧重保密的规则，逐渐演化到向更加公开和透明

---

[1] 《仲裁规则》第 32 条第 2 款。

[2] Biwater Gauff (Tanzania) Ltd. v. United Republic of Tanzania, ICSID Case No. ARB/05/22, Procedural Order No. 5 (February 2 2007)，第 69~72 段。

[3] World Duty Free Company v Republic of Kenya, ICSID Case No. Arb/00/7, Award (October 4 20060，第 16 段。

的方向发展。①

如 2006 年修订的《仲裁规则》第三十二条第二款授权仲裁庭在未遇当事方反对的情况下可以公开听证。同样,《仲裁规则》第四十八条第四款重述了《公约》第四十八条的规定,要求中心秘书处尽快公布仲裁裁决中关于法律论证的部分,并且在当事方同意的情况下全文公布仲裁裁决。

《行政财务条例》也要求中心秘书处公开待仲裁案件的进展信息。其中,第二十二条第一款要求秘书长公开案件申请登记的情况,以及每一案件处理方式和日期的说明;第二款要求在当事方同意的情况下公开仲裁裁决和相关案件记录等。

仲裁庭先后在数起案件中否认了《公约》仲裁规则保密的普遍义务的存在。在 Amco-印度尼西亚 I 案中,东道国主张在国际仲裁中当事方都有保密的普遍义务,而申请方单方公布案件信息的行为违反了保密义务。仲裁庭直截了当地拒绝了这种观点,表示《公约》及相关规则中并不存在所谓的保密的普遍义务,也不禁止当事方公开自己的案件信息。② 同样在 Thunderbird-墨西哥案中,仲裁庭也强调《公约》仲裁规则并不存在保密的普遍义务,当事方有权利在公开场合讨论自己的案件。③ 在 WDFC-肯尼亚案中,仲裁庭对保密义务进行了大量的论述:一方面,《公约》及相关规则并没有明文限制当事方公开仲裁相关文件资料的权利;另一方面,政府作为仲裁的一方,《公约》及相关规则显然不能规定保密的普遍义务,以限制当事方公开和公布仲裁案件的权利。④

当事方是仲裁程序的主导者,有权利决定是否公布有关仲裁程序的文件材料。这一权利得到了 MHS-马来西亚案仲裁庭的确认。仲裁庭认为当事方不仅可以授权中心秘书处公布所有仲裁程序的相关文件,也可以基于

---

① Biwater Gauff (Tanzania) Ltd. v. United Republic of Tanzania, ICSID Case No. ARB/05/22, Procedural Order No. 3 (September 29 2006),第 122 段。

② Amco Asia Corporation and others v. Republic of Indonesia, ICSID Case No. ARB/81/1, Decision on Provisional Measures (December 9 1983),第 4 段。

③ Metalclad Corporation v. The United Mexican States, ICSID Case No. ARB (AF) /97/1, Award (August 30 2000),第 13 段。

④ World Duty Free Company v Republic of Kenya, ICSID Case No. Arb/00/7, Award (October 4 20060,第 16 段。

保护敏感信息的目的而对待公布的文件进行修改和调整。①

## 四、第三方（法庭之友）

在国际投资仲裁中，常常出现案外第三方要求参加仲裁程序和提交抗辩意见的现象。由于人们越来越要求提高国际投资争端仲裁的透明度，除了要求案件公开外，还有一些政府、民间组织要求以提交书面材料或参加听证会的形式参与仲裁过程。对于这些要求，Azurix-阿根廷案仲裁庭对第三方在仲裁程序中的地位做了定义：在仲裁中，第三方的作用是通过向仲裁庭提供当事方未能提供的观点、证据和专业知识，从而帮助仲裁庭做出正确的决定；第三方提出的参加仲裁的请求仅仅是表达了愿意提供帮助的意向，而仲裁庭则有权决定是否接受或者拒绝帮助。第三方不是仲裁的当事方，不享有当事方的权利义务，仅仅是法庭之友②。

在早期案件中，Mondev-美国案是比较典型的第三方提出参加仲裁的案例。在处理第三方提出的参加仲裁的请求时，该案仲裁庭认为根据《北美自由贸易协定》（NAFTA）和联合国贸法会规则 UNCITRAL 第十五条的规定，仲裁庭可以以其认为合适的方式处理仲裁有关的程序问题，决定它有权接受第三方提出的有关书面意见。③ 随后《北美自由贸易协定》（NAF-TA）自贸委员会公布了关于法庭之友的声明，提出了仲裁庭处理第三方参加仲裁的指引：一是能否通过提供不同于当事方的专业意见或角度，帮助仲裁庭对法律和事实问题做出判断；二是能否在争议范围内解决问题；三是第三方在争端中是否存在重大利益；四是争端是否牵涉公共利益。④ 如果仲裁庭允许第三方提交材料，则其内容和程序性还应当满足进一步的要

---

① Malaysian Historical Salvors, SDN, BHD v. The Government of Malaysia, ICSID Case No. ARB/05/10, Award（May 17 2007），第 32 段。

② Suez, Sociedad General de Aguas de Barcelona, S. A. and Vivendi Universal, S. A. v. Argentine Republic, ICSID Case No. ARB/03/19, Order in Response to Transparency and Amicus Curiae Petition（May 19 2005），第 13 段。

③ Methanex Corp. v. United States, NAFTA/UNCITRAL, Decision of the Tribunal on Petitions from Third Persons to Intervene as "Amici Curiae"（January 15, 2001），第 53 段。

④ Statement of the Free Trade Commission on non-disputing party participation, Free Trade Commission, NAFTA, https://www. international. gc. ca/trade - agreements - accords - commerciaux/assets/pdfs/Nondisputing-en.pdf.

求。NAFTA 的指引和相关判例①为国际投资争端仲裁庭处理案外第三方的问题提供了样板。

在《公约》体系中，较早的关于仲裁第三方的规定出现在美国双边投资协定②范本和加拿大双边投资协定的范本中。并且在 Aguas-玻利维亚案中，首次出现了第三方申请加入仲裁的请求，本案涉及居民用水等公用事业，引发社会公众高度关注。在处理第三方的请求时，仲裁庭认为由于《公约》及仲裁规则尚无规定，并且仲裁权力基于当事方的授权等原因，其没有权力决定第三方参加仲裁的问题。③

然而该仲裁庭则在同期的 Azurix-阿根廷案和 Azurix-阿根廷案中做出了截然相反的决定。仲裁庭认为根据《公约》第四十四条的规定，在《公约》及相关规则缺乏明文规定时，其有权决定仲裁程序相关的问题。值得注意的是，仲裁庭还首次在《公约》案例中确立了如何考虑第三方请求的标准：议题适合、第三方合格和程序适当。④

为了顺应仲裁公开透明的发展要求，中心在 2006 年修订了《仲裁规则》，其中第三十七条第二款专门规定了非当事方参加仲裁的程序要求。⑤该款借鉴了 NAFTA 自贸委员会的声明，规定了仲裁庭应当考虑的事项以及程序中应当注意的问题。

Biwater-坦桑尼亚案仲裁庭是第一个在新的《仲裁规则》的基础上处理第三方仲裁请求的案例。仲裁庭认为，根据第三十七条第二款的规定，提出申请的 5 家非政府组织都满足了规定的条件，能够向仲裁庭提供不同于当事方的观点、专业知识和角度，有助于其了解案件相关的法律或事实

---

① 例如在 Mondev-美国案中，仲裁庭根据指引的规定决定同意矿业协会、地球之友等组织参加仲裁。Glamis Gold v. United States, NAFTA/UNCITRAL, Award (June 8, 2009)，第 267-286 段。

② US Model BIT 2004, US Model BIT 2012.

③ Aguas del Tunari, S. A. v. Republic of Bolivia, ICSID Case No. ARB/02/3, Decision on Jurisdiction (October 21 2005)，第 15-18 段。

④ Suez, Sociedad General de Aguas de Barcelona, S. A. and Vivendi Universal, S. A. v. Argentine Republic, ICSID Case No. ARB/03/19, Order in Response to Transparency and Amicus Curiae Petition (May 19 2005)，第 13 段 Suez, Sociedad General de Aguas de Barcelona S. A., and InterAguas Servicios Integrales del Agua S. A. v. The Argentine Republic, ICSID Case No. ARB/03/17, Order in Response to Transparency and Amicus Curiae Petition (March 17 2006)，第 17 段。

⑤ 《附加便利规则》第 41 条第 3 款也有类似规定。

问题，从而能够解决在手争议。因此仲裁庭决定接受其提交的书面材料；但第三方不是仲裁的当事方，其不能获得重要的仲裁文件。①

Von Pezold-津巴布韦案则提供了仲裁庭拒绝第三方参加仲裁请求的案例。在本案中，5家非政府组织请求作为第三方参与仲裁。仲裁庭指出，其提出的请求使得仲裁庭合理质疑该类组织的独立性和中立性；并且这些组织提出的请求也不满足《仲裁规则》第三十七条第二款的要求，因此不能接受该类组织参加仲裁。②

《公约》及《仲裁规则》并没有明确规定第三方参与仲裁中应当发挥的作用，以及其能够提出意见和建议的议题范围。而联合国贸法会规则UNCITRAL规定第三方仅可以就条约、规则解释提供意见。③ 在 Azurix-阿根廷案中，美国政府作为第三方参加了仲裁，并就《公约》第五十三条和第五十四条的解释问题提交了书面意见。④

## 五、自然终止

除了做出仲裁裁决之外，仲裁程序还可能由于多种原因自然终止。根据中心统计，只有65%的案件由仲裁庭解决，其余约35%的案件则因和解或其他原因终止程序。其中，17%的案件应当事双方的请求终止⑤，9%的案件应单个当事方请求终止，5%的案件以和解结束并体现在仲裁裁决中，尚有少数案件由于未按时缴费、当事方不配合等原因自然终止。⑥

---

① Biwater Gauff（Tanzania）Ltd. v. United Republic of Tanzania, ICSID Case No. ARB/05/22, Procedural Order No. 5（February 2 2007），第50段；Award（July 24, 2008），第360-368段。

② Bernhard von Pezold and Others v. Republic of Zimbabwe, ICSID Case No. ARB/10/15, Procedural Order No. 2，（June 26, 2012），第56段。

③ UNCITRAL Rules on Transparency in Treaty-based Investor-State Arbitration，第5.1条。

④ Siemens AG v. Argentine Republic, ICSID Case No. ARB/02/8, Submission by the United States of America to the ad hoc Annulment Committee regarding Arts. 53 and 54（May 1, 2008）.

⑤ 例如，双方通过和解共同请求仲裁庭终止仲裁。

⑥ 数据统计来自 THE ICSID CASELOAD-STATISTICS（ISSUE 2020-2），P13, Chart 9a, https://icsid. worldbank. org/sites/default/files/publications/The% 20ICSID% 20Caseload% 20Statistics% 20%282020-2%20Edition%29%20ENG.pdf.

## （一）和解

当事方可以通过和解终止仲裁，并且和解可以发生在仲裁程序中的各个阶段。有些案件可能在仲裁庭组成前就已经和解，有些案件则在仲裁庭做出临时措施的决定或初步裁决后达成和解，也有些案件则在仲裁庭已经做出仲裁裁决后实现和解。①

相对而言，和解是更接近当事方友好解决争端的方式。一方面，当事方通过和解能够继续投资项目的合作，争取实现双赢的既定目标；另一方面，和解能够维护和促进投资环境的改善，从而吸引更多的国际投资者。因此，和解始终是实践中应用较多的结案方式。②

《仲裁规则》第四十三条是关于和解及其结案方式的规定。简而言之，当事方和解后，结案方式会呈现三种路径、两种结果。

### 1. 终止命令

如果当事双方在仲裁裁决做出前，书面请求仲裁庭终止仲裁程序，则仲裁庭或秘书长以程序命令的形式记录并公布当事方的请求，并以无仲裁裁决的形式终止案件。终止命令并不是仲裁裁决，因而不受《公约》规定的裁决后救济相关规定的约束。

### 2. 不记录和解协议终止

当事方也可以要求仲裁庭，以记录和解协议的方式做出仲裁裁决，从而终止仲裁程序。但仲裁庭有权自行决定是否对其提交的和解协议予以记录。如果拒绝记录和解协议，则案件仍将以终止命令的方式结案。

仲裁庭在考虑是否记录和解协议时，主要考虑和解协议与其仲裁授权之间的关系。如果认为其对和解协议中的内容没有管辖权，或者超过了现有案件的争议范围，仲裁庭也可以拒绝根据和解协议做出最终的仲裁裁决。

### 3. 记录和解协议的仲裁裁决

如果仲裁庭决定在仲裁裁决中记录和解协议，则仲裁裁决是标志程序

---

① 例如，Azurix-阿根廷案，CMS Gas Transmission Company v. The Republic of Argentina, ICSID Case No. ARB/01/8.

② 由于当事方之间的和解协议通常并不公布，因此只能从已经公布和解协议的案件，以及当事双方共同申请终止程序的案件中推测和解案件的数量。

终止的文件。例如 Goetz-布隆迪案，当事双方达成了和解协议并共同请求仲裁庭以记录和解协议的方式做出仲裁裁决。仲裁庭同意了该请求并做出了相应的仲裁裁决。[①]

获得记录和解协议的仲裁裁决，对当事方执行和解协议有积极的推动作用。原本依赖当事方自觉执行的和解协议，一旦成为正式生效的仲裁裁决的一部分，则可以按照《公约》中有关承认和执行裁决的规定，被当事方执行。

## （二）单方提出终止请求

《仲裁规则》第四十四条规定，单个当事方也可以提出终止仲裁的请求。如果未遇相对当事方的反对，则仲裁庭或秘书长应以程序命令的方式记录终止仲裁的请求并终结程序。但如对方反对，则该仲裁程序仍将继续进行。

## （三）当事方不配合

《仲裁规则》第四十五条规定，如果当事方不能在规定时间（例如 6 个月）内采取相应的行动配合仲裁程序，则仲裁程序将视作当事方的自愿终止。仲裁庭则通过发布程序命令，终止相应的仲裁程序。

## （四）部分终止

从终止程序的对象而言，既可以是涉案争端全部的争议议题，也可以是其中的一部分争议议题。即仲裁程序既可以全部终止，也可以仅仅终止个别争议主张，继续仲裁其余的争议主张。

在 Conoco Phillips-委内瑞拉案中，当事双方就部分议题达成了和解，但仍有执行日期、现有争端的结案方式等问题悬而未决。仲裁庭继续对双方仍存的部分争议进行仲裁，并做出了相应的仲裁裁决。[②]

---

① Antoine Goetz & Others and S. A. Affinage des Metaux v. Republic of Burundi, ICSID Case No. ARB/01/2, Award（February 10 1999）.

② Fedax N. V. v. The Republic of Venezuela, ICSID Case No. ARB/96/3, Award（March 9 1998），第 27-28 段，Part C.

### （五）财务原因的终止

根据《行政财务条例》第十六条的规定，当事方应当按时向中心缴纳仲裁相关的费用。因此，当事方未能履行其缴费义务时，仲裁庭也可以终止仲裁程序。

## 第四章

# 管　辖

　　《公约》第二章规定了国际投资争端解决中心对案件的管辖权。其中，第二十五条是核心条款，规定了中心对提起争端具有管辖权的三个条件，即主体管辖、客体管辖和同意管辖。而第二十六条和第二十七条则赋予中心对投资争端的排他管辖权。国际投资争端解决中心的管辖权有以下几个特点。首先，各方提起的争端，若需国际投资争端解决中心行使其管辖权，客体管辖、主体管辖和同意管辖三个条件缺一不可。其次，一旦中心享有了对已提出争端的管辖权，则该管辖权将自动排除针对该争端案件的其他救济方式。最后，中心对争端管辖权在一定程度上限制了成员国提供外交保护的范围和力度。

　　简而言之，国际投资争端解决中心的管辖权主要有以下几个内容：一是要求必须是法律争议；二是要求争议直接源于某项投资；三是争议双方是缔约国和另一缔约国国民；四是要求书面同意提交仲裁。即分别是客体管辖、主体管辖和同意管辖三个方面。

　　客体管辖指中心只对直接基于某投资的法律争议进行仲裁。但是《公约》及其有关规则并没有对"直接源于""投资""法律争议"这三个重要的法律概念进行定义。中心的仲裁庭经常基于国际法院（International Court of Justice）的定义，将所管辖的争端解释为"不同利害关系方之间对法律或事实的分歧，或则对某法律观点或法律利益的纷争"①。

主体管辖则是指争议双方必须具备特定的条件。投资东道国必须是缔约国（或其特定区域），而另一方必须是其他缔约国的国民。而国民又分为了自然人和法人两类；自然人必须是非投资东道国公民，而法人的限制则较为宽松，在符合一定条件时，东道国法人也可被视作其他缔约国的国民。

同意管辖则指争议双方同意中心对其存在的争议进行仲裁。同意既要求了双方必须书面同意对其争议进行仲裁，同时又限制了任何一方不能单方撤回该同意。同意的方式有多种，并不仅限于采用国际条约的形式。目前主要的同意方式有四种，即投资合同、国内立法、双边条约、多边条约。

同时，《公约》仲裁管辖制度的另一个重要特点是排他性。这种排他性体现在两个方面：一是排除其他救济方式，即不允许争议双方再使用其他救济手段②；二是排除外交保护的适用③。当然，缔约国可以将用尽国内救济手段作为其书面同意提交仲裁的前置条件。

仲裁庭也普遍采用在国际商事仲裁领域广泛接受的自裁管辖原则，解决对自身管辖权范围和异议的问题。

# 第一节　主体管辖

## 一、缔约国

《公约》第二十五条规定，提交国际投资争端解决中心仲裁的争议必须是某一缔约国和其他缔约国国民之间的争议。截至 2022 年 1 月，国际投资争端解决中心共有 164 个成员国④，其中缔约国 158 个，签署国⑤ 8 个。

---

① Mavrommatis Palestine Concessions（Greece v. Great Britain），Judgment（30 August 1924），PCIJ Rep Series A-No 2，11.

② 《公约》第 26 条。

③ 《公约》第 27 条。

④ The ICSID Caseload - Statistics，Issue 2020-1，https://icsid. worldbank. org/en/Pages/resources/ICSID-Caseload-Statistics.aspx.

⑤ 签署国，即已经签订《公约》，但尚未经国内批准或核准的国家。

只有缔约国可以受管辖，而签署国未完成国内批准手续前并不能成为仲裁的当事人。

我国于 1992 年加入公约，成为缔约国。2018 年 8 月，墨西哥成为最新的中心缔约国。而玻利维亚于 2007 年、厄瓜多尔于 2010 年和委内瑞拉于 2012 年声明退出了《公约》。

不过，即使某个国家是《公约》的缔约国，也不一定能使其成为投资争端的一方，从而使中心具备该争端案件的管辖权。有时，缔约国会指定其部分区域可以单独成为争议解决的一方；有时，缔约国会将其部分区域排除在《公约》管辖之外。此外，缔约国也可以通过声明保留，对《公约》管辖范围进行限制。

## （一）指定区域

根据《公约》第二十五条的规定，不仅缔约国可以成为争议中的关系方，通过缔约国指定其内部区域和机构也可能成为争议解决的一方。

缔约国内部区域和机构受仲裁庭管辖，需要满足三个条件：一是已经经缔约国指定，并向《公约》秘书处报备；二是该区域或机构需要发出同意仲裁的意思表示，已经缔约国批准认可；三是如果缔约国通知《公约》秘书处，区域或机构的同意不需批准，则同意自动生效。

截至 2019 年，共有 12 个缔约国指定了其内部多个省、州或其他机构，可以单独作为国际投资争端仲裁的当事人。① 值得注意的是，厄瓜多尔也曾指定 2 家机构，但由于厄瓜多尔宣布退出《公约》，这 2 家机构也失去了当事人地位。

## （二）区域排除

《公约》第七十条规定应当适用于缔约国全部领土，但缔约国书面通知秘书处不受《公约》管辖的范围除外。因此，一旦缔约国做出了此类声明，即使投资争端发生在缔约国领土范围内的此区域内，中心仲裁庭也没

---

① Designations By Contracting States Regarding Constituent Subdivisions Or Agencies (ICSID 8-C), https://icsid. worldbank. org/en/Documents/icsiddocs/ICSID% 208 - Contracting% 20States% 20and% 20Measures% 20Taken% 20by% 20Them% 20for% 20the% 20Purpose% 20of% 20the% 20Convention.pdf.

有对案件的管辖权。

截至 2019 年，仅有英国、新西兰和摩尔多瓦做出了此类声明。① 英国和新西兰均是对大洋中的部分偏远领土做了排除，而摩尔多瓦则是声明《公约》"仅对摩尔多瓦政府有效控制的领土"有效，从而非特定排除了其尚未有效控制领土范围内发生争端的管辖权。

### (三) 声明保留②

缔约国可以通过通知秘书处，对某一类或多类案件的管辖权进行声明保留，使其不受中心仲裁庭的管辖。③

例如，我国在 1992 年加入《公约》时声明，"中国仅考虑把由征收和国有化造成的补偿相关的争议提交中心管辖"④。

## 二、自然人

《公约》第二十五条第二款细化了对国民的概念，分别对自然人和法人进行了规定。其中 a 项是对自然人的规定：

《公约》自然人是指在同意仲裁之日，或提交国际投资争端解决中心登记之日，具备非东道国的缔约国国籍的人，但是在上述两日期拥有东道国国籍的人除外。

由此可见，《公约》对自然人资格的规定有肯定和否定两方面的要求。肯定性要求是在两日期之一必须具备除东道国之外缔约国的国籍身份，从而排除了非缔约国国民利用《公约》仲裁的可能性。

---

① Exclusions Of Territories By Contracting States (ICSID/8 - B)，https://icsid. worldbank. org/en/Documents/icsiddocs/ICSID% 208 - Contracting% 20States% 20and% 20Measures% 20Taken% 20by% 20Them% 20for% 20the% 20Purpose% 20of% 20the% 20Convention.pdf.

② 学者对声明保留的法律意义也有不同的看法。通常而言，《公约》中的声明保留仅为缔约国提供了一种排除或限制中心管辖权的权利，可以在其后多双边投资协定、国内法规或投资合同中引用和激活该保留。对于声明前的条约或合同引起的争端，该声明不具备排除和限制管辖的作用；对于未重申此类保留声明条约和合同引起的争端仲裁，此类声明保留也难以起到限制和排除管辖的作用。

③ Notifications Concerning Classes Of Disputes Considered Suitable Or Unsuitable For Submission To The Centre (ICSID/8-D)，来源同上。

④ 同上。

而否定性要求则是该自然人不得具有东道国的国籍身份，即对多重国际自然人和转换国籍自然人进行了限制。从国际法基本原则和《公约》宗旨出发，国际投资争端仲裁不适用于缔约国和本国公民之间的争议解决，因此必须明确禁止投资者利用《公约》申请对本国进行争端仲裁。《世界银行执行董事对公约的报告》明确"具有投资东道国国籍的自然人不能成为《公约》仲裁的当事方，即便他同时还拥有其他缔约国的国籍。并且这种资格瑕疵是绝对的和无法补救的，即便东道国提供了书面同意也无法弥补"①。

双边投资保护协定（BIT）有时也对仲裁庭管辖的自然人资格进行细化的规定。例如，美国《2012 年双边投资保护协定范本》规定，美国自然人是指符合《美国移民和国籍法》第Ⅲ章的公民。② 在《日本-亚美尼亚双边投资协定》规定，自然人是指符合签约方国内现行国籍管理法规规定的公民。③

由此可见，自然人管辖权的关键问题有二：一是如何认定国籍，二是国籍认定应适用何种法规。

## （一）认定自然人国籍的规则

国籍指的是自然人与国家之间的正式关系。在国际法中，国籍总与管辖和外交保护等问题直接相关。在国际投资争端中，国籍直接影响了以下几个问题的认定：一是仲裁投资者必须是《公约》缔约国的国民；二是投资者必须不能是东道国的公民；三是在仲裁同意通过国际条约方式提出的情况下，投资者必须是条约签署国的公民；四是关系到投资协定所提供的待遇标准；五是关系到非歧视性的国民待遇和最惠国待遇。

通过以往判例，国籍投资争端解决中心逐渐形成了认定仲裁中自然人当事人资格的几个规则。

一是仲裁庭享有最终决定权。根据仲裁授权，在自然人国籍认定和仲裁

---

① 《世界银行执行董事对投资争端解决公约的报告》第 29 段，http://icsidfiles.worldbank. org/icsid/icsid/staticfiles/basicdoc/partB-section05.htm#04.

② 2012 版美国双边投资协定模板第 1 条，https://ustr.gov/sites/default/files/BIT%20text%20for%20ACIEP%20Meeting.pdf.

③ 《日本-亚美尼亚双边投资协定（2018）》，https://investmentpolicy.unctad.org/international-investment-agreements/treaties/bilateral-investment-treaties/3867/armenia---japan-bit-2018-.

当事人资格问题上，仲裁庭享有最终的决定权，而不是缔约国政府及其相关机构。二是国籍认定的法律依据是自然人主张国籍国内的相关法律和法规。通过解释和适用主张国籍国内的法律，仲裁庭解决有关自然人的国籍争议和异议。三是仲裁庭不受缔约国法律和裁决的约束。在某些情况下，仲裁庭可以忽略异议国籍国的法律规定，自行适用法律决定国籍归属。

## （二）案例分析

在国际投资争端解决中心仲裁史上，Soufraki-阿联酋案①详细地解释了如何运用《公约》规定和仲裁授权，解决外国自然人投资者国籍的问题。在本案中，申请方提出其具备意大利国籍，因此符合《公约》规定可以提出仲裁请求，并据此要求根据《意大利-阿联酋投资协定》进行仲裁。而阿联酋则认为，其主要或有效国籍并非意大利，因此不具备申请方资格。仲裁庭认为，Soufraki 在获得加拿大国籍时，自动失去了意大利国籍；而在再度获得意大利国籍问题上，仲裁庭认为 Soufraki 在 1991 年后并未采取行动试图重新获得意大利国籍。

仲裁庭认为，在解决国籍异议时应当依据意大利国籍管理相关规定。并且根据《公约》第四十一条规定，仲裁庭有权解决其授权范围的争议，因此有权解决案件过程中的国籍异议。

"国际法领域认可，国籍问题通常受缔约国国内法的管辖。国际法领域同样认为，在国籍仲裁或审判程序中，仲裁庭有权处理并解决有关国籍争议的问题。仲裁庭会着重考虑争议国籍法律，以及该国解释和运用法律的决定。但是最终，仲裁庭将根据已有事实和法律，自行决定有争议的国籍问题。在 Soufraki-阿联酋案中，由于国籍问题存在争议，因此仲裁庭有权也必须解决该争议。"②

申请方主张，意大利政府仍然视其为意大利公民，并提供了意大利政府出具的护照、国籍证明等文件。仲裁庭对此表示，仲裁庭接受这些官方

---

① Hussein Nuaman Soufraki v. The United Arab Emirates, ICSID Case No. ARB/02/7, https://www.italaw.com/cases/1041.

② Soufraki-阿联酋仲裁案裁决，https://www.italaw.com/sites/default/files/case－documents/ita0799.pdf，第 55 段。

文件作为提出仲裁申请时的表面证据；仲裁庭考虑这些文件的作用，并不代表必须按照这些文件规定的内容做出一致的裁决，并指出，当意大利政府在并未全部掌握有关信息以决定申请方国籍时出具的这些文件资料，并不具备很高的证明力。此外，仲裁庭还就申请方国籍安排问题特别指出，"如果申请方当初通过意大利公司与阿联酋政府签订合同，而不是以个人名义签约，本案将不存在有关国籍问题的争议"①。

在随后的仲裁结果撤销程序中，申请方提出仲裁庭应当适用意大利法律决定国籍问题，而不仅仅是着重考虑解释和适用意大利法律的结果。特设委员会解释道，仲裁庭确实适用了意大利法律，并着重考虑了意大利政府解释和适用其法律的结果。②

对于政府文件的证明效力，特设委员会认为，"原则上，仲裁庭有权决定当事人国籍从而确定其自身的管辖权，而并不受限于政府官方文件"③。

### (三) 后续影响和发展

Soufraki 仲裁裁决确立的关于国籍认定的几项原则，受到此后仲裁庭的支持和采纳。

#### 1. 法律依据

在确定当事人国籍时，应当依据主张国籍国内的法律。这一原则受到后续多个仲裁庭的支持。

在 Siagv-埃及仲裁案中，双方均主张应当基于 Soufraki 案的裁决，适用争议国籍国内的法律确定当事人国籍。该仲裁庭总结道，根据缔约国国内法律确定国籍是普遍共识。④

在 Casadov-智利仲裁案中，仲裁庭再次重申了相同的原则。在随后的撤销程序中，特设委员会进一步指出，仲裁庭应当依据缔约国国内司法机

---

① Soufraki-阿联酋仲裁案裁决，https://www.italaw.com/sites/default/files/case-documents/ita0799.pdf，第 83 段。

② Soufraki-阿联酋案（ICSID Case No. ARB/02/7），仲裁裁决撤销特设委员会决定，第 89-93 段。

③ 同上，第 64 段。

④ SPP-埃及案（ICSID Case No. ARB/05/15），管辖权裁定，第 143 段。

关的司法解释适用其国内法律。①

在 Miculav-罗马尼亚仲裁中，仲裁庭表示，缔约国根据国内法律自行决定国籍和国民问题是一项通常的原则。这也是仲裁庭解决同类问题的原则。②

### 2. 仲裁庭权限

仲裁庭有权决定国籍问题，也在此后仲裁案中广受支持。

在 Siagv-埃及仲裁裁决中，仲裁庭全文引述了 Soufraki 案的裁决意见。③ 在 Casadov-智利案中，仲裁庭采用了与 Soufraki 仲裁庭相同的方法。④ 同样在 Shum-秘鲁争端中，仲裁庭引用了 Soufraki 案的关键论述。

在 Miculav-罗马尼亚仲裁中，罗马尼亚挑战了瑞典政府归化申请方的决定。仲裁庭认为没有证据质疑瑞典政府决定的准确性：

"仲裁庭确知 Soufraki 案仲裁庭和特设委员会确立的，仲裁庭有权并负责调查与管辖权相关的国籍问题。在这个过程中，仲裁庭不必遵循缔约国国内机构对该问题的认定，至少在国内机构方面出现欺诈和错误的情况下。但是，缔约国授予国籍决定时考虑的因素，仲裁庭也应当适当考虑。在本案中，仲裁庭认为没有理由质疑瑞典政府在归化外籍决定的准确性和完整性。在 Soufraki 案中，意大利政府在不了解其已自动失去意大利国籍的情况下，为其出具法律文件，与本案中的情形并不相同。

鉴此，仲裁庭只有确信瑞典政府受欺骗或出现严重差错的情况下，才倾向于不采用其政府决定。而此类情形，应当由主张方提出证据，而不能仅仅是表示怀疑。因此，仲裁庭认为，与 Soufraki 案不同，被申请方并未完成其举证责任，足以质疑申请方的国籍；相反的，申请方提供了令人信服的证据，证明了其具有瑞典国籍。"⑤

### 3. 官方文件证明效力

仲裁庭均认为，缔约国官方出具的国籍证明文件，构成了证明国籍的表面初始证据，但其并不具有必然的约束力。⑥

---

① Casado-智利（ICSID Case No. ARB/98/2），撤销程序特设委员会决定，第 68 段。
② Micula-罗马尼亚（ICSID Case No. ARB/05/20）管辖权裁定，第 86 段。
③ SPP-埃及案（ICSID Case No. ARB/05/15），管辖权裁定，第 150 段。
④ Casado-智利（ICSID Case No. ARB/98/2），撤销程序特设委员会决定。
⑤ Miculav-罗马尼亚（ICSID Case No. ARB/05/20）管辖权裁定，第 95-96 段。
⑥ 参见 Shum-秘鲁案管辖权决定第 43 节；Al-Bahloul-塔吉克斯坦案仲裁决定第 129-132 段；CCL-哈萨克斯坦案（ICSID Case No. ARB/08/12）仲裁裁决，第 377-379 段。

在 Siag-埃及仲裁案中，仲裁庭同意 Soufraki 仲裁决定中官方文件仅具备表面证据效力的结论。① 同样，在 Micula-罗马尼亚仲裁案中，仲裁庭接受了归化外籍文件作为国籍证明表面证据的证明效力。② 在 Ambiente-阿根廷仲裁中，仲裁庭对国籍证明官方文件的证明效力进行了阐述："申请方如何证明其具有意大利国籍这一问题，应当符合《公约》一般证据制度的要求。仲裁庭因此必须根据其他管辖争议的客观要求，来确认申请方是否完成了证明其国籍的举证责任。官方国籍证明文件，可以作为仲裁庭认定其国籍的证据材料。仲裁庭具有完整的自由裁量权，来评估证据材料的证明效力。通常，Soufraki 案仲裁决定撤销裁决确定的原则是处理此类情况的一般原则，即仅在例外情况下，仲裁庭必须审阅缔约国政府签发的证明国籍的官方文件。"③

Soufraki 案确定的原则为后续案件反复引用和支持，并形成了一系列自洽的案例体系。关于确定国籍所应适用法律，仲裁庭最终决定权的原则并未受到后续仲裁庭的挑战，已经固定成了解决国籍问题的主要依据。而对国籍认定中官方证明文件效力的问题，后续仲裁庭虽观察角度不同，但其基本原则仍然没有争议。

诚然，Soufraki 案也并没有解决与自然人国籍相关的所有法律问题，尤其是双重国籍问题等并未涉及。但其仍然是国际投资争端解决中心仲裁庭解决自然人国籍问题的基础性案例。

## 三、法人

《公约》第二十五条第二款 b 项规定了具备仲裁当事人资格的法人的条件。《公约》使用"法人"而非"公司"指代非自然人的投资者，其意在于扩大《公约》保护的范围不仅局限于公司。但是，法人至少应当具备一定的法律人格，能够以自己的名义承担和旅行合同义务。④ 在此前案例

---

① SPP-埃及案（ICSID Case No. ARB/05/15），仲裁决定，第 261 段。

② Micula-罗马尼亚（ICSID Case No. ARB/05/20）管辖权裁定，第 94 段。

③ Ambiente-阿根廷仲裁案（ICSID Case No. ARB/08/9（此前为 Azurix-阿根廷案），管辖权决定，第 318 段。

④ Schereur, Malintoppi, Reinisch, & Sinclair, The ICSID Convention: A Commentary, 2 edn, Cambridge 2009, P690.

中，中心仲裁庭也曾将不具法律人格的非公司实体、合伙等认定为不是《公约》意义上的法人。例如，在 Lesi-depenta-阿尔及利亚案中，仲裁庭就认为不具法律人格的公司联合体不是《公约》规定的法人，从而认定其对该案没有管辖权。①

此外，法人成为《公约》意义上其他缔约国的国民，可以通过两种方式：一是具有"国籍"，即法人根据所在国法律直接具备缔约国国民的身份；二是视为"外籍"，即法人虽属投资东道国国民，但由于"外国控制"因素的存在，经缔约或合同双方同意，将东道国给与此法人"外籍"待遇。

因此，在认定法人是否具备其他缔约国国民的身份，从而参加中心投资争端仲裁，需要解决两个问题：一是该法人是否本身具备此类国民身份，即"国籍问题"；二是在何种条件下，可以将该法人视作"外籍"法人。

## （一）法人概念

《公约》仅提及了名词法人，但并未给出明确的定义。法人概念主要基于缔约国国内法律的规定。通常情况下，法人本身在托基投资争端中的争议不多。在仅有的案例中，对于法人本身的争议大都在于争议法人是否具备必要的法律资格提出主张。

在 SGS-巴基斯坦案中，仲裁庭就拒绝了申请方代表其合资企业提出仲裁请求的权利，理由是该合资企业在瑞士法律中并不具备独立的法律能力。②

在 Azurix-阿根廷案中，仲裁庭认为《意大利-阿根廷投资协定》和《公约》对投资的保护，并不仅针对具有完整法律能力的公司法人。其认为，具有限制或部分法律能力的法人仍然是条约和《公约》的保护对象，只要其能够以其自身名义，依据有关国内法律，进行投资并进行相关诉讼或仲裁活动。③

---

① Lesi-Dipenta-阿尔及利亚仲裁案（ICSID case No. ARB/03/08），仲裁庭裁决，第 37-41 段。
② SGS-巴基斯坦案（ICSID Case No. ARB/03/3），管辖权决定，第 131 段。
③ Azurix-阿根廷案（ICSID Case No. ARB/07/5），管辖权决定，第 418 段。

## （二）国籍

《公约》并未规定如何确定法人的国籍资格。通常，法人国籍身份是依据其主张国籍国的法律而确定的。由于各国法律制度千差万别，因此确定法人国籍的方法也不一而足。有时，在国际投资协定中也会补充规定，以确定何种法人可以取得条约提供的待遇。主要而言，有以下几种确定国籍的方法：注册地标准、经营地标准、实际控制标准和经济活动标准。

### 1. 注册地标准

注册地标准是国际投资协定中最常用的用于确定法人国籍的方法。当法人是依据某国法律注册成立，即享有该国的国籍。由于该标准简单明确有效，经常单独或与其他标准一起成为国际投资协定中确定法人国籍，提供投资保护和便利的标准。

单独使用注册地标准的投资协定有荷兰和印度双边投资协定。其中规定，"荷兰公司是指依据赫拉法律注册成立的法人"[①]。

结合其他标准共同使用的投资协定有西班牙和阿尔巴尼亚双边投资协定。其中规定，"条约所指公司是指根据缔约国法律注册或组成，并在该国内运营的法人或其他法律实体"[②]。

当然，仅仅依靠注册地断定法人国籍，经常受到各方质疑。有人提出，除了注册地标准之外，法人与缔约国之间还应当存在更加实质的联系。因此，即使在投资协定或投资合同中并未规定，仲裁庭也应当考虑其他标准，例如，资本来源地或管理结构等。

在实践中，仲裁庭则倾向于严格遵循投资协定或投资合同的文本规定。最早和基础性的案例是Tokios-乌克兰仲裁案。在该案中，申请方是一家立陶宛公司，其主要股东是乌克兰公民。在乌克兰-立陶宛投资协定中规定，投资者包括根据立陶宛法规成立的任何实体。该案仲裁庭的多数成员详细解读了投资协定中关于投资者的规定，并认为协定并不要求仲裁庭

---

① 荷兰和印度双边投资协定，第1条（c）(ii)。https://investmentpolicy.unctad.org/international-investment-agreements/treaty-files/1584/download.

② 西班牙和阿尔巴尼亚双边投资协定，第1条b款。https://investmentpolicy.unctad.org/inter-national-investment-agreements/treaty-files/32/download.

考虑其他额外因素。此外，仲裁庭还认为《公约》第二十五条关于法人的规定，并未限制缔约各方根据实际情况约定公司法人的国籍规定，包括仅仅通过注册地判定公司国籍。据此，仲裁庭认为申请方为适格的立陶宛公司法人，符合《公约》和双边投资协定的规定，应受到协定和《公约》的保护。

此外，该案仲裁庭还可虑了本案中"刺破公司面纱"原则的必要性。仲裁庭认为在没有发现任何证据的情况下，不应当考虑该原则。理由是"申请方并未实施可能造成公司人格混同的行为；申请方也从未试图遮掩其国籍和身份。相反，申请方是根据立陶宛法律合法成立的公司法人，这一事实也为被申请方所了解。申请方早在双边投资协定之前就已存在，也并非为了获取《公约》仲裁权利而特意成立的。因此，仲裁庭并未发现申请方利用其立陶宛国籍从事不适当行为的证据"[1]。

该案仲裁庭的主张为此后多个仲裁庭所采纳。在 Noble-罗马尼亚案中，仲裁庭认为申请方作为荷兰成立的公司，符合荷兰和罗马尼亚投资协定关于投资者的规定。并且申请方最终为罗马尼亚公民所控制这一事实，在本案投资仲裁中并不相关。[2]

在 Phoenix-捷克案中，仲裁庭明确表示，虽然仅依靠注册地一个标准可能导致权利的滥用，但是仍然坚持应当遵循协定明文规定对有关法人的国籍问题进行认定。仲裁庭表示，"对于一个与缔约国并不存在实质经济联系的壳公司，且其控股公司并非根据该缔约国法律注册成立，是否应当获得条约和《公约》的保护，这一问题值得讨论。但是，仲裁庭最主要的依据仍然是条约文本的明确规定。这也是本仲裁庭得已成立并享有管辖的基础。在条约中仅要求申请方是依据荷兰法律成立的实体法人，仲裁庭不能在此基础上任意添加其他条件进行限制"[3]。

尽管目前判例主要依靠投资协定的明确规定，仍有意见认为应当在其基础上增加其他限制性的附加要求。最著名的异议意见也是 Tokios-乌克兰案中 Weil 教授的意见。与其他仲裁员不同，Weil 教授的意见并没有依据投

---

① Tokios-乌克兰仲裁案（ICSID Case No. ARB/02/18），管辖权决定和异议，第56段。

② Rompetrol-罗马尼亚仲裁案（ICSID Case No. ARB/06/3），初步反对意见，第77段。

③ Saluka-捷克 UNCITRAL 仲裁裁决，第222段。

资协定，而是从《公约》的宗旨和目标出发进行了阐述。他认为："《公约》仲裁机制是为了解决国际投资争端，也即是投资东道国和外国国民之间的投资争议。也正是由于其国际性，在争议双方都同意的情况下，双方通过国际仲裁机构解决纷争，从而达到促进国际投资发展的目的。《公约》设立的宗旨并非为了解决东道国与其本国国民之间的投资争端。"[①] Weil 教授认为，资本来源应当成为决定法人国籍的决定性因素，而不是公司注册和经营结构。否则，东道国国民可能将国内投资争议经过包装后提交国际投资仲裁，从而减损了《公约》机制的有效性。因此 Weil 教授主张应当拒绝 Tokios 公司的立陶宛国籍身份，其并未投资协定意在保护的外国投资。[②]

此后，唯一一个采用严格限制法人国籍的案例是斯德哥尔摩仲裁院的 CCL-哈萨克斯坦案。该案中，尽管申请方是依据纽约法律成立的公司，且美国和哈萨克斯坦投资协定仅要求注册地标准，但仲裁庭仍然否认了申请方美国国籍的身份。仲裁庭指出，现有证据表明在仲裁开始阶段，申请方在美国并没有经营活动，其控股股东和资金来源都在美国之外。仲裁庭认为，依据最终控制标准作为附加条件，结合注册地标准一起判定申请方的国籍，更加合理。[③]

### 2. 经营地标准

经营地标准也是常用的判断法人国籍的标准。这是指公司法人的国籍是其经营地所在国。在国际投资协定中，经营地标准经常单独，或者与其他标准一起，作为缔约各方约定的判断投资者国籍的标准。

单独只用经营地标准的投资协定，例如，德国和印度投资协定。该协定第一条规定，德国投资者是经营地在德国的法人。[④] 混用经营地标准的投资协定包括德国和中国投资协定，其中中国投资者被规定为"依据中国法律设立且经营地在中国的经济实体"[⑤]。也有其他国际投资协定采用进一

---

① Tokios-乌克兰仲裁案（ICSID Case No. ARB/02/18），管辖权决定和异议，异议意见第5段。

② Tokios-乌克兰仲裁案（ICSID Case No. ARB/02/18），管辖权决定和异议，异议意见第1段。

③ CCL-哈萨克斯坦案，斯德哥尔摩仲裁院，Case 122/2001，仲裁裁决。

④ 德国和印度投资协定，https://investmentpolicy.unctad.org/international-investment-agreements/treaty-files/1340/download.

⑤ 中国和德国投资协定，https://investmentpolicy.unctad.org/international-investment-agreements/treaty-files/3010/download.

步细化的经营地标准。例如，在意大利和约旦投资协定中规定，该协定保护"所有公司总部在缔约国境内的任何实体"①。

在实践中关于经营地标准的案例不多，但是关于经营地标准的争议却不少。由于经营地概念本身模糊不清，并没有广为接受和认同的定义，因此在众多仲裁裁决中对此问题的分析和解读并不一致。

例如，在CSOB-斯洛伐克案中，仲裁庭认为经营地并非公司注册地址那么简单；作为经营地应当是有效从事经营管理的中心，例如，董事会或股东会开会地点，公司高层管理人员所在地，一定数量的公司雇员所在地，以及发给客户用于签署合同的联系地址等。② 在本案中，仲裁庭将经营地标准进行了细化，并从实质角度来解读该标准。

而这种解读与此前Tokios-乌克兰案中仲裁庭的做法不同。在该案中，仲裁庭发现申请方的营业执照、公司章程等文件上的地址均为立陶宛境内，因此得出的结论是公司的经营地也是立陶宛。从这个意义上讲，Tokios仲裁庭采用了形式审查的方法，主要依据有关文件注明的地址，而不是公司实际有效运营地的实质标准。③ 由此可见，对于经营地的概念，仲裁庭之间并没有统一的理解。

### 3. 实际控制标准

实际控制标准也是在国际投资协定中常用的规定投资人国籍的标准。它通常用于拓展投资协定的保护范围：对于在缔约国之外成立的公司，由于其受到缔约国公民或法人的控制，也可以被纳入到投资协定的保护范围之内。

采用实际控制标准的国际投资协定的实例有荷兰和哥斯达黎加投资协定。其规定法人投资者包括依据其他缔约国法律成立，但直接或间接被本国公民或法人控制的实体。④ 当然也有国际协定将第三国法人也纳入项下。

---

① 意大利和约旦投资协定，https://investmentpolicy.unctad.org/international-investment-agreements/treaty-files/3379/download.

② CSOB-斯洛伐克案，UNCITRAL仲裁裁决，第217段。https://investmentpolicy.unctad.org/investment-dispute-settlement/cases/298/alps-finance-v-slovakia.

③ Tokios-乌克兰仲裁案（ICSID Case No. ARB/02/18），管辖权决定和异议，第43段。

④ 哥斯达黎加和荷兰投资协定，https://investmentpolicy.unctad.org/international-investment-agreements/treaty-files/836/download.

例如，在瑞典和吉尔吉斯斯坦投资协定中规定，投资者包括虽不在缔约国境内成立，但受缔约国投资者控制的所有法人。① 也有投资协定对控制的概念进行了细化。例如，在瑞士和印度投资协定中规定，投资者包括虽不在缔约国境内设立，但缔约国国民享有 51% 以上股权或投票权的法人实体。②

在实践中，中心仲裁庭经常需要对实际控制问题做出分析和裁决。最受争议的问题是在何种程度上存在实质控制，是需要在公司结构的每个层级都需要有控制，还是需要对公司有最终控制权。因此在仲裁中，争议方需要不仅需要证明具有实际的控制权，还要证明能够行使控制权的可能性。由于关于控制权的争议，通常发生在涉及《公约》第二十五条第二款 b 项的争议中，本书将在其相应部分对有关案例进行评析。

### 4. 经济活动标准

有些投资协定要求法人在投资东道国内必须从事真正的经济活动。通常经济活动标准是作为注册地或经营地标准的补充要求，从而限制了投资协定的保护范围，仅限于与投资东道国存在实质经济联系的实体。

在瑞士和克罗地亚投资协定中，投资者被定义为根据东道国法律设立或组织，在当地运营并从事真正的经济活动的法人实体。③

在 Alps Finance 案中，仲裁庭认为经济活动标准并不是常见的要求，因此认为协定双方的目的在于排除对壳公司的保护。其后该仲裁庭大量论述了如何确认真实的经济活动，以及申请方如何未从事经济活动的事实，从而认定申请方不符合投资协定要求的从事真实经济活动的标准。④

### 5. 法人国籍安排

由于大量案例证明，仲裁庭倾向于严格按照投资协定的明文规定决定法人国籍归属。在一般情况下，仲裁庭并不会超越规则文本增加额外的限

---

① 吉尔吉斯斯坦投资和瑞典投资协定，https://investmentpolicy.unctad.org/international-invest-ment-agreements/treaty-files/1861/download.

② 印度和瑞士投资协定，https://investmentpolicy.unctad.org/international - investment - agreements/treaty-files/1603/download.

③ 克罗地亚和瑞士投资协定，https://investmentpolicy.unctad.org/international-investment-a-greements/treaty-files/891/download.

④ CSOB-斯洛伐克案，UNCITRAL 仲裁裁决，第 219 段。https://investmentpolicy.unctad.org/investment-dispute-settlement/cases/298/alps-finance-v-slovakia.

制性要求。在一定程度上，中心和仲裁庭默许法人通过一定的国籍安排，选择对自身最有利的投资保护方案。当然，国籍安排并不能超越合理限度，正如 Tokios 仲裁庭指出，法人不能通过滥用权利来获得投资协定的保护。①

在区分合理国籍安排和滥用权利时，Phoenix-捷克案的仲裁庭提供了具体的分析。申请方是在以色列成立并运营的实体，但其最终被捷克公民控制。本案投资争议出现后，申请方从捷克公司手中收购了该争议投资的权益，并且申请方和捷克公司控制人属于亲属关系，且交易价格明显不符合商业实际。捷克政府认为，申请方在本案中的行为是对投资协定权利的滥用。仲裁庭同意捷克政府的观点，提出投资者可以对其投资做出对其有利的结构性安排，但是这种安排应当在投资争议出现前完成。鉴于本案申请方的行为，仲裁庭认为其并购交易的唯一目的是将本属于国内争议诉诸国际投资争端仲裁，因此属于对投资协定权利的滥用。②

类似的案例也出现在 Pac Rim-萨尔瓦多案中。申请方本是开曼群岛注册公司，于 2007 年迁至美国内华达。随后申请方发起了对萨尔瓦多的投资争端仲裁。仲裁庭认为申请方迁址行为的主要目的是利用中美洲自由贸易协定发起投资争端仲裁，并指出合理国籍安排和滥用权利的界限在于国籍转换的时间点。在争端出现或已经预见到争端很可能发生之前，这种国籍调整并不是对权利的滥用。但是一旦争端出现，或者已经预见到争端很可能出现之后再进行的国籍调整，则是一种对投资协定权利的滥用行为。③

## （三）视作外籍

在促进外国投资和有效实施管理方面，各国似乎面临一些略有冲突的政策目标。一方面，需要保障外国投资者的权益，尤其是争议解决的诉讼或仲裁权益，即认可外国投资者争议解决可能有不同于本国投资者的方式。另一方面，从有效性的角度看，东道国政府通常要求外国投资者"落地"，通过依据本国法律成立的投资实体完成投资项目。不同的政策目标

① Tokios-乌克兰仲裁案（ICSID Case No. ARB/02/18），管辖权决定和异议，第 56 段。
② Phoenix-捷克案（ICSID Case No ARB/06/5），第 94-95 段。
③ Pac Rim-萨尔瓦多案（ICSID Case No ARB/09/12），第 2.99 段。

可能导致按要求成立本国实体的外国投资者，可能失去依据《公约》、投资协定或东道国投资法律存在的外国投资者地位，从而失去国际投资争端仲裁的保护权利。

根据外国法人国籍管理的规定和案例，通过本地投资实体运营的外国投资者不在《公约》的管辖范围之内。这就给投资者和缔约国提出了新的问题，如何解决此类外资的《公约》权利？

《公约》第二十五条第二款 b 项，采用"视同外籍"的方式，给予了借由本地实体投资的外国投资者以《公约》意义上的外国投资者地位，从而使其能够提出《公约》项下的投资争端仲裁。该款是《公约》国籍认定规定的例外，主要是考虑到缔约国对吸引外资和管理外资等多种政策的需要而设定的。

同时考虑到《公约》本意在于给予外国投资者解决与东道国投资争端的解决途径，避免东道国本国投资争议诉诸国际场合，缔约国对"视同外籍"还是规定比较高的门槛，简化而言，即需要同时满足"外国控制""缔约国授予"等多个客观条件。

### 1. 外国控制

（1）外国控制并非确定国籍的标准

外国控制并非确定法人国籍的标准，其仅仅是在东道国同意的情况下将某些本国投资视同为外国投资的条件。确定法人国籍的标准，仍然是前述注册地、经营地等标准和多双边投资协定的规定。《公约》仲裁庭在认定法人国籍时，也仅仅依靠投资协定关于法人国籍的规定做出裁判，而不考虑外国控制因素。

（2）外国控制要件是一个客观标准

《公约》第二十五条第二款 b 项中东道国国内投资者例外的条件之一是，"由于外国控制（的存在）"。由此可以看出，外国控制是原因，给予例外待遇是结果；并且外国控制和东道国同意授予是两个完全不同的要件。控制更是一个客观的标准，是以事实为基础的判断。

在实践中，仲裁庭总是会检查外国控制及其程度和其母公司国籍。在 Amco-印尼案中，仲裁庭在接受了投资合同双方对法人国籍的协议之后，对是否存在外国控制进行了考察。通过审查其直接控股股东的国籍，仲裁庭认为申请人 PT Amco 是印尼本土成立的公司，其受美国股东控制。[①] 在 SOABI-塞内加尔案中，双方争议的焦点问题之一就是塞国本地公司是受巴拿马公司、瑞士公司还是比利时公司控制。Flexa 是一家巴拿马公司，直接拥有 SOABI 公司的所有股份。但彼时巴拿马并非《公约》缔约国。仲裁庭发现，Flexa 被另一家比利时公司控制，而比利时是《公约》缔约国，自此认定，SOABI 公司受到另一缔约国比利时的公司间接控制，满足了《公约》对外国控制要件的要求。[②]

LETCO-利比里亚案仲裁庭在认定申请人为法国公司控制后，对外国控制和东道国同意两个要件之间的因果关系进行了论述："有一点很明确，《公约》使用'因为外国控制'的表述，是为了说明东道国同意授予该类本土公司以外籍待遇的原因是他们受到了来自国外的控制。但是如果要求当事方证明政府在涉案投资中的目的，这是难以完成的任务。因此，除非特殊情况，仲裁庭应当认为当外国控制要件达成时，则东道国同意授予外资待遇的原因就是该外国控制因素。在本案中，没有证据表明利比里亚政府将 LETCO 公司视作法国公司是出于其他原因，因此我们必须得出结论授予外资待遇的原因是法国母公司的控制所致"。[③] 从仲裁庭的分析看，外国控制要件的认定是一个客观的标准。当东道国政府知晓该客观事实并进而授予本土公司外资保护时，可以说此类授予正是基于外国利益控制该本土公司的原因所致。

仲裁庭在 Vacuum-加纳案中强调了外国控制又独立于东道国同意要件的原因。在本案中，Vacuum 是一家依据加纳法律设立的公司，并和加纳政府在其投资合同中设置了国际投资争端解决中心（ICSID）仲裁条款。在此后发生的仲裁中，被申请人加纳政府主张仲裁庭没有管辖权，理由是 Vacuum 公司是一家纯加纳公司，并没有外国因素控制该公司。仲裁庭基于合同中的 ICSID 仲裁条款，推定了被申请人同意给与 Vacuum 公司外资

①　Amco Asia Corporation and others v. Republic of Indonesia, ICSID Case No. ARB/81/1, 管辖权决定，第 14 段。

②　Société Ouest Africaine des Bétons Industriels v. Senegal, ICSID Case No. ARB/82/1, 管辖权裁定，第 35-38 段。

③　Liberian Eastern Timber Corporation v. Republic of Liberia, ICSID Case No. ARB/83/2, 管辖权裁定，2 ICSID Reports 349, 350.

待遇的结论。但是仲裁庭拒绝通过东道国同意授予外资待遇这一结论，进而推定 Vacuum 受到了外资控制。外国控制本身是一个独立的客观的法定的要件，合同双方不能够通过合意任意授予《公约》意义上的外资待遇。东道国同意授予外资待遇，能否直接作为已经存在外国控制的证据，是值得讨论的推论。① 通过对本案其他证据的审查，仲裁庭并没能确立 Vacuum 公司受到外国的控制，因此仅仅加纳政府同意给予其外资待遇本身，并不能使其具备《公约》仲裁的资格。

还有几个案例，表明了仲裁庭分开独立考虑外国控制要件的态度。例如，在 Cable TV-圣基茨尼维斯案中，仲裁庭在认定东道国没有同意给与外资待遇后，仍然对是否存在外国控制进行了考察，并认定本土公司受到了美国公司的控制。② 在 Tanzannia Electric-IPTL 案中，尽管双方并未争议管辖权，仲裁庭仍然认定 IPTL 公司是受马来西亚控制的法人实体。③

从以往案例可以看出，仲裁庭大都认为外国控制要件是独立于东道国同意授予的分析之外的，是一个单独的客观的认定内容。虽然东道国同意授予外资保护，很可能基于外资控制这一原因，但东道国同意本身并不能成为外国控制要件的成立的唯一原因。

（3）外国实体的身份要求

《公约》并不限制控制本土公司的外国实体的身份。只要是东道国之外的实体或利益对东道国申请人进行了控制，外国控制要件就可能得到了满足。如果申请人由东道国利益控制，则不能称其受到了外国控制。例如在 Vacuum-加纳案中，申请人 Vacuum 公司的 80% 的股权由加纳国民持有，仅有 20% 的股权为外资所有。此外，从管理层构成等其他因素考虑，也未能支持外资控制 Vacuum 公司的主张。因此仲裁庭断定 Vacuum 公司并非由外国控制的加纳公司。④

---

① Vacuum Salt Products Ltd. v. Republic of Ghana, ICSID Case No. ARB/92/1, 仲裁决定，第 31-36 段。

② Cable Television of Nevis, Ltd. and Cable Television of Nevis Holdings, Ltd. v. Federation of St. Kitts and Nevis, ICSID Case No. ARB/95/2, 仲裁决定，第 5. 16-22 段。

③ Tanzania Electric Supply Company Limited v. Independent Power Tanzania Limited (ICSID Case No. ARB/98/8), 仲裁决定，第 13 段。

④ Vacuum Salt Products Ltd. v. Republic of Ghana, ICSID Case No. ARB/92/1, 仲裁决定，第 41-55 段。

至于控制本土公司的外国利益的身份，从《公约》本身条文看并没有限制，好像既可以是投资协定对方缔约国的国民，也可以是其他不相关国家的国民。但是通常认为，非缔约国国民并非《公约》意在保护的投资者。首先，就《公约》缔约国而言，将外资保护及于非缔约方的国民，应当不是其考虑的主要目标。其次，从条约解释角度，也不能得出国际投资公约和协定意在同样保护非缔约国民的结论。《公约》第二十五条第二款 b 项将外国控制和东道国同意授予作为并列的条件，给予东道国受外国控制国民以外资保护和待遇；并且二者通过因果关系连接起来。如果把该款规定解释为，由于外国控制的存在，东道国同意给予受第三方国民控制的本土企业以投资协定当事方的保护待遇，似乎不合情理。

SOABI-塞尔加尔案仲裁庭直接指出，《公约》利益仅授予《公约》缔约国。在本案中，申请人 SOABI 的直接控制股东是巴拿马，而巴拿马并非《公约》成员；其间接控制人是一家比利时公司，而比利时是《公约》缔约国。仲裁庭认为，必须经由一缔约国国民实施外国控制，才能满足《公约》对法人国籍外国控制例外的条件："仲裁庭认为，根据《公约》的目的和文本结构，能够给与依据东道国法律成立的本土公司以外资待遇的外国因素，必然是其他缔约国的国民"。[①] 仲裁庭认定，当且仅当 Vacuum 公司的控制权为其比利时股东掌控时，才能符合《公约》对申请人法人国籍的规定。在此后的 Azurix-阿根廷案中，仲裁庭进一步发展了该认定，认为如果本土公司最终为一非缔约方利益所控制，其直接股东是缔约国国民这一事实本身，并不足以认定申请人的外籍身份。[②]

这一判断也可以从有些双边投资协定的规定得到验证。在玻利维亚和荷兰投资协定中关于投资者的规定是，直接或间接受一缔约国国民控制，但依据另一缔约国法律成立的法人实体。从该规定可以看出，《公约》缔约国本意是将投资权益及于签订投资协定缔约国国民。在其后 Aguas-玻利维亚案中，仲裁庭发现多个荷兰公司借由卢森堡中介持有了玻利维亚申请人

① Société Ouest Africaine des Bétons Industriels v. Senegal, ICSID Case No. ARB/82/1, 管辖权裁定，第 33 段。

② TSA Spectrum de Argentina S. A. v. Argentine Republic, ICSID Case No. ARB/05/5, 仲裁决定，第 162 段。

公司55%的股权；而这些荷兰公司却为美国和意大利公司所有。仲裁庭最终决定接受了荷兰公司控制申请人的主张，而不是刺破荷兰公司面纱后直指美国或意大利母公司。①

对于控制东道国本土企业的外国投资者来自多个国家的问题，仲裁庭也进行了回应。在 Amco-印尼案中，尽管各方对控制印尼企业的是美国、荷兰或中国香港股东问题有争议，但仲裁庭认为该争议不存在实质问题，因为所涉国家或地区都是《公约》成员。②

（4）直接控制和间接控制

对其他公司的控制权，既可以由母公司直接掌握，也可以经由中介层间接所有。在对待间接控制是否构成外国控制这一问题上，《公约》仲裁庭未能达成一致意见，导致出现很多互相抵触的仲裁决定。

在 Amco-印尼案中，PT Amco 是一间印尼公司，其母公司是美国公司 Amco Asia，而 Amco Asia 则由居住在中国香港的荷兰公民借由一间香港公司所有。申请人主张 PT Amco 受美国公司 Amco Asia 控制；而被申请人则认为最终控制人并非该美国公司，因此不符合管辖权的规定。本案仲裁庭拒绝了考察最终控制人的主张，而仅仅考虑直接控制人的情形。仲裁庭认为，如果接受了被申请人的主张，仲裁庭需要考察第二层、第三层直至第 N 层控制关系，这显然与《公约》的精神不符。在认定法人国籍的问题上，《公约》已有规定，即考虑注册地、经营地等因素，并且对于受外国控制的本地法人国籍的规则，是《公约》在法人国籍认定规则基础上的例外。但在认定外国控制实体国籍这一问题上，《公约》再无例外的规则。③

而 SOABI-塞内加尔案仲裁庭则做出了完全相反的结论。SOABI 的直接股东是巴拿马公司，并最终由比利时国民所有。由于巴拿马并非《公约》缔约国，因此本案中外国控制应当是直接控制还是间接控制至关重要，关系到仲裁庭的管辖权的有无。被申请人主张由于 SOABI 的直接控制人是巴拿马国民，申请人不具备《公约》仲裁的资格，仲裁庭不应当审理

---

① Aguas del Tunari, S. A. v. Republic of Bolivia, ICSID Case No. ARB/02/3，仲裁权决定，第73页。

② Amco Asia Corporation and others v. Republic of Indonesia, ICSID Case No. ARB/81/1，管辖权决定，第14段。

③ 同上。

此案。仲裁庭则未予支持被申请人的观点，它认为仅通过直接控股认定控制人的国籍，与《公约》目的不符。《公约》意在向各缔约国提供了较为灵活的政策空间。一方面，可以通过要求外国投资通过本地公司实施，便于东道国进行管理；另一方面，保留了外国投资者在《公约》项下提出争端仲裁的权利。这是一种权利义务的平衡，东道国享有了管理便利的利益，外国投资者也应当享有自主安排投资结构的权利，即使通过中间层间接管理东道国本地投资实体，也不丧失其在《公约》的仲裁权利。①

两种解释和做法都有很多争议。普遍性的争议集中于仲裁庭是否要刺破涉及公司的面纱、是否要不停追索直至最终控制人，还是直到发现来自一个缔约国的控制人就结束等。

有些投资人或缔约国通过对控制概念进行补充规定，来避免直接控制和间接控制的争议。例如，在 Conoco Phillips-委内瑞拉案中，投资双方在仲裁条款中同意在申请人的控股股东是其他缔约国国民时，委内瑞拉玻利瓦尔共和国将给予申请人外资待遇。申请人主张由于其直接控股股东是美国公司，因此符合了相关规定。而被申请人委内瑞拉玻利瓦尔共和国政府则反对，称其最终和实际控制人是墨西哥国民，而墨西哥不是《公约》缔约国，因此仲裁庭没有管辖权。仲裁庭经过分析认为，仲裁条款的双方合意并不是基于最终控制人的国籍，投资合同中规定的"控股股东"是指的申请人的直接股东。而申请人75%的股份由美国公司直接所有，且委内瑞拉玻利瓦尔共和国政府知晓并同意了这一股权安排。仲裁庭认为，合同双方享有自主权自由决定如何设置仲裁条款，仲裁庭不宜对其进行更具限制性的解释；双方仅通过股权比例作为条件，而不是其他经济指标，作为确定外国控制的标准，应当得到尊重。②

从表面看，前述几个案例，不论间接控制还是直接控制，仲裁庭都是发现属于其他缔约国的控股股东为止。但是，正如 Conoco Phillips-委内瑞拉案仲裁庭指出，它的决定仅仅是依据投资双方仲裁条款的特定文本做

---

① Société Ouest Africaine des Bétons Industriels v. Senegal, ICSID Case No. ARB/82/1，管辖权裁定，第35-38段。

② Autopista Concesionada de Venezuela, C. A. v. Bolivarian Republic of Venezuela, ICSID Case No. ARB/00/5，管辖权决定，第83-133段。

出，不具有普遍性。① 因此不能说，仲裁庭为了确立自己的管辖权，倾向于发现属于缔约方的控制着作为确立外国控制的测试标准。若据此逻辑，非缔约国国民甚至东道国本国国民也可能提出《公约仲裁》，这与《公约》目的也有冲突。

（5）控制的形式和程度

对法人的控制由很多形式，包括股权、债权、经营权甚至合同等方式。虽然股权是最常见的形式，但仅仅股权并不能作为确认存在控制的唯一标志。例如，在某合资企业中虽然股东股份占比相同，但外方投资者由于其管理和技术的优势可能占有了公司的控制权。因此，《公约》仲裁庭在实践中考虑多种因素来认定是否存在外国控制。

资产比例。在 Klockner-喀麦隆案中，仲裁庭发现起初外国投资者在当地合资公司中的资产比例为51%，此后外国投资者拒绝增资导致资产比例下降，仲裁庭认为外国投资者失去了控制权②。

管理层组成和决策机制。在 SOABI-塞内加尔案中，除了股权比例，仲裁庭还依据了申请人三人董事会之一为比利时人这一情况，认定了控制权在比利时公司的结论。③ 类似案例也出现在 LETCO-利比里亚案中，除了法国母公司享有100%股权之外，仲裁庭还认为，法国公民占据了 LETCO 公司董事会和管理层的大多数席位，主导了其经营决策机制。④

核心管理人员作用。Vacuum-加纳案仲裁庭发现，外国股东仅占有20%的 Vacuum 公司股权。进而仲裁庭考察了该股东在公司中的作用，发现该股东主要是作为重要的技术专家服务于 Vacuum，尚未发现其控制或实质影响公司经营决策的证据。⑤ 同样，在 Cable-圣基茨和尼维斯案中，仲

---

① Autopista Concesionada de Venezuela, C. A. v. Bolivarian Republic of Venezuela, ICSID Case No. ARB/00/5，管辖权决定，第142段。

② Klöckner Industrie-Anlagen GmbH and others v. United Republic of Cameroon and Société Camerounaise des Engrais, ICSID Case No. ARB/81/2，仲裁决定。

③ Société Ouest Africaine des Bétons Industriels v. Senegal, ICSID Case No. ARB/82/1，管辖权裁定，第35-38段。

④ Liberian Eastern Timber Corporation v. Republic of Liberia, ICSID Case No. ARB/83/2，管辖权裁定，2 ICSID Reports 349, 350.

⑤ Vacuum Salt Products Ltd. v. Republic of Ghana, ICSID Case No. ARB/92/1，仲裁决定，第47-53段。

裁庭考察了管理人员在公司中的作用后认为，这些来自美国的管理人员正在管理该公司。①

Vacuum-加纳案仲裁庭试图对控制方式进行总结，认为《公约》第二十五条第二款 b 项没有限制仲裁庭调查控制权的能力，需要在个案基础上单独分析和论证。通常，100%的股权能够证明控制权的存在，而没有股权也能说明没有控制力。但是具体何种比例足够证明控制权的存在，则是一个难确定的问题。②

也有仲裁庭试图从控制的特定和性质入手分析控制的方式。在 Aguas-玻利维亚案中，仲裁庭指出控制的通常含义应当包括对控制权的实际行使，以及源自所有权的控制权力，即行使管理权的可能性。但法律含义仅指对公司进行管理的可能性而非实际管理公司。从这个意义上说，单一股东或股权占比高的大股东或享有大多数投票权的股东，几乎可以认定存在控制的事实。控制权总是伴随着所有权，因此确立控制权至少要有一定数量的股权。③

从上述仲裁庭的裁决看，控制是一个比较复杂的问题，需要从股权、投票权和管理结构等多方面综合考察。

此外，仲裁庭对控制的程度也有不同的意见。有人认为对公司的多个控制可以同时存在，即使某各控制相对其他控制而言程度较低，也不能否认其对公司经营管理的控制本身。仲裁庭在 Vacuum-加纳案中面临的问题就是《公约》所指的控制是独占控制还是多个控制并存的问题。虽然仲裁庭没有直接回答这个问题，但是就《公约》而言，外国控制应当进行较为灵活的解释。原则上多个控制同时存在也符合《公约》的解释。在 Azurix-阿根廷案中仲裁庭认可了多个外国投资者同时控制申请人的主张，但指出一旦并非所有外国控制人都出自缔约国，会对仲裁庭管辖权造成影

---

① Cable Television of Nevis, Ltd. and Cable Television of Nevis Holdings, Ltd. v. Federation of St. Kitts and Nevis, ICSID Case No. ARB/95/2, 仲裁决定, 第 5.13-22 段。

② Vacuum Salt Products Ltd. v. Republic of Ghana, ICSID Case No. ARB/92/1, 仲裁决定, 第 43 段。

③ Aguas del Tunari, S. A. v. Republic of Bolivia, ICSID Case No. ARB/02/3, 仲裁权决定, 第 223-232 段。

响。① 当然也不能认定所有小股东都可能对公司有控制能力，但至少为了确定外国控制要件的存在，外国小股东合计的对公司的控制能力，应当超过东道国股东和其他非缔约国股东的控制能力。

为了解决这一问题，不少国际投资协定通过细化控制的定义来明确外国控制要件的内涵。例如，英国《投资协定范本》要求大比例股份作为存在外国控制的条件。《北美自由贸易协定》则是要求控股股东证明其能够事实上控制本土子公司。1994 年的《墨西哥、哥伦比亚和委内瑞拉自贸协定》和 1994 年的《南方共同市场投资协定》要求股东的有效控制。1994 年的《能源宪章协定》认为，在考察是否存在外国控制时，应当考虑投资利益的实质、影响公司和董事会能力等多个因素。

### 2. 东道国同意授予

在《公约》立法和实践中，各方均支持缔约国有权决定是否给予部分国内投资者以《公约》项下外国投资者待遇的观点。在《世界银行执行董事对公约的报告》明确指出，对于法人国籍认定应当灵活。当东道国同意授予受外国控制的本国投资者以外国待遇时，该投资者也可以成为《公约》仲裁的一方当事人。②

根据不同情况，东道国授予外资资格的方式也不尽相同，在仲裁中引发的法律解释和仲裁结果也各有差异。

（1）同意授予的形式

《公约》本身并未规定东道国采用何种形式表达授予法人外资待遇的表示。但是，当仲裁申请人不能提供东道国同意授予外资待遇的文件时，《公约》秘书处则拒绝对其争端进行登记注册。例如，Tokios-乌克兰仲裁案、Suez-阿根廷仲裁案都有相关的认定。③

首先，投资合同是缔约国表达授予外资待遇的重要手段。例如，在 Tanzania Electric 与 IPTL 争端中，投资合同规定 IPTL 是外国控制实体，但

---

① Sempra Energy International v. The Argentine Republic，ICSID Case No. ARB/02/16，管辖权决定，第 52-53 段。

② 《世界银行执行董事对投资争端解决公约的报告》第 30 段，http://icsidfiles.worldbank.org/icsid/icsid/staticfiles/basicdoc/partB-section05.htm#04.

③ Tokios-乌克兰仲裁，管辖权裁定，第 8 段；Tokios-乌克兰仲裁，仲裁决定，第 19 段；Suez-阿根廷仲裁，管辖权裁定，第 40 段。

其中非坦桑尼亚投资者股权比例低于 50% 时除外。①

最能体现法人国籍认定和东道国同意授予外资待遇的案例当属 Conoco Phillips-委内瑞拉案。投资双方曾达成协议，委内瑞拉将有条件地授予委国内企业外国投资者待遇。起初，申请人是由墨西哥控制的委国内企业，但其时墨西哥并非《公约》缔约国。在争端出现时，申请人已经转由美国投资者控制，而美国则是《公约》缔约国。因此，由于申请人的控制人是其他《公约》缔约国，符合了此前投资双方达成的协议，因此申请人应当被委国视作外籍投资者。②

其次，国内投资立法也可以授予部分本国投资者外资待遇。当国内法律允许部分本国设立，但由外国控制的经济实体取得外资待遇时，该实体也获得了《公约》项下的仲裁权利。有些国家在国内立法中直接授予外国公司在当地的子公司以国际争端仲裁的权利。扎伊尔《1986 年投资法》第四十六条规定，投资者享有在包括国际投资争端中心在内的国际争端解决机构提出与扎伊尔的投资争端的权利，且该权利不仅及于其本身，还能及于其控制的位于扎伊尔境内的子公司，扎伊尔承认该子公司被视作外国法人。与此类似的还有斯里兰卡《1978 年大科伦坡委员会法》③，以及塞内加尔《达喀尔工业开发区法》等。而有些国内立法则采用了间接的方式，给与本土子公司以 ICSID 仲裁权利。在法规定义投资和投资者部分，将受外国控制的本土子公司，一并定义为外国投资者，进而授予其追求国际投资争端仲裁的权利。Azurix-阿根廷案④、Genin-爱沙尼亚案等⑤都是与之相关的案例。

---

① Tanzania Electric Supply Company Limited v. Independent Power Tanzania Limited（ICSID Case No. ARB/98/8），仲裁决定，第 10 段，https://icsid.worldbank.org/en/Pages/cases/casedetail.aspx? CaseNo = ARB%2f98%2f8.

② Autopista Concesionada de Venezuela, C. A. v. Bolivarian Republic of Venezuela（ICSID Case No. ARB/00/5），管辖权决定，第 83 段，https://icsid.worldbank.org/en/Pages/cases/casedetail.aspx? CaseNo = ARB%2f00%2f5.

③ 现名 The Board of Investment of Sri Lanka Law.

④ Compañía de Aguas del Aconquija S. A. and Vivendi Universal S. A. v. Argentine Republic（ICSID Case No. ARB/97/3），仲裁决定第 24 段，https://icsid.worldbank.org/en/Pages/cases/casedetail.aspx?CaseNo = ARB%2f97%2f3.

⑤ Alex Genin and others v. Republic of Estonia（ICSID Case No. ARB/99/2），仲裁决定，第 328 段。

最后，多双边协定是东道国表达其授予外资待遇的重要工具。在多双边投资协定中，由于此类授予与缔约国同意接受管辖关系紧密，很多协定都在缔约国同意管辖部分之中，并同意授予部分本国投资者外资待遇。《国际投资争端解决中心标准条款》第七条提供了范例："缔约国同意，尽管投资者是东道国国民，由于其受另一缔约国国民控制，其应当被视作《公约》意义中的另一国国民"。①

英国《投资协定范本》规定，对于以本国法律成立的公司，且其大部分股份在争端出现前由另一缔约国国民所有，该公司应当依据《公约》第二十五条第二款 b 项的规定，被视作另外缔约国的国民。② 在美国-阿根廷投资协定中，第Ⅶ（8）条约定，就投资争端仲裁而言，依据一缔约国法律设立且在争端出现前由另一国投资者所有的公司，应当被视作另一缔约国的国民。③ 荷兰和瑞士等国对外签订的双边投资协定也由类似的规定。④

多边协定也有将 ICSID 仲裁权利授予受外国控制本土公司的类似约定。一种方式是将诉权授予其母公司而非本土子公司，以《北美自由贸易区协定》第一千一百一十七条为代表。其规定投资者可以代表其子公司向子公司所在东道国提出投资争端仲裁。1994 年的《墨西哥、哥伦比亚和委内瑞拉自由贸易协定》也有类似规定。另一种方式是采用《公约》规定的方式，将争端诉权授予受外国控制的本土子公司本身。该类以 1994 年的《能源宪章条约》为代表，其第二十六条第七款规定了与《公约》第二十五条第二款 b 项类似的规定。1994 年的《南方共同市场投资协定》则是通过将受外国控制的本土公司纳入投资者概念范围内的方式，授予该类本土

---

① ICSID - Model Clauses, http://icsidfiles. worldbank. org/icsid/icsid/staticfiles/model - clauses - en/9.htm#c.

② 可参见英国-土耳其投资协定，英国-尼泊尔投资协定和英国-爱沙尼亚投资协定，https://investmentpolicy. unctad. org/international - investment - agreements/countries/221/united - king-dom.

③ 阿根廷-美国投资协定，https://investmentpolicy.unctad.org/international-investment-agree-ments/treaty-files/127/download.

④ 如阿根廷-荷兰投资协定，立陶宛-荷兰投资协定等，https://investmentpolicy. unctad. org/international - investment - agreements/countries/148/netherlands. 牙买加 - 瑞士投资协定，https://investmentpolicy.unctad.org/international-investment-agreements/countries/203/switzerland.

公司外国待遇。

（2）默示同意授予

以上均为缔约国书面明示同意授予部分受外国控制的本国投资者以外资待遇的形式，也是最常见的形式。

不同于《公约》对中心管辖权的规定，缔约国不需要采用书面方式提供授予外资待遇的表示。因此，除了以书面方式的明示外，也存在缔约国通过行为等以默示的方式，给予了相关国内投资者以外资待遇。但是这种默示也有门槛。因为仲裁申请人需要在申请立案时提供东道国同意授予其外资待遇的证据材料，因此从证明效力方面而言，并非东道国所有的举动都能推导出其同意授予的意思表示。

在实践中，有仲裁庭接受了默示授予的证据材料，从而给予了申请人仲裁的管辖权。例如，在 Salini-摩洛哥案中，HISA 公司是摩洛哥本土企业，也作为申请人申请了投资争端仲裁。摩洛哥政府表示由于投资时，HISA 公司尚未存在，投资协定和投资合同并未涉及 HISA 公司，也从未同意授予 HISA 公司的外资身份，因此仲裁庭对 HISA 公司的仲裁请求没有管辖权。但申请人主张，首先，摩洛哥政府并未以书面方式明示授予 HISA 公司外资待遇。其次，HISA 公司是基于摩洛哥政府的利益和要求设立，由外资控制的本地投资企业。最后，摩洛哥政府始终将 HISA 公司看作全外资企业，并始终以外资企业对待。因此，可以推断摩洛哥政府已经同意将 HISA 公司视作外国投资者。[①]

但仲裁庭认为默示授予仅在非常特殊的情况下才可以出现。而本案则不具备此类特殊情况："本案是明示或默示授予外资待遇的问题。由于外资待遇本身是《公约》法人国籍认定规则的例外，因此通常情况下需要各方清晰明确地表达同意授予合格国内投资者以外资待遇。仅能在有限的特殊情形中得出默示授予的结论，即对于各方目的的其他解释均已排除的情况下。"[②] 基于本案特殊的案情，仲裁庭认为投资双方并未在授予外资待遇问题上达成协议，摩洛哥政府也并未同意授予 HISA 公司外资待遇，因此

---

① Pierre Lalive, The First "World Bank" Arbitration (Holida Y Inns V. Morocco) -Some Legal Problems, P141, British Yearbook of International Law, Volume 51, Issue 1, 1980, P123-162.

② 同上。

HISA 公司没有《公约》项下的仲裁请求权利。

在 Amco-印度尼西亚案中，投资合同中的仲裁协议选择了本地公司 PT Amco 作为可能出现的《公约》仲裁的当事方，并且 Amco Asia 已经将投资合同权利义务转移给了 PT Amco。在仲裁中，印尼政府主张被申请人 PT Amco 无权提出争端解决仲裁，被申请人从未在投资协定和合同中明确表示其将给与 PT Amco 以外国投资者的待遇。仲裁庭则认为，只要该同意授予的意思表示清晰准确，其并不一定需要采取特定的方式。就本案而言，仲裁庭发现 PT Amco 是受到外资控制的印尼企业，其资本均来自印尼境外，被申请人称其为"外资企业"，且外国投资者在投资合同中的权利义务已经转移给该 PT Amco，且被申请人知晓。因此，印尼政府已经同意了 PT Amco 作为受外资控制的印尼企业，作为投资合同仲裁条款的一方，进而同意了将 PT Amco 视作《公约》意义中的外籍投资者。仲裁庭认为不同于 Salini-摩洛哥案的情形，本案中同意授予外资待遇的意思表示并非以默示的方式，而是以明确无误的方式表达了出来。①

其后，Klockner-喀麦隆案进一步重申了 Amco-印尼案仲裁庭关于同意授予外资待遇形式的裁决。在本案中，外国投资者与喀麦隆政府设立喀国内企业，其中外资股份占比 51%，喀政府占比 49%。投资双方在投资合同中设置了投资争端仲裁条款。在争端发生后，喀政府挑起了仲裁协议的有效性及喀本土企业的申请人资格，称其未同意将该本土企业视作外国投资者。仲裁庭则不同意被申请人的意见，称投资争端仲裁协议的存在表明被申请人同意给予外资待遇："在投资合同中设置 ICSID 仲裁条款说明，投资双方承认该企业是受外资控制的本土企业，并有权提出《公约》项下的投资争端仲裁申请。该事实排除了对投资双方意图的其他解释，因为如果双方不同意给与其外资待遇，则设置 ICSID 条款毫无意义。"②

在 LETCO-利比里亚案中，仲裁庭进一步强调了 ICSID 仲裁条款的重要作用。在本案中，法国投资者在利比里亚全资设立子公司。在于利比里

① Amco Asia Corporation and others v. Republic of Indonesia, ICSID Case No. ARB/81/1，管辖权决定，第 14 段。

② Klöckner Industrie-Anlagen GmbH and others v. United Republic of Cameroon and Société Camerounaise des Engrais, ICSID Case No. ARB/81/2，仲裁决定。

亚政府的投资合同中，虽然指明了该子公司有权提出 ICSID 仲裁请求，但并未规定利比里亚政府将视其为外资企业。这是本案与此前 Klockner-喀麦隆案的重大区别。但是仲裁庭仍然认为，ICSID 仲裁条款本身就构成了被申请人对该子公司外资身份和外资待遇的授予。因为对该仲裁条款的其他解释将导致被申请人在签订投资合同中存在恶意的结论，这是不符合逻辑的结论。本案中，仲裁庭仅仅依据 ICSID 条款推断了被申请人授予外资待遇的结论，该条款也是默示授予的一种方式。①

除了 ICSID 仲裁条款外，也有仲裁庭依据东道国给予外资企业特定优待入手，推断了其授予申请人本土企业外资待遇的结论。在 Cable TV-圣基茨尼维斯案中，仲裁庭发现尽管投资合同中被申请人没有明示或暗示同意授予申请人的外资待遇，但是仲裁庭可以从被申请人提供给申请人一系列专属于外国企业享有的待遇，如货币兑换、雇佣外籍员工和关税减免等权利得到推断，被申请人已经同意将申请人视作外籍投资人。②

仅仅通过东道国行为推断其同意授予某些本土企业外资待遇，尤其是仅仅通过投资合同中设置 ICSID 仲裁条款来判断，仍需要在个案基础上判断。

第一，默示同意的方式仍有依据。在《公约》争端解决中心考察东道国同意接受中心仲裁管辖权之前，应当首先满足对主体资格的要求，即对申请人的国籍和对被申请人的适格身份的审查。因此可以说，一旦东道国同意接受 ICSID 仲裁条款，将《公约》作为所产生投资争端的解决方式，在一定程度上证明东道国也接受了投资合同所规定的投资人的外籍身份。

第二，东道国表达默示同意的渠道相对特定。就东道国表达同意接受《公约》仲裁管辖的渠道而言，主要有三种：国际条约或协定、国内投资立法和特定投资合同。就前两种而言，由于其具有相对的普适性，很难从东道国在国际协定和国内立法中表示接受《公约》仲裁管辖的意思，得出同意对个别本土企业授予外资保护的结论。而仅有特定当事方与东道国签

---

① Liberian Eastern Timber Corporation v. Republic of Liberia, ICSID Case No. ARB/83/2, 管辖权裁定，2 ICSID Reports 349, 350.

② Cable Television of Nevis, Ltd. and Cable Television of Nevis Holdings, Ltd. v. Federation of St. Kitts and Nevis, ICSID Case No. ARB/95/2, 仲裁决定，第 5.17-18 段。

订的投资合同中的交付 ICSID 管辖的条款，才有可能称为承认该当事人或其约定的关联方诉诸《公约》权利的载体，进而推断该当事人或其约定关联方被视作东道国外资投资者的结论。

第三，《公约》仲裁庭倾向于把母公司作为争端当事人。多年来，《公约》仲裁庭往往会将母公司作为争端的当事方，即使该母公司并不是东道国同意接受《公约》仲裁管辖的投资方。这种实践倾向，一定程度降低了东道国本土投资实体是否具备外资待遇这一问题的重要性。如果外国母公司能够直接提出或参与争端仲裁，则仲裁庭不再需要考察子公司是否由其被外资控制而被东道国视作外籍的问题。尤其是在众多国籍投资协定中，持有东道国公司股份本身即明确作为投资的一种，外国母公司有更多地自主权选择适合的仲裁当事人主体。尤其是在外国投资占股比不大，未能形成控制的情形下更有典型意义。如在 Azurix-阿根廷案中，投资协定给与外国投资人以《公约》保护的权利，即使该投资不能形成控股或仅仅是较低的股份比例。在本案中，外国投资者不必利用本土实体的名义，也不需要证明外资控制和东道国同意等各项条件，同样能够实现解决投资争端的效果。[①] 而申请人在 Azurix-阿根廷案中，为了简化向《公约》登记争端仲裁的程序，主动选择了以美国母公司而不是本土子公司作为主体。[②]

（3）投资者涉及多个缔约国的问题

当控制东道国公司的外国投资者来自多个国家，同时共同对该本土公司施加了控制的情形，《公约》第二十五条第二款 b 项并未规定如何处理。仲裁庭的意见是逐一考虑，东道国给与某一缔约国的保护待遇，并不能自然及于其他缔约国。

在 Azurix-阿根廷案中，阿根廷申请人被来自多个国家的多个投资者所共同控制，且涉案国家均是《公约》缔约国。仲裁庭在审理过程中发现，该阿根廷公司可能因为外国控制的存在被视为外籍法人，即使其控股股东由不同缔约国的利益组成。在控股权利实际上被多个缔约方的不同投资者

---

① CMS Gas Transmission Company v. The Republic of Argentina, ICSID Case No. ARB/01/8，管辖权决定，第 51 段。

② Sempra Energy International v. The Argentine Republic, ICSID Case No. ARB/02/16，管辖权决定，第 43 段。

所享有时，他们的投资行为应当被视作一个整体；在考虑仲裁庭中的申请人法人国籍例外时，这些外方投资者应当给予整体的考虑。但是由于所涉各投资者可能引用不同的双边投资协定，东道国在其一协定中同意给与对方缔约国外资保护的待遇，自然而言地及于其他缔约国的投资者，尤其是东道国与这些缔约国并未约定同意给予类似的外资保护的情况下。因此，仲裁庭不能仅仅依据《公约》对东道国同意授予外资保护的意图进行认定，而应当在个别双边投资协定的基础上逐一进行考虑。①

### （四）主体排除

随着"投资者"概念不断扩展，出现了很多有争议的仲裁裁决，也变相扩大了国际投资协定的保护范围。因此，有些国家开始着手在国际投资协定中对投资者的范畴进行一定的约束，避免其无限扩大的趋势。在双边投资协定中引入主体排除的规定，通过明确不能享受协定保护的主体范围，起到避免皮包公司、非缔约国国民"搭便车"的现象。

最早和最具代表性的主体排除规定出现在《能源宪章条约》中的第十七条约定，缔约方有权拒绝将公约权力赋予本国或第三国国民所有或控制的法律实体。由此规定引起的 Plama-保加利亚案则是在主体排除方面最具代表性的案例。

在 2008 年《美国-卢旺达双边投资协定》中，双方约定任一方均有权拒绝给与皮包公司、第三方国民和东道国国民的投资以条约利益。② 而在中国和墨西哥投资协定的规定则更加平衡，双方将共同决定不能享有条约利益的第三方国民所拥有或控制的企业和投资。③

#### 1. 经典案例

对于如何缔约国如何行使权利，拒绝对某投资者或某投资项目给予投

---

① Camuzzi International S. A. v. The Argentine Republic，ICSID Case No. ARB/03/2，管辖权决定，第 38-40 段。

② 美国和卢旺达投资协定，第 17.2 条。https://investmentpolicy.unctad.org/international-investment-agreements/treaty-files/2241/download.

③ 中国和墨西哥投资协定，第 31 条。https://investmentpolicy.unctad.org/international-investment-agreements/treaty-files/759/download.

资保护，Plama-保加利亚案①是中心仲裁庭的经典案例。该案对于后续仲裁庭解释投资协定和缔约国制定新的投资协定，都提供了重要的参考。

在 Plama-保加利亚案中，Plama 公司依据《能源宪章条约》和塞浦路斯和保加利亚投资协定提出了仲裁请求。而被申请人保加利亚则主张依据《能源宪章条约》第十七条规定，以 Plama 公司为"邮箱"公司（指没有实际经营活动、仅有地址的皮包公司）为由，拒绝给予 Plama 公司以投资保护，从而主张中心仲裁庭没有管辖权。而 Plama 公司则反驳说，被申请人此时援引《能源宪章条约》中的主体排除规定，是事后逻辑或追溯适用。仲裁庭审理后，支持了 Plama 公司的主张，被申请人事后拒绝给予 Plama 公司投资保护的主张不符合《能源宪章条约》的规定。仲裁庭认为，首先，关于事先通知。被申请人没有在事前通知 Plama 公司关于拒绝给予该公司投资保护利益的通知，其该决定是在 Plama 公司已经提出仲裁请求之后做出的。而《能源宪章条约》本身只是授权条款，并不能代替成员国产生实际行使权利的法律后果。② 其次，关于通知时间。仲裁庭指出一旦投资启动，投资者相对于东道国政府出于弱势地位，形同"人质"。因此，如果东道国政府未在投资前行使排除的权利，则投资者可能产生了信赖利益。③

### 2. 对投资争端仲裁的影响

此后，中心仲裁庭在由《能源宪章条约》引发的投资争端中，大都会引用 Plama 案作为判断是否支持东道国拒绝投资保护的依据。尤其是在认定东道国是否是追溯适用第十七条的问题上，在 RosInvestCo-俄罗斯案、CCL-哈萨克斯坦案和 CCL-哈萨克斯坦案中都得出了相似的结论。

而对于其他非基于《能源宪章条约》而起的投资争端，仲裁庭则依据其直接相关的投资协定做出了有所区别的裁定。尤其是有些仲裁庭允许东道国在仲裁程序启动后，仍然可以行使拒绝给与申请人投资保护的权利。④

---

① Plama Consortium Limited v. Republic of Bulgaria, ICSID Case No. ARB/03/24.

② Plama Consortium Limited v. Republic of Bulgaria, ICSID Case No. ARB/03/24，第 157 段。

③ Plama Consortium Limited v. Republic of Bulgaria, ICSID Case No. ARB/03/24，第 162 段。

④ Pac Rim Cayman LLC v. The Republic of El Salvador, ICSID Case No. ARB/09/12, Decision on the Respondent's Jurisdictional Objections，第 4.85 段。Empresa Eléctrica del Ecuador, Inc. v. Republic of Ecuador, ICSID Case No. ARB/05/9，Award，第 71 段。

依据《能源宪章条约》与其他投资协定争端而设立的仲裁庭，之所以在东道国拒绝投资保护利益等问题上出现不同的裁决，根本原因还在于不同法律文件的规定不同。如在《能源宪章条约》中，东道国可以拒绝给与的保护待遇仅限于《能源宪章条约》的第 III 部分，而在 Aguas-玻利维亚案中，仲裁庭依据的玻利维亚和美国投资协定，则将该权利扩展适用于整个协定。

由于依据的国际投资协定不同，仲裁庭在东道国如何提供给投资者拒绝其投资保护权利的通知方面，意见也不尽相同。在由《能源宪章条约》而起的争端中，仲裁庭倾向于沿袭 Plama 案的理由，认为该通知应当在投资前给予投资者，而有些案件仲裁庭则放松了时间要求，认为在争端出现前，甚至前例在仲裁程序启动后给予通知都是合适的。

**3. 对国际投资协定谈判的影响**

基于 Plama 案仲裁庭对《能源宪章条约》的解释，其他国家在商签多双边投资协定时，也注意对东道国适用主体排除条款的方式进行了约定。

如在玻利维亚和美国双边协定中，双方就限定了东道国可以拒绝投资者在整个协定中的利益。而《东南亚国家联盟条约》则直接规定，"条约利益应当不授予非成员方所有或控制的法律实体"，即意味着东道国不需要发出通知即可以无条件地拒绝外资保护的权利。

## （五）国有企业和主权基金

《公约》致力于解决私人投资者与东道国之间关于投资产生的争议。但由于《公约》本身对投资者概念没有定义，有时就会产生疑问：国有企业或主权基金算不算《公约》保护的投资者？

国际投资争端解决中心的设计师和创立者 Broches 曾就如何判断国有企业和主权基金是否能够提出仲裁请求的问题时，提出了著名的 Broches 测试，即"就《公约而言》，其他缔约国的混合所有制企业、国有企业不应当被排除在合格投资者范围之外，除非该企业是作为政府的代理人或正在承担实质上属于政府职能的任务"[1]。

在具体使用 Broches 测试时，仲裁庭也衍生出了两个原则：一是尊重

---

[1] Aron Broches, The Convention on the Settlement of Investment Disputes between States and Nationals of Other States, 136Recueil des Cours 331, 354（1972-II）.

缔约国合意及决定，二是重点考察争议投资的性质和目的。

### 1. 尊重缔约国合意

《公约》仲裁庭有权决定自身管辖权有关的问题，但同时也应当尊重缔结多双边投资协定缔约国就合格投资者问题达成的合意。

由于国际法中各国均为平等主体，因此缔约国义务以其事先达成的条约合意为基础。如果缔约国同意承担某种义务，则其后仲裁庭可以依据相关国际法原则使缔约国适当履行其承诺的国际义务。因此，各国均有权自行决定承担何种以及如何承担国际义务。缔约国条约合意则是此类国际义务的法律基础。

尤其在国际争端解决方面，法庭或仲裁庭其管辖权的来源正是缔约国在条约缔结时达成的合意。没有此类合意的存在，法庭或仲裁庭就没有适当的管辖权。正是基于条约合意在国际法和国际仲裁中的重要意义，仲裁庭和学者通常都会认同和尊重缔约国在多双边投资协定中对投资者概念的定义。即便投资协定中规定的投资者概念超过了《公约》的范围和限度，条约合意仍然是缔约国受《公约》之外仲裁机构管辖的义务基础。因此，仲裁庭应当尊重缔约国事先达成的合意，从而确立自身对涉案国有成分投资者及提起争端的管辖权。

### 2. 重点考察争议投资的性质和目的

在具体应用 Broches 测试解决有关国有企业、主权基金主体地位时，仲裁机构应当对多双边投资协定规定的投资者概念进行分析和评估。首先，如果涉案企业在投资协定中明文规定予以排除，则仲裁庭对此类主体涉及投资争端没有管辖权。其次，如果投资协定明确囊括了涉案企业，则仲裁庭应当对所设争端进行仲裁，除非涉案争议因不满足管辖权的其他条件而超过了《公约》的受案范围。最后，在投资协定未予明确是否包括涉案企业时，仲裁庭应当运用 Broches 测试判断涉案企业是否是其他缔约国政府代理人或实质上执行了其政府的职能。而在判断中，仲裁庭应当从争议投资的性质和目的两方面出发，对其进行定性，即性质反映了投资行为是否是政府职能或商业行为，目的则体现了其是否作为其他政府的代理人在从事投资行为。在目的分析方面，如果其他政府对该涉案企业具有控制权或可以施加实质性的影响，则仲裁庭可以判定其是外国政府的代理人，从而拒绝对涉案争端行使管辖。在性质分析方面，仲裁庭也应当遵循国际法中关于政府行为和商业行为的通常区别的规定和原则予以认定，对于不符合商业行为的投资应当拒绝行使管辖。

### 3. 国家代理人或执行政府职能的标准

Broches 测试的目的是发现涉案企业是否是其他缔约国的代理人或正在执行实质上属于政府的职能。这种判断类似于国际公法中国家责任归属的问题。在投资争端解决中，仲裁庭的目的是确定国有企业实质上属于其他缔约国代理人，其行为均可归属于其国家，而并非企业本身。

就测试因素而言，"是否是其国家的代理人"和"实质执行政府职能"也与国际公法中国际不法行为国家责任归责的考察因素非常接近。联合国国际法委员会（International Law Commission）的《国家对国际不法行为的责任条款》第四条、第五条和第八条，提供了个人、组织或政府机构国际不法行为规责国家的情形和考虑因素。[①] 这些因素也主要以是否因国家授权、行使国家权利或代表国家行事等。从实质上看，这些因素与 Broches 测试的因素可谓异曲同工。

此外，Broches 测试与世贸组织《补贴与反补贴协定》中"公共机构"的概念也非常接近。在美国反倾销反补贴措施（中国）争端中，世贸组织争端解决上诉机构也认为，公共机构是"承担政府职能，行事作为政府代理"的机构。[②]

由此可见，Broches 测试的重点在于考察如果国有企业承担政府职能，或者行为政府代理，则该企业不能提出《公约》下的投资争端。

### 4. 典型案例的分析

在 CSOB-斯洛伐克案中，仲裁庭就对国有银行的投资行为进行了分析，成为国有企业和主权基金在国际投资争端仲裁中关于投资主体管辖权的典型案例。

CSOB 银行曾与捷克和斯洛伐克政府协议解决该银行在两国资产的分拆

---

① Responsibility of States. for internationally wrongful acts，https：//www.un.org/en/ga/search/view _ doc.asp?symbol＝A/RES/56/83.

② US-Anti-Dumping and Countervailing Duties（China），https：//www.wto.org/english/tratop_ e/dispu_ e/cases_ e/ds379_ e.htm.

事宜。该银行其后诉称斯洛伐克政府违法了协议，进而诉诸《公约》仲裁。其中，斯洛伐克主张该银行是捷克政府的分支机构，而非独立经营的商业实体，因此该争议实质为两国之间的争议，仲裁庭对此没有管辖权。在本案中，仲裁庭采用了 Broches 测试，分析 Obchodni 银行是否是捷克政府的代理，抑或执行了实质上属于捷克政府的行为。尽管仲裁庭认可了该银行代理捷克政府部分事务的主张，但是同时认为争议投资行为的性质仍然是商业投资①。

此后各方对此仲裁裁决争议不绝。主要的反对意见是 Broches 测试因素二者成立其一即可以拒绝涉案国有企业的主体资格，从而不能行使管辖权。而本案中，仲裁庭显然把二因素同时满足作为否定管辖的标准。此外，仲裁庭应当同时考虑涉案投资的性质和目的，而不应该仅仅通过对其性质的分析，就匆忙地得出结论。在分析过程方面，也有人质疑仲裁庭未能从双边投资协定中投资者定义出发进行分析的方法。

### 5. 部分国际投资条约和国内投资立法的规定

对于主权基金和国有企业在本国投资中的法律地位，部分国家通过国内立法的形式进行了规定。还有些国家通过多双边协定或声明的方式，对本国处理此类问题提供了原则指导。

例如，在瑞士双边投资保护协定范本中规定，投资者是根据所在国法律成立、并在其境内开展真实经济活动的法律实体。对于国有企业或主权基金的投资者，瑞士也将一视同仁，除非有证据表面该涉案企业投资是其国家政府的主权行为。②

根据《投资加拿大法》规定，加拿大政府要考虑外国国有企业在加投资是否对加拿大有净收益。这种考虑主要是基于外国国有企业可能存在一定的风险：外国国有企业或多或少受到外国政府的影响，该类投资可能与加拿大国家、经济或产业发展的目标不一致。③ 这种规定反映了外国国有

---

① Ceskoslovenska Obchodni-Slovak 投资争端仲裁，ICSID Case No. ARB/97/4，管辖权裁定，第 15-21 段。

② Claudia Annacker, Protection and Admission of Sovereign Investment under Investment Treaties, 10 Chinese J. Int'l L.

③ Industry Canada, Statement Regarding Investment by Foreign State-owned Enterprises, Investment Canada Act Guidelines (Dec. 7, 2012), available at http://www.ic.gc.ca/eic/site/ica-lic.nsf/eng/lk81147.html.

企业可能追求非商业的政治目标，表达了对于可能作为国家代理出现的国有企业的投资，国际投资争端仲裁机构不便行使管辖权的政策倾向。

在多边方面，部分国家通过国际协定和声明的方式，表达了对外国国有企业和主权基金投资进行国际仲裁的审慎态度。例如，美国、新加坡和迪拜三方声明就表示，"主权基金应当追求商业目标，而不是直接或间接为其政府的地缘政治目标服务"①。

国际货币基金组织下主权财富基金国际工作组提交的《圣地亚哥原则》是一套适用于主权财富基金的自愿性指导原则。② 其第十九条规定，主权基金应当基于经济现状采用符合投资原则的一般策略，追求经济利益的最大化，因此基于非经济原因的投资行为应当对外进行披露。各国也都注意到非基于商业原因的主权投资的行为，并将其与一般私人性质的投资进行区别。

# 第二节　客体管辖

除了主体要求，《公约》还对其仲裁程序管辖的客体进行了限制，即仲裁庭仅对"直接由投资所产生的法律争端"有管辖权。

## 一、法律争端

投资者诉诸《公约》仲裁庭，应当确保其争端是关于法律解释和适用方面的问题。由于《公约》并未对法律争端本身做出规定，在实践中仲裁庭往往需要从争端性质和是否存在争端两个方面进行调查和裁判。

## （一）争端的概念

《公约》仲裁的前提是争议各方存在实际的争端。正如联合国国际法院定义的，争端是各方关于某法律或事实点的分歧，也是法律观点和利益

---

① United States Treasury, Treasury Reaches Agreement on Principles for Sovereign Wealth Fund Investment with Singapore and Abu Dhabi, Press Release (Mar. 20, 2008), available at https://www.treasury.gov/press-center/press-releases/Pages/hp881.aspx.

② 主权财富基金国际工作组（International Working Group of Sovereign Wealth Funds, IWG-SWF），已被国际主权基金论坛（IFSWF）取代。目前已有至少25个国家签署了该原则。

的冲突。① 由此可见，待解决的争端必须是已经成形而非萌芽或发展中的状态，其应当具备利益上的可仲裁性。

在实践中，《公约》仲裁庭依据国际法律的概念，采用了类似的关于争端的定义。② 在 Maffezini-西班牙案中，仲裁庭特别指出，争端的存在至少要求争议双方进行过最低限度的交流，一方向另一方提出问题，而另一方直接或间接的表达过反对的意见。③ 于是，在合理期限内另一方未予回应对方提出的问题，也被当做一种争端。在 AAPL-斯里兰卡案中仲裁庭发现，申请人向东道国提出主张后，在双边投资协定约定的三个月期限内并未得到东道国的回应；仲裁庭认为这种不予回应可以构成《公约》意义上的争端。④

就争议的程度而言，《公约》并不支持对假想的或理论上的争端进行仲裁。就受《公约》管辖的投资争端而言，争议问题至少应当与争议双方及其利益存在实际的联系；《公约》仲裁庭并不是提供法律咨询意见的机构，其设立的目的是为了解决显示存在的争议。因此，纯学术性或理论性的问题，并不在《公约》仲裁庭管辖范围之内。受辖争端应当具备一定程度的实质内容，并能够形成可供仲裁的具体主张。⑤

在 Azurix-阿根廷案中，申请人主张部分地区政府实施的税率略高进而消灭了投资收益。而阿根廷则反驳该主张仅为意向，因为该税率仅用于核算而非实际征收所用。仲裁庭经过调查发现，阿根廷政府不按争议税率征税的原因是其最高法院下达的暂时禁令所致。因此，仲裁庭认为申请人的

---

① Mavrommatis Palestine Concessions (Greece v. Great Britain), Judgment (30 August 1924), PCIJ Rep Series A-No 2, 11.

② Lao Holdings NV v. Lao People's Democratic Republic, ICSID Case No ARB (AF)/12/6, Decision on Jurisdiction (21 February 2014) para. 120; Gambrinus Corporation v. Bolivarian Republic of Venezuela, ICSID Case No ARB/11/31, Award (15 June 2015) para. 198; Crystallex International Corporation v. Bolivarian Republic of Venezuela, ICSID Case No ARB (AF) /11/2, Award (4 April 2016) para. 447; Valores Mundiales, SL and Consorcio Andino, SL v. Bolivarian Republic of Venezuela, ICSID Case No ARB/13/11, Award (25 July 2017) para. 231.

③ Emilio Agustín Maffezini v. Kingdom of Spain, ICSID Case No ARB/97/7, 管辖权决定, 第96段.

④ Asian Agricultural Products Ltd. v. Republic of Sri Lanka, ICSID Case No. ARB/87/3, 仲裁决定, 第3段.

⑤ Emilio Agustín Maffezini v. Kingdom of Spain, ICSID Case No ARB/97/7, Decision of the Tribunal on Objections to Jurisdiction, 管辖权决定, 第94段.

主张并未假设的情况，而是实实在在的问题："一旦税务核算完毕并产生了纳税责任，投资者就有义务缴纳税款，即使该税款暂时尚未缴付。这说明申请人基于该纳税要求而生的仲裁请求，是双方实际发生的具体的利益争议"。①

在 Azurix-阿根廷案中，被申请人称申请人主张的损失是虚构和臆想的损失。仲裁庭认为，在仲裁阶段，有些损失确实尚未发生或难以估计，因此主张的损失和赔偿金额必然会有一定程度的不确定性。这种不确定性并不会影响申请人提出其已受损失主张的权利。②

此外一些仲裁庭认为，争议方正在进行的和解谈判或法庭审理程序，并不能证明其争端已经解决、尚未出现或尚未成熟。③ 例如，在 AGIP-刚果案中，被申请人提出争端已经解决，其已经采取措施对申请人的损失进行补偿和赔偿。但仲裁庭认为，被申请人的声明缺乏证据支持，申请人其时尚未受到补偿，很难证明涉案争端已经不复存在，并且即使被申请人已经偿付补偿款，申请人主张的因合同违约导致的损失仍然是独立的仲裁请求。④

### （二）争端的出现

《公约》亦未规定投资争端成形出现的标准。判断出现争端的标准，最终还应当依据争议双方同意提交中心仲裁的情形来判断。有的投资协定规定，只有已经出现的争端才可以诉诸《公约》仲裁程序；而有些协定则允许仲裁庭审理暂时尚未出现但将来会发生的争端。

---

① Enron Corporation and Ponderosa Assets, L. P. v. Argentine Republic, ICSID Case No. ARB/01/3, 仲裁决定，第 74 段。

② Pan American Energy LLC and BP Argentina Exploration Company v. The Argentine Republic, ICSID Case No. ARB/03/13, 初步问题的决定，第 162-178 段。

③ Siemens A. G. v. The Argentine Republic, ICSID Case No. ARB/02/8, 管辖权决定，第 158-162 段；AES Corporation v. The Argentine Republic, ICSID Case No. ARB/02/17, 管辖权决定，第 62-71 段；Camuzzi International S. A. v. The Argentine Republic, ICSID Case No. ARB/03/2, 管辖权决定，第 92-97 段；Sempra Energy International v. The Argentine Republic, ICSID Case No. ARB/02/1, 6 管辖权决定，第 108 段；Continental Casualty Company v. The Argentine Republic, ICSID Case No. ARB/03/9, 管辖权决定，第 93 段。

④ AGIP S. p. A. v. People's Republic of the Congo, ICSID Case No. ARB/77/1, 仲裁决定，第 38-39 段。

例如，在阿根廷和西班牙投资协定中规定，该协定不适用于公约生效前的争端或争议。① 因此，争端出现的时间点对于仲裁庭的管辖权就比较重要。不过，即使协定仅对生效后出现的争端有效，也不代表生效前发生的事实不能用于仲裁。事物的发展总要经历一段时间和过程，引发争端的事件即使发生在协定生效之前，其对争端出现具有重要的因果联系，仲裁庭也会对其进行调查和考虑。②

在 Maffezini-西班牙案中，被申请人认为涉案争端出现在阿根廷和西班牙投资协定生效之前，因此仲裁庭不应当接受申请人的仲裁请求。而申请人则认为，虽然其依据的事实和事件发生较早，但由其导致的争端则发生在协定生效后，因此该争端可以提请仲裁庭审理。仲裁庭认为，争端与其先导事件还是有所区别的，先导事件并非争端本身。争端，起于法律观点和利益的分歧，出现于双方对分歧内容的表达和交流。当利益主张分歧成形，并通过互相明示或默示的表达不同观点，则出现了可仲裁的争端。因此，争端出现在后，而引发争端的先导事件则更早发生。这些事件都与如何确定争端的出现，及其时间密切相关。仲裁庭认为，本案争端就其法律性质而言，出现在双边投资协定生效之后。③

相反的案例出现在 Shum-秘鲁案中。在智利和秘鲁投资协定生效前，由于秘鲁地方政府一系列法令和措施，剥夺了申请人的建筑运营资格从而减损了申请人的投资利益。申请人此前已经成功地通过法庭诉讼挑战了涉案的行政措施。在双边投资协定生效后，地方政府再次实施了部分影响申请人利益的法令。申请人就此申请了国际投资争端仲裁。本案仲裁庭认为，涉案争端事实上在投资协定生效前就已经出现，因此不符合投资协定的规定，仲裁庭对其没有管辖权。④

---

① 阿根廷和西班牙投资协定，https://investmentpolicy.unctad.org/international-investment-agreements/treaty-files/119/download.

② Ioan Micula, Viorel Micula, S. C. European Food S. A, S. C. Starmill S. R. L. and S. C. Multipack S. R. L. v. Romania, ICSID Case No. ARB/05/20, 管辖权决定，第 153-157 段。

③ Emilio Agustín Maffezini v. The Kingdom of Spain, ICSID Case No. ARB/97/7, 仲裁决定，第 92-98 段。

④ Empresas Lucchetti, S. A. and Lucchetti Peru, S. A. v. The Republic of Peru, ICSID Case No. ARB/03/4, 仲裁决定，第 48-59 段。

### （三）争端的性质

《公约》仅对涉案方投资的法律争端进行仲裁，其仲裁庭对政治和商业等其他性质的争端没有管辖权。

#### 1. 法律性

《世界银行执行董事对公约的报告》第二十六段指出，必须明确的是中心管辖权包括各方对权利的纷争，而没有对利益所致争议的管辖权力。所设争端必须与某法律权利和义务的存在或范围相关，或者与违反法定义务的救济措施的性质和程度有关。[①]

但如何确定争端是法律还是非法律的性质，在实践中曾引起众多分歧。通常而言，法律争端包括征收、国有化、侵权和违反合同约定等多种形式。但是在考察一项争端是否是法律争端时，不能仅从其外在事实或后果出发，应当从仲裁请求的内容以及涉案政策或法律等因素入手，确定是否存在法律上的争议。只有当诉请救济为诸如补偿、赔偿、返还等形式，或者其争议权利乃基于合同、条约或法律等而生时，该诉争争端才可能是法律的性质。

因此，申请人如何准备和提出诉讼请求，决定了争端是否具备法律的性质。《启动程序规则》第二条第一款 e 项规定，申请人应当主张和证明其所诉争端是法律争端：仲裁请求应当包括关于双方争议是由其投资直接产生的法律争端的信息。

仲裁庭也会依据申请人提出的仲裁依据和救济方式，论及在审争端是否是法律问题。[②]尤其是申请人依据法律规定主张了法律权利，并主张了法律救济方式时，所涉争端自然具备法律的性质。在 Azurix-阿根廷案中，申请人在阿投资兴建了保险公司并获取了部分当地资产。申请人认为，由于阿政府政策和法令的出台致使其持有资产减值。被申请人则表示，投资争端应当具备法律特征，例如，基于权利义务和法定利益等，而不能仅仅依靠并非政府行为直接导致的资产损失作为仲裁的理由。对此，仲裁庭认

---

① 《世界银行执行董事对投资争端解决公约的报告》第 26 段，http://icsidfiles.worldbank.org/icsid/icsid/staticfiles/basicdoc/partB-section05.htm#04。

② Alcoa Minerals of Jamaica Inc. v. Jamaica, ICSID Case No. ARB/74/2，管辖权决定等。

为申请人证明由于阿有关法律的规定，导致其法定权利受损的主张。尤其是投资协定赋予申请人的诸权利被阿政府法令减损和影响的事实，证明了涉案争端是和法律有关的问题。①

Azurix-阿根廷案也显示了申请人组织仲裁请求的方式对争端性质的决定性作用。由于经济危机原因，阿根廷政府的救市措施致使阿根廷货币出现大幅急剧贬值。申请人认为这些措施损害了其投资利益，违反了投资合同义务以及投资协定的义务。而被申请人则主张，涉案争端是商业性质或政策方面的争端，而非法律问题的分歧；对于主权货币的处理，是政府行政管理措施的一部分，其影响了商业环境，因此其本质并不是法律问题。仲裁庭则不同意被申请人的意见，提出法律问题争议是指关于法律权利义务的分歧；在本案中，申请人分别依据阿根廷与法国和西班牙的双边投资协定，提出了由投资协定赋予权利受阿根廷措施减损的法律主张。因此本案争端的本质是法律争议。②

简而言之，《公约》管辖的争端必须为法律性质，在确保其法律特性问题上，申请人组织的法律依据、仲裁请求和诉请救济等内容是认定法律本质的重要因素。

### 2. 可诉性

即使所涉争端是法律问题，《公约》仲裁庭有时也不一定能对其进行审理和裁判。尤其是在涉及主权问题或政治敏感议题的案件中，仲裁庭往往缺乏足够的能力对其进行审理和裁判。一般而言，仲裁庭对于事关政府运作、重大利益、安全利益、对外政策以及主权等政治问题没有管辖权。如果缔约国依据《公约》第二十五条第四款对受中心仲裁庭管辖的案件类型做出保留声明，则此后仲裁庭可能无法对相关类型的投资争端实施管辖。

通常，只有东道国与投资者之间特定投资合同引发的，或者与东道国投资法律有关的争端，《公约》才有管辖权。而且，与其他管辖权相关问题

---

① Continental Casualty Company v. The Argentine Republic, ICSID Case No. ARB/03/9，管辖权决定，第 67 段。

② Suez, Sociedad General de Aguas de Barcelona S. A., and InterAguas Servicios Integrales del Agua S. A. v. The Argentine Republic, ICSID Case No. ARB/03/17，管辖权决定，第 24-37 段。

类似，缔约国同意受管辖的意思表示，对于确定议题的可塑性至关重要。正如《公约》设计师 Broches 指出的，缔约国有权决定其受《公约》仲裁管辖的争端的范围和性质。①

在实践中，《公约》仲裁庭则审理了许多事关东道国政府政策、法令和立法以及行政措施等政府权利引起的争端。例如，AGIP-刚果案中，仲裁庭就审理了被申请人在征收财产后强制清算申请人在刚公司的问题，以及军事占领和国有化申请人私人公司的问题。② 在 AAPL-斯里兰卡案中，仲裁庭则涉及了东道国安全部队拆毁申请人资产行动的合法性。③ 尤其是阿根廷在20世纪90年代末实施的国家紧急状态法令，一众仲裁庭均对其引发的投资争端进行了审理和裁判。

在 Amco-印尼案中，特设委员会对国家行为的可诉性进行了讨论。本案争端涉及东道国军警扣押申请人资产并取消其投资资格等诸多国家行为。被申请人在上诉中指出，仲裁庭对东道国军队和警察行动和合法性进行了裁判，明显超越了其管辖范围；即便是军警行动导致了侵权行为，也不是《公约》意义上的投资争端。特设委员会没能接受这种观点：首先，侵权和投资争端并非对立的主张，侵权行为也可能导致投资争端。其次，仲裁庭考虑军警等国家行为，是为了发现申请人投资权利受影响的情况。仲裁庭的管辖权，并不受对在案事实的不同解读的影响。④

以往仲裁案例也曾涉及政治及主权的变化。如在 CSOB-斯洛伐克案中，被申请人提出涉案争端发生在捷克和斯洛伐克解体的历史背景下，其本质特征是政治原因而非法律原因。而仲裁庭则认为申请人提出的诉求基于双边投资协定；虽然通常东道国的行为具有政府和政治的因素，但本案争端事关权利义务及违约赔偿问题，并不因此失去可诉性。⑤

---

① Amerasinghe, Submissions to the Jurisdiction of the International Centre for Settlement of Investment Disputes, 5 J. Mar. L. & Com. 211 (1973–1974).

② S. A. R. L. Benvenuti & Bonfant v. People's Republic of the Congo, ICSID Case No. ARB/77/2.

③ Asian Agricultural Products Ltd. v. Republic of Sri Lanka, ICSID Case No. ARB/87/3.

④ Amco Asia Corporation and others v. Republic of Indonesia, ICSID Case No. ARB/81/1, 上诉决定，第68段。

⑤ Ceskoslovenska Obchodni-Slovak 投资争端仲裁，ICSID Case No. ARB/97/4，管辖权裁定，第60段。

## 二、直接因果关系

为了限制《公约》仲裁庭的管辖权，缔约国在谈判中限定仲裁庭仅可以管辖直接源于投资的争端。因此，申请人提出的仲裁请求，一方面要与投资有因果关系，另一方面也需要证明因果关系的直接性。

### （一）直接性

直接性要求独立于争议各方的主张之外，代表了涉案争端与相关投资之间的紧密联系。如果所涉争端仅与投资项目的附属或辅助部分有关，则该争端很可能不属于直接与投资有关的争端，从而仲裁庭对其没有管辖权。《启动程序规则》第二条 e 项要求仲裁或调解申请书也应当包括投资和在诉争端直接关系的证明。与之相反，《附加便利规则》第二条 b 项则为与投资没有直接关系的争端提供了争端解决的途径。

直接性体现了对投资和争端之间关系的要求，而并非要求投资类型是直接投资。在 Conoco Phillips-委内瑞拉案中，被申请人主张争议投资是购买委国债的交易，并非直接外国投资，因而不是《公约》意义上的投资。仲裁庭则有不同意见，《公约》规定的直接性是指争端与投资的关系，而不是指投资的类型。因此，即使投资是间接的，只要争端直接源于该投资交易，仲裁庭同样有管辖权。[①] 该意见也为后续多个仲裁庭采纳。

在 20 世纪 90 年代末的案件中，阿根廷都曾主张所涉争端均不是直接源于投资；由于申请人都是通过在阿设立本土公司进行投资，因此这些交易都或者不是投资或者是间接投资。仲裁庭都拒绝了该主张。其中，以 Azurix-阿根廷案仲裁庭意见为代表：尽管申请人并不是阿根廷本土投资企业的直接股东，本案争端仍然是直接由投资而产生的。就《公约》而言，争端必须于投资直接相关，而投资本身既可以是直接投资，也可以是间接投资。投资者是否是适格的投资者，与争端是否与投资直接相关与否无关。[②]

---

① Fedax N. V. v. The Republic of Venezuela, ICSID Case No. ARB/96/3, 管辖权决定，第 24 段。
② Siemens A. G. v. The Argentine Republic, ICSID Case No. ARB/02/8, 管辖权决定，第 150 段。

### (二) 投资活动的范围

通常投资项目都会伴随着其他经济活动，如融资、并购、基建、采购和营销以及税务等方面的活动。这些并非投资项目本身，而是从属于或附着于投资项目。对于由这些活动产生的争端，是否也可以认为是与投资直接相关的争端，是值得探讨的问题。

通常，与投资相关其他经济活动的争端，应当诉诸国内法院或仲裁机构等其他争端解决方式。这是由该类争端有别于投资争端的特点 决定的。一是当事人不同。投资争端的当事人为东道国和其他缔约国的国民，而融资、基建和营销等活动的当事人可能完全不同于投资活动的当事人。二是合同关系不同。这些其他经济活动，很可能有其独立于投资合同之外的合同，且其合同中有其单独的争议解决条款。三是产生争端的原因不尽相同。由投资活动产生的纠纷，与投资之间的关系更加紧密。而其他经济活动的纠纷，可能与投资之间的关系就更加间接和疏离。因此，其他经济活动争议不一定能通过《公约》仲裁方式解决。

在实践中，仲裁庭会考虑其他经济活动与投资活动之间的紧密程度。在联系紧密的情况下，仲裁庭也会对此类争端行使管辖权。

在 Salini-摩洛哥案中，在投资合同中，东道国政府向申请人的四家本土子公司提供了信贷支持。而信贷合同又独立于投资合同，并约定了东道国法院作为争端解决的方式。在仲裁中，被申请人主张了信贷合同的独立性，认为应当交由国内法院解决，《公约》仲裁庭不具有对该争端的管辖权。仲裁庭经过考察信贷行为和投资行为的关系，认为二者都从属于"同一投资活动的整体"，从而行使了管辖权。仲裁庭指出，众所周知投资活动通常包括一系列经济活动，如何妥善安排这些经济活动，既要考虑商业现实，也体现了当事方对投资交易的设计理念；在考查这些活动时，应当考虑哪些活动是投资项目的基础性活动和伴随行活动，而哪些活动是为了实现投资而必须实施的活动。①

同样，在 CSOB-斯洛伐克案中仲裁庭也采用了类似的整体判断的标

---

① Pierre Lalive, The First "World Bank" Arbitration (Holida Y Inns V. Morocco) -Some Legal Problems, 第 159 页, British Yearbook of International Law, Volume 51, Issue 1, 1980, P123-162.

准。本案中，斯洛伐克政府为 CSOB 提供给斯企业的贷款进行担保。在该企业违约后，CSOB 申请了《公约》仲裁。仲裁庭认为，投资活动通常是一个复杂行为的集合，就局部看未必能成为《公约》仲裁的对象。但只要争议中的特定交易，能够成为投资整体运作的一部分，就可以认为是直接源于投资的争端。仲裁庭认为不能狭义解释《公约》第二十五条第一款，不构成投资本身的活动未必不能成为仲裁的对象。在本案中，被申请人的义务与 CSOB 对外贷款行为紧密相关；而贷款则是申请人整体投资行为的一部分。因此，该争端也是基于投资而直接产生的争议。①

Amco-印尼案仲裁庭则更进一步，指出了如何区别整体投资活动的标准。印尼政府指称 Amco 存在税务欺诈要求仲裁庭判定其偿付税款。Amco 则反驳认为税务问题与投资仅有"最间接"的关系，此请求超越了仲裁庭管辖权的范围。而仲裁庭认为税务问题是其管辖的争端，但本案诉争税务欺诈则并非出自与投资的直接联系。仲裁庭指出，投资者与东道国因投资而产生的权利和义务，可以由《公约》仲裁庭解决；同时投资者也有遵守东道国法律的义务，此类争端则属于东道国国内管辖的范围。就税务欺诈问题而言，如实履行税务义务是一项普遍的义务，与投资并无关联。因此，税务欺诈与投资之间没有直接关系，从而超出了其对事管辖权。② 这种区分一般法律责任和投资专属法律责任的方法，为后续仲裁庭提供了一种适用的方法。

但亦有仲裁庭将投资活动与其他经济活动的区别。在 SOABI-塞内加尔案中，被申请人违反了投资合同义务，未能向申请人提供土建工程服务。在申请人仲裁请求中包括申请人与建筑师之间合同损失的部分，因被申请人未予建设相关工程，导致申请人与建筑师合同无法完成。但仲裁庭认为，申请人与建筑师之间合同纠纷应当由国内法院解决，仲裁庭可以管辖申请人与被申请人之间由投资产生的争端，就本案而言，即被申请人是

---

① Ceskoslovenska Obchodni-Slovak 投资争端仲裁，ICSID Case No. ARB/97/4，管辖权裁定，第 70-91 段。

② Amco Asia Corporation and others v. Republic of Indonesia, ICSID Case No. ARB/81/1, 再审管辖权决定，1 ICSID Reports 543-565.

否应对申请人损失进行赔偿的问题。[①]

在 SPP-埃及案中，仲裁庭则拒绝了贷款担保与投资之间的直接关系。本案中，申请人获得了银行担保贷款，在合同义务完成后要求银行返还担保品。仲裁庭指出，在分析争端和投资的关系时，应当对投资运作的整体进行分析，而不能将各经济活动单独割裂开来。就诉银行担保，其是一种投资行为，而不是其他投资活动的一部分。[②]

鉴此，投资活动的范围对认定直接性有重要的关系。如果某经济活动与投资的关系更加特殊，有不同于其他经济活动，则该经济活动所致争端可能被认为是直接与投资相关。该经济活动采用的方式如何，当事人是否与争端当事人相同，都不是决定直接性的关键因素。

### （三）一般行政措施的直接性

在实践中，也有投资者主张东道国政府采取的一般性、普遍性的行政行为所造成的损失，也是与投资直接相关的可诉行为。这些行为大都着眼于公共服务、公民福利等政策目标，而不是仅仅针对特别领域甚至个别企业的行政措施。这些诉求，主要反映在 20 世纪 90 年代末期阿根廷政府应对经济危机的一系列经济措施上。当然阿根廷政府的意见是救市措施是普遍性的经济政策，不应被认为是与投资争端有直接的关系，因而不应当受《公约》的管辖。

在 Azurix-阿根廷案中，阿政府认为紧急救市政策致力于挽救国家经济，与投资者无关；政策执行不能被认为是导致投资争端出现的直接原因。仲裁庭则采取了相反的立场，对干预经济的普遍性措施和影响投资运作的政策进行了区分。仲裁庭认为，干预经济的普遍性措施在未涉及投资者和投资时，并非《公约》的管辖范围。但是一旦普遍性经济措施的实施，直接导致东道国违反多双边投资协定、投资合同或国内投资法律等规

---

① Société Ouest Africaine des Bétons Industriels v. Senegal, ICSID Case No. ARB/82/1, 仲裁裁定，第 8.01-8.23 段。

② Joy Mining Machinery Limited v. Arab Republic of Egypt, ICSID Case No. ARB/03/11, 仲裁裁定，第 44-54 段。

定的义务时，则该类措施导致的争端与投资则具有直接关系。①

同样，Azurix-阿根廷案仲裁庭指出，本案诉争并非阿政府的具有普遍经济政策性质的措施，而是其产生的针对申请人投资的具体的负面的效果。作为主权政府，阿政府有权采取任何经济政策，但是受保护的投资利益并不能因该普遍经济政策的实施而被剥夺。根据规定，直接性仅仅指向争端和投资之间的关系，并非争议措施与投资之间的关系。②

在 Azurix-阿根廷案中，阿政府再次主张其政策的普遍性而非针对争议投资个体的特点。而仲裁庭指出，《公约》强调直接性而非针对性，普适性政策同样可能导致违反国际义务的结果。进而仲裁庭陈述了其对于国际争端管辖的观点：经验表明，很多国际间针对国民人身或财产的争端是东道国一般性的政策造成的，而不是针对特定群体和个别利益的措施。因此由一般性政策导致的争端，不能脱离于国际诉讼和仲裁的范畴。③

由此可见，东道国并不能因其普遍性、一般性的政策为理由，主张由该类措施引起的争端不属于《公约》管辖的范围。一旦东道国在国际条约或协定、本国投资立法或投资合同中承诺了义务，如果因其普遍性政策导致其违反了这些特定义务，《公约》仲裁庭对这些争端仍然具有管辖权。

## 三、投资的定义

投资是《公约》及其争端解决机制的核心概念之一。但是由于谈判中各方分歧太大，《公约》却没有对投资的概念进行规定，而是交由缔约国各自约定。在实践中，《公约》仲裁庭采用不同的方法，从多种角度对投资的概念和特征进行归纳总结，以解决在诉争端的管辖权问题，初步形成了对投资判定的方法。

---

① Sempra Energy International v. The Argentine Republic，ICSID Case No. ARB/02/16，管辖权决定，第25-32段。

② AES Corporation v. The Argentine Republic，ICSID Case No. ARB/02/17，管辖权决定，第48-57段。

③ Continental Casualty Company v. The Argentine Republic，ICSID Case No. ARB/03/9，管辖权决定，第38-75段。

## （一）概念

对于未能在《公约》中规定投资概念一事，《世界银行执行董事对公约的报告》解释道，由于各方难以达成共识，也未能就何种争端可供仲裁问题进行提前沟通，受制于《公约》谈判规则的要求，各方没能明确"投资"的概念。[①]

在最初的谈判文本中曾提出了投资的两个特征：一是资金或其他经济资源的投入，二是一个不少于五年的较长的期限。[②] 有观点认为这些特征不是投资的核心特征，也有观点表示经济资源投入的概念更加模糊，通过引入一个更加模糊的概念不能解决问题，并且有人认为时间期限的要求应该就事论事，不能一概而论。此后谈判文本还引入过争端金额不少于十万美元的最低门槛[③]。反对者认为，首先不是所有争端都是涉及经济赔偿或补偿，其次争端金额指向投资金额还是赔偿、补偿金额仍有歧义。由于分歧巨大，《公约》谈判没能取得对投资概念的一致意见，只能留待缔约国自行约定和仲裁庭的个案审查。

由于《公约》概念的缺位，缔约国则通过双边投资协定、国内投资立法和投资合同等方式约定投资的概念，表达受《公约》仲裁庭管辖的同意意见。在定义投资时，各方采用的方法大体分成两类：一是内涵式，明确投资的主要内容，并伴随着典型投资形式的列举。二是特征式，除了表达内容和典型类型外，重点在于对投资特征的规定。

例如，在中国和德国双边投资协定中，双方就约定了投资包括所有类型资产的投资，并通过非穷尽列举的方式指出动产和不动产所有权等 5 类

---

① 《世界银行执行董事对投资争端解决公约的报告》第 27 段，"No attempt was made to define the term 'investment' given the essential requirement of consent by the parties, and the mechanism through which Contracting States can make known in advance, if they so desire, the classes of disputes which they would or would not consider submitting to the Centre (Article 25 (4))." http://icsidfiles.worldbank.org/icsid/icsid/staticfiles/basicdoc/partB-section05.htm#04.

② The History of ICSID, Volume I, P116. https://icsid.worldbank.org/en/Pages/resources/The-History-of-the-ICSID-Convention.aspx.

③ The History of ICSID, Volume II, P34.

典型的投资类型。①

第二类定义方式以《美国标准投资协定》（2012 年版）为代表，约定了投资应当具备资本投入、投资获利目的和风险承担等典型的客观的特征。

### （二）判断标准

在实践中，仲裁庭先后发展出"主观标准"和"客观标准"两种不同的认定投资是否存在的标准。所谓"主观标准"是以缔约国同意接受《公约》仲裁的意思表示为基础，只有缔约国同意接受仲裁的经济活动才是适格的投资。这种方法更加强调缔约国以及投资者在规定或约定符合投资概念经济活动的主观意图。所谓客观标准，则是指投资概念的范畴由《公约》规定本身以及其经济活动的客观特点约定，具有不依赖于缔约国的主观意图的客观特点。客观标准强调投资的一些核心特点，诸如资本投入、投资期限和风险承担等。客观标准的确立以 Salini-摩洛哥案②仲裁决定为标志，反映了仲裁庭对投资概念的细化和新的总结。在当前的案件中，仲裁庭通常倾向于客观标准和主观标准相结合，综合运用判断在手案件是否构成《公约》可仲裁的投资。

### 1. Salini 案

Salini 案仲裁决定的解释，是国际投资仲裁中对投资概念具有里程碑意义的新发展。仲裁意见的贡献主要体现在两点：一是确立了对构成投资活动审查的客观标准，二是引入并强调了对东道国经济发展有所贡献亦是投资特征的重要性。

在本案中，意大利公司援引《公约》和摩洛哥双边投资协定，因高速公路建设合同纠纷请求与摩洛哥的争端仲裁。被申请人主张建筑工程并非《公约》意义上的投资，提出了仲裁庭管辖权的异议。这是第一次针对投资概念异议而引起的管辖权争议。

---

① 中国和德国投资协定，第 1 条。https://investmentpolicy.unctad.org/international-investment-agreements/treaty-files/3010/download.

② Salini Costruttori S. p. A. and Italstrade S. p. A. v. Kingdom of Morocco［Ⅰ］, ICSID Case No. ARB/00/4.

仲裁庭对涉案经济活动的分析分为以下几个步骤。首先，确定法律依据。仲裁庭认为，申请人依据《公约》和意大利和摩洛哥双边投资协定提出仲裁申请，因此需要分别依据两者对涉案经济活动的性质进行分析。仲裁庭指出，若要依据《公约》申请仲裁首先要满足第二十五条关于管辖权的规定；仲裁庭的管辖权来自双边投资协定和《公约》的双重授权。①

其次，认定《公约》管辖权条款规定投资概念的客观性。《公约》是缔约各方达成的基础性的普遍性的国际公约，对明确投资概念具有基础性和指导性的作用。此后缔约国之间达成的双边投资协定，不能改变或偏离通过《公约》宗旨确立的投资概念的含义。② 就本案而言，意大利和摩洛哥双边投资协定意在保护"因合同而生的经济权利"和"任何依法获得的经济权利"，但以各国国内立法投资所规定的限度为限。由于摩洛哥投资法律将建筑工程合同规定为服务合同而非投资合同，如果依据主观标准判断，涉案争议由于其不符合被申请人同意《公约》仲裁的主观意图，因而不是可仲裁的投资。仲裁庭则讨论了投资性质和投资有效性之间的区别，认为国内法律规定只能关乎涉案经济活动是否是有效投资，而不能决定其投资的性质。因此仲裁庭认定涉案建筑合同是符合《公约》规定的投资行为。③ 由此，Salini 仲裁庭意见跳出了单纯主观标准的窠臼，确立了客观标准的重要性。

再次，强调了对东道国经济发展作用作为判断投资是否存在的重要标准之一。在分析在诉经济活动是否构成投资时，仲裁庭试图从在先案例和立案审查材料中发现可用于决定投资成立的客观标准。仲裁庭提出投资通常的确定标准，包括资金投入、一定的实施期间和风险承担三个要素。此外，根据《公约》前言，仲裁庭进一步认为对东道国经济发展的贡献，也是考虑投资成立与否的标准。④

最后，强调了对多个标准综合评估的方法。仲裁庭已经提出了在认定

---

① Salini Costruttori S. p. A. and Italstrade S. p. A. v. Kingdom of Morocco［Ⅰ］, ICSID Case No. ARB/00/4，管辖权裁定，第 44 段。

② 同上，第 52 段。

③ 同上，第 47-49 段。

④ 同上，第 52 段。

投资时的四项标准，即资本投入、合理期间、风险承担和对东道国经济发展贡献。在如何运用这些标准时，仲裁庭指出，尽管四项标准相对独立，但对其运用和分析应当在统合的基础上进行：在现实中，各项因素大都相互依赖；项目风险与资本投入和实施期间都有关系。①

### 2. 资本投入

资本投入，在仲裁庭看来内涵非常广泛，不仅包括货币资金，还包括技术、服务、知识产权等非实物形式的资本。但是接受赠与或少量出资，有些仲裁庭并不认为是足以认定投资的投入。例如，在 Libananco-土耳其案中，仲裁庭认为 3800 美元的出资额，相对于潜在的商业规模以及价值 190 亿美元的股权价值而言过于微小，不能认为该出资构成了投资意义上的资本投入。②

### 3. 风险承担

投资伴随着风险。但仲裁庭对风险的理解并不局限于政治或经济风险，实施过程和收益的不确定性都是投资者承担的风险。在 Conoco Phillips-委内瑞拉案中，仲裁庭甚至指出，"对本金和利息支付方式的争端本身，就说明了投资者在承担投资风险"③。投资者是否在投资前进行过有效的尽职调查，是否有担保等，都不能成为投资风险不存在的理由。在 CCL-哈萨克斯坦案中，仲裁庭把认为资本投入与风险密切相关，一旦投入资本则风险就伴随而生。④

### 4. 实施期间

投资与贸易的一个区别在于实施期间的长短。通常投资实施需要较长时间，而贸易等经济活动的期间相对较短。因此，仲裁庭也会考察涉案经济活动的运作时间来判断是否构成了投资。

在以往案例中，实施期间的长短大都根据个案情况单独考虑，"通常可

---

① Salini Costruttori S. p. A. and Italstrade S. p. A. v. Kingdom of Morocco［I］，ICSID Case No. ARB/00/4，管辖权裁定，第 52 段。

② Saba Fakes v. Republic of Turkey，ICSID Case No. ARB/07/20，仲裁决定，第 139 段。

③ Fedax N. V. v. The Republic of Venezuela，ICSID Case No. ARB/96/3，管辖权异议决定，第 40 段。

④ KT Asia Investment Group B. V. v. Republic of Kazakhstan，ICSID Case No. ARB/09/8，仲裁决定，第 219 段。

为几个月直至数年"①。仲裁庭也没有统一的标准，也没有实施期间的最低要求。在 CCL-哈萨克斯坦案中，仲裁庭认为申请人专为股权转移而设置，其存在仅为 3~4 周，这个时间显然太短，不足以构成投资；即使股权转移时间长达 18 个月，也不能改变申请人最初设想的股权转移完成时间的最初考虑。因此，即使涉案经济活动最终耗时较长，其最初设计的较短的实施期间仍然是考虑经济活动实施期间的重要因素。②

除了实施期间本身，有时仲裁庭也会考虑投资收益回报预期作为衡量投资期间长短的辅助指标。例如，在 Conoco Phillips-委内瑞拉案中，仲裁庭指出投资收益的陆续回收也是投资的一种特征。③

### 5. 对东道国经济发展的贡献

Salini-摩洛哥案仲裁决定引入了对东道国经济发展的贡献，作为衡量是否存在投资的标准之一。但是此后仲裁庭对此标准的意见并不统一。通常仲裁庭会考虑这方面的因素，但若不存在对东道国经济发展的贡献，在诉经济活动也能构成投资。

对于贡献本身，仲裁庭就有不同的理解和解读。在 AGIP-刚果案中，上诉特设委员会认为设立律师事务所不能构成投资。上诉特设委员会指出，ICSID 仲裁庭不必衡量涉案经济活动的真实贡献，这种贡献方式不一、呈现各异、范围广泛，应当个案讨论。④

在 MHS-马来西亚案中，仲裁庭和上诉委员会对东道国经济发展因素做出了不同的解读和判断。本案中申请人与东道国约定打捞沉船文物，随后就合同问题发生纠纷并诉至《公约》仲裁庭。被申请人主张打捞合同不能构成《公约》意义上的投资。在审理时，仲裁庭拒绝承认打捞行为构成了投资，理由之一即是打捞沉船不能为东道国经济发展提供帮助。而上诉

---

① Deutsche Bank AG v. Democratic Socialist Republic of Sri Lanka, ICSID Case No. ARB/09/2, 仲裁决定，第 303 段。

② KT Asia Investment Group B. V. v. Republic of Kazakhstan, ICSID Case No. ARB/09/8, 仲裁决定，第 210-212 段。

③ Fedax N. V. v. The Republic of Venezuela, ICSID Case No. ARB/96/3, 管辖权异议决定，第 43 段。

④ Mr. Patrick Mitchell v. Democratic Republic of the Congo, ICSID Case No. ARB/99/7, 上诉决定，第 33 段。

特设委员会则推翻了该意见，其认为不能简单地将 Salini 案中东道国经济发展的贡献因素理解为经济方面的贡献，而排除了对文化、历史和社会整体发展的贡献。首先，打捞行为对东道国文化和历史的发展做出了贡献。因而，在诉经济活动也符合 Salini 案的标准，其构成了《公约》意义上的投资。[①]

其次，对于东道国经济发展的贡献本身，有些仲裁庭并不认为是投资成立的必要因素。在 Casadov-智利案中，仲裁庭指出投资的概念仅包括三个方面，即资本投入、实施期间和风险承担。对东道国经济发展的贡献要素，与仲裁庭管辖权无关；经济活动是不是有效，并不能改变其是否构成投资的性质；是否有利于发展东道国经济，是投资的结果而非投资存在的前提，也不是认定是否构成投资的标准。实际上，第四个标准已经暗含在前三个标准之中。[②]

## （三）善意投资

通常，东道国要求投资活动必须符合本国的法律，即要求善意投资活动。正如 Phoenix-捷克案仲裁意见指出的，对于非善意的投资，东道国不可能同意其争端诉诸《公约》仲裁；国际投资法律不可能保护违反国际规则，尤其是最重要的善意原则，所要求的投资行为。[③] 因此，在仲裁庭考虑是否构成投资时，通常都要考虑善意投资的问题，其中最具争议的则是投资的合法性问题。

### 1. 合法性要求及仲裁庭意见

对于投资是否必须符合东道国法律的问题，以往仲裁庭存在两种不同的意见。

一方意见是投资必须符合当地法律，以 Phoenix-捷克案为代表。该仲裁意见指出，国际投资保护机制的宗旨使《公约》不能用于保护违反东道国法律的投资。东道国不可能同意，违反其法律的投资引发的争端诉诸

---

① Malaysian Historical Salvors, SDN, BHD v. The Government of Malaysia, ICSID Case No. ARB/05/10, 仲裁决定，特设委员会上诉决定。

② President Allende Foundation, Victor Pey Casado and Coral Pey Grebe v. Republic of Chile, PCA Case No. 2017-30, 仲裁裁定，第 232 段。

③ Phoenix Action, Ltd. v. The Czech Republic, ICSID Case No. ARB/06/5, 仲裁决定，第 106 段。

《公约》仲裁。①

另一方意见则相反，认为即使违反东道国法律的投资，也能成为《公约》管辖的客体。在 Libananco-土耳其案中，仲裁庭提出投资合法性问题不在《公约》规定的投资概念范畴之内：投资或合法或违法，但仍然是投资活动。② 同样，在 Metal-Tech-乌兹别克斯坦案中，仲裁庭认为符合东道国法律并不是投资的客观定义的一部分。③

这种区别产生的原因，很大程度是案件涉及的双边投资协定文本不同所致。如果合法性要求规定在投资定义部分，则不合法的投资都不构成协定约定的投资，因而不具请求仲裁的资格。而如果合法性要求规定在协定范围部分，而不是在投资定义部分，则会出现投资定义和合法性要求分离的情况，即是否合法与投资成立与否无关的情况。

与之相关的还有合法性异议出现的时间问题。通常，只有与投资行为本身有关的违法行为才可能成为管辖异议的依据。在实践中，投资前或投资后的违法行为，仲裁庭不会据此影响管辖权的决定。例如，在 Phoenix-捷克案中，仲裁庭认为基于双边投资协定的规定，投资争端不能是由于投资行为之前的违约行为所致；在尚未投资之前，不会出现违反协定或合同义务的导致争端的行为。④ 而事后违法问题，SGS-菲律宾案仲裁庭则进行了分析：本案双边投资协定第一条和第二条强调了投资启动节点合法性的重要性；如果启动阶段投资符合东道国法律，而在实施过程中出现了违法行为的指控，仲裁庭仍然对该投资引发争端享有管辖权。⑤

### 2. 明确合法性要求的途径

对于投资合法性的争议，仲裁庭将解决之道立足于双边投资保护协定中的同意仲裁条款。例如，在 Metal-Tech-乌兹别克案中，仲裁庭认为双边投资保护协定仅保护符合东道国法律的经济活动，由于争议经济活动违

---

① Phoenix Action, Ltd. v. The Czech Republic, ICSID Case No. ARB/06/5, 仲裁决定, 第100-101段。

② Saba Fakes v. Republic of Turkey, ICSID Case No. ARB/07/20, 仲裁决定, 第112段。

③ Metal-Tech Ltd. v. Republic of Uzbekistan, ICSID Case No. ARB/10/3, 仲裁决定, 第127段。

④ Phoenix Action, Ltd. v. The Czech Republic, ICSID Case No. ARB/06/5, 仲裁决定, 第68段。

⑤ Fraport AG Frankfurt Airport Services Worldwide v. The Republic of the Philippines, ICSID Case No. ARB/03/25, 仲裁决定, 第340-345段。

法，故而其不属于被申请人同意交付《公约》仲裁的案件类型，因此仲裁庭没有管辖权。① 类似的方法也出现在 SGS-菲律宾案中。仲裁庭指出，所涉双边投资协定约定的投资仅包括受东道国法律认可的资产投入行为，因此只有符合东道国法律的经济活动才是双边投资协定承诺保护的投资行为；本案中，申请人故意规避东道国监管法律的行为使其不符合双边投资协定中的投资行为的规定。②

缔约国也通过双边投资协定强化合法性的要求。例如，在荷兰和土耳其双边投资协定中约定，只有符合东道国现行法律法规的投资才是协定保护的对象。③ 捷克和以色列投资协定也有类似的约定，只有其符合东道国现行法律获取资产的行为才是协定保护的投资。④

### 3. 合法性审查方法

在判断善意投资和投资合法性问题时，需要考虑以下问题：首先，投资协定是否有合法性的要求，例如，涉及的双边投资协定是否有明确的合法性要求的规定。其次，即使没有明确规定，《公约》投资保护的宗旨，也隐含着拒绝保护严重违法投资行为的规则。再次，争议投资是否违反了东道国的法律法规。如果违法，则要进一步考虑违法行为的类型以及严重性。最后，东道国是否事先默许了该违法行为。如果东道国此前已经知晓了争议投资的违法行为，并继续同意其实施投资，或未能在仲裁程序中及时提出投资违法的主张，则视同东道国默许了该投资的实施，不能再提出投资违法的管辖异议。

在具体案件中，仲裁庭会根据个案情况进行分析和认定。在 Churchill Mining-印尼案中，仲裁庭提出了对投资合法性的分析方法，"欺诈行为的法律后果在很大程度上取决于个案情况，如涉及双边投资协定，欺诈行为的严重性，当事方或第三方在欺诈中的作用和联系，欺诈行为与仲裁请求

---

① Metal-Tech Ltd. v. Republic of Uzbekistan, ICSID Case No. ARB/10/3，仲裁决定，第372-373段。

② Fraport AG Frankfurt Airport Services Worldwide v. The Republic of the Philippines, ICSID Case No. ARB/03/25，仲裁决定，第340-431段。

③ 荷兰和土耳其投资协定，第2.2条，https://investmentpolicy.unctad.org/international-invest-ment-agreements/treaty-files/2090/download.

④ 捷克和以色列投资协定，第1.1条，https://investmentpolicy.unctad.org/international-invest-ment-agreements/treaty-files/943/download.

的关系，以及欺诈行为发生的时间等"。①

### 4. 违法行为的处理

对于不同类型违法行为的处理，不同的仲裁庭处理原则和方法也不尽相同。总的来说，仲裁庭处理涉案投资存在违法行为的方式有三种：一是判定所设争议不构成投资争端；二是仲裁请求不可仲裁，即不构成可供仲裁庭裁决的争议或主张；三是视情裁判，即根据个案情况对当事方的权利义务情况进行裁判。

仲裁庭会区分违法行为的严重性处理管辖权的问题。对于轻微违法行为，仲裁庭认为不会影响其管辖权。在 Tokios-乌克兰案中，仲裁庭认为轻微或微小失误或者文件缺陷，不构成对诉争主张管辖权的挑战理由。② Mamidoil-阿尔巴尼亚案仲裁庭也认为，并非所有的微小或轻微的抵触东道国法律的行为都可能导致仲裁庭不能管辖所设争端。东道国不能通过事后严格释法或执法的方式，滥用其审查投资行为合法性的权利，从而致使投资者因微小失误丧失《公约》仲裁保护的权利。③

通常认为只有违反东道国法律基本原则的违法行为，才能导致投资不合法从而不能获得《公约》仲裁的保护。CCL-哈萨克斯坦案仲裁庭提出，只有违反东道国基本法律原则的投资，才能被排除在协定投资保护范围之外。④ 在 WDFC-肯尼亚案中，诉争投资位于环保压力较大的生态脆弱区，生态保护对于该地区的重要性不言而喻；而申请人通过规避法律规定取得了采矿许可，显示了对东道国环境和资源保护等公共政策和法律的蔑视；申请人不遵守东道国环境和资源保护的行为，和在未获许可的情况下获取该地区资源的行为，严重违反了东道国的法律；其性质之严重，依据国际法的基本原则，应当拒绝对其进行投资保护。⑤

---

① Churchill Mining PLC and Planet Mining Pty Ltd v. Republic of Indonesia, ICSID Case No. ARB/12/14 and 12/40, 仲裁决定, 第 494 段。

② Tokios Tokelés v. Ukraine, ICSID Case No. ARB/02/18, 仲裁决定, 第 86 段。

③ Mamidoil Jetoil Greek Petroleum Products Societe S. A. v. Republic of Albania, ICSID Case No. ARB/11/24, 管辖权决定, 第 483 段。

④ Rumeli Telekom A. S. and Telsim Mobil Telekomunikasyon Hizmetleri A. S. v. Republic of Kazakhstan, ICSID Case No. ARB/05/16, 仲裁决定, 第 319 段。

⑤ Cortec Mining Kenya Limited, Cortec (Pty) Limited and Stirling Capital Limited v. Republic of Kenya, ICSID Case No. ARB/15/29, 仲裁决定, 第 345-365 段。

而对于基于严重违法行为投资争端，仲裁庭也会认为有关仲裁主张不具可诉性。如在 Churchill-印尼案中，仲裁庭发现本案申请人在故意或严重过失的心态下，通过欺诈或伪造等违法行为进行了投资活动；该案仲裁请求建立在此类投资活动之上，根据国际公共政策的原则和导向，此类案件不具可诉性。① 同样，在 Plama-保加利亚案中，仲裁庭认为不能利用国际投资争端仲裁制度，协助履行通过欺诈性陈述等违法行为获得的投资合同。②

在分析当事方权利义务时，申请人的违法行为可能直接导致其仲裁请求难以成立。在 WDFC-肯尼亚案中，仲裁庭发现诉争投资合同乃通过贿赂获得，因此申请人无权获得其主张的合同利益。③

## （四）投资的分类

《公约》对投资概念本身没有定义，而双边投资协定中所涵盖的资产通常又很广泛。很多双边协定通常对投资定义冠以"任何资产"，因此投资可以是动产或不动产等有形资产，也可以是股票、证券、特许权甚至知识产权等无形资产。但是也有一些特殊类型的资产或交易，需要在个案基础上判断是否属于《公约》对物管辖的范围。

### 1. 主权债务或公债

公债包括由缔约国中央政府发行的国债和由地方政府发行的地方债组成。当公债债券针对国外发行或被外国投资者持有时，这部分公债债券能否作为投资参与《公约》仲裁，常常成为投资者和东道国争论激烈的问题之一。

最早在《公约》仲裁庭提出主权债务和公债问题的案件是 Conoco Phillips-委内瑞拉案。在 Conoco Phillips-委内瑞拉案中，被申请人提出主权债务不能算作投资，因而不能诉诸《公约》仲裁。但仲裁庭在审查了《公约》和依据的荷兰和委内瑞拉双边投资协定后认为，主权债务也是一

---

① Churchill Mining PLC and Planet Mining Pty Ltd v. Republic of Indonesia, ICSID Case No. ARB/12/14 and 12/40, 仲裁决定，第508段。

② Plama Consortium Limited v. Republic of Bulgaria, ICSID Case No. ARB/03/24, 仲裁决定，第143段。

③ World Duty Free Company v Republic of Kenya, ICSID Case No. Arb/00/7, 仲裁决定，第188段。

种投资类型：国债发行后获得的资金用于生产经营类项目，以满足东道国经济发展和财政安全的需要。并且国债不同于商业交易或短期临时性的资金安排，从资本投入、风险承担和实施期间等角度也符合投资的特征。[1]

在此前阿根廷债务重组计划中，其国债投资者发起了多个投资争端仲裁，争议的焦点之一就是国债投资能否作为《公约》仲裁的投资。例如，Azurix-阿根廷案仲裁庭认为，国债不同于商业交易，其具有金融产品的典型特征；而且根据有关阿根廷和意大利双边投资协定和《公约》的规定，国债属于可仲裁的投资类型。[2] 但是在 Postova-希腊案中，仲裁庭提出了不同的观点：在希腊和斯洛伐克双边投资协定中，国债并不是规定的投资类型，并且即使涉案国债交易实施期间足够长，但资本投入和风险承担等因素并不能满足，因此仲裁庭认为其对由国债引发争端没有管辖权。[3]

### 2. 贷款

贷款在《公约》仲裁中也是一类常见的案件。通常，仲裁庭认为贷款也符合 Salini 测试的要求，具有资本投入、风险承担和实施期间等必需的特点。此前引述的 Salini-摩洛哥案和 CSOB-斯洛伐克案中仲裁庭都承认了贷款作为投资的可仲裁性。在复杂投资项目中，贷款仅仅是投资整体安排中的一部分，这时仲裁庭也会把贷款项目与其他部分做整体的分析。在 Libananco-土耳其案中，申请人通过多种方式向东道国提供了资金，其中包括多笔贷款，该类贷款本身即构成了申请人对东道国的投资。[4] 在 Conoco Phillips-委内瑞拉案中，仲裁庭认为贷款项目本身就是投资，退一步讲，即使不考虑贷款本身具备投资属性的问题，仲裁庭仍然认为贷款也是整体投资活动的一个组成部分。[5]

---

① Fedax N. V. v. The Republic of Venezuela, ICSID Case No. ARB/96/3, 管辖权异议裁定, 第 42-43 段。

② Ambiente Ufficio S. p. A. and others v. Argentine Republic, ICSID Case No. ARB/08/9, 管辖权裁定, 第 470-471 段。

③ Poštová banka, a. s. and ISTROKAPITAL SE v. Hellenic Republic, ICSID Case No. ARB/13/8, 仲裁决定, 第 330-350 段。

④ Tulip Real Estate and Development Netherlands B. V. v. Republic of Turkey, ICSID Case No. ARB/11/28, 仲裁决定, 第 200-203 段。

⑤ Tenaris S. A. and Talta-Trading e Marketing Sociedade Unipessoal Lda. v. Bolivarian Republic of Venezuela, ICSID Case No. ARB/12/23, 仲裁决定, 第 289 段。

当然，也有仲裁庭根据个案情况认定"贷款协议"并不是《公约》意义上的投资。在 Mamidoil-阿尔巴尼亚案中，仲裁庭发现本案申请人提供融资协助他人完成股权收购并获取收购目标利润分成的贷款协议，在交易中申请人并未获得任何资产的所有权。相反，申请人仅仅是以贷款形式自助他人获得股权等资产的所有权。[①]

### 3. 服务或工程

历史上仲裁当事人曾对工程或服务类向是否属于《公约》意义上的投资进行了争论。例如，在 Salini-摩洛哥案中，仲裁庭就对双方争议高速公路施工项目是否构成投资进行过分析和判断，最终认定了建筑工程类项目也是投资的一种类型。在此前案例中，更常见的情形是涉案经济活动往往包括多个部分，其中建筑工程只是其中一个组成部分。这种情况下，仲裁庭统筹考虑建筑工程和其他部分，在整体角度决定投资的存在。

另一种则是纯服务类项目。如在 CSOB-斯洛伐克案，申请人就是在东道国从事贷款等金融服务类活动。仲裁庭通常还是更倾向于金融活动构成了可供仲裁的投资。此前较有争议的则是 MHS-马来西亚案。申请人仅仅是向东道国提供了沉船打捞的服务，并不涉及向东道国直接投入资金、技术或管理经验等常见的资本，被申请人则认为这种服务类项目不属于投资。而上诉特设委员会则从打捞服务的特征入手，对比 Salini 测试的指标认定了打捞服务的投资属性，解决了服务类活动参加国际投资争端仲裁的门槛问题。

### (五) 典型的定义

由于《公约》投资定义的缺失，各方开始通过各种方式按照各自的理解对投资进行解释和规定。根据来源的不同，有国际协定、东道国国内法律和投资合同等不同的定义方式。

### 1. 国际投资协定

目前几乎所有的多双边投资协定都有对投资概念的定义。而且这些定义多种多样，体现了当事国在不同时代和不同经济条件下对投资本身不同

---

① Burimi SRL and Eagle Games SH. A v. Republic of Albania, ICSID Case No. ARB/11/18，仲裁决定，第 140-144 段。

的理解。但就共性而言，国际投资协定通常规定的投资涵盖都非常广泛。

就规定方式而言，通常国际投资协定倾向于采用规定投资的属性加典型列表的方式。例如，在英国投资协定范本就规定，投资包括所有类型的资产，并以非穷尽列表的方式强调了动产和不动产、有价证券、知识产权和特许权利等五类资产。美国投资保护协定范本也采用了类似的方式，规定投资包括投资者所有或控制的所有资产，具备资本投入、风险承担和投资预期等特征，并通过列表提供了八类典型的投资类型。

尽管各国在投资内容广泛性上有接近的立场，但是仍然没有对投资概念本身统一的认识。这可能是由于各国对于不同的缔约对象，其经济活动的侧重点不同导致。在实践中，仲裁庭会依据《公约》和国际投资协定的规定，对争议经济活动是否构成可仲裁的投资进行审查。首先，不符合国际投资协定的经济活动肯定不属于仲裁庭管辖的投资行为。在 AAPL-斯里兰卡案、SPP-埃及案等案例中，仲裁庭都拒绝了涉案经济活动符合双边投资协定中关于投资的主张。其次，仅仅符合双边投资协定的规定，但不能符合《公约》精神和宗旨的经济活动，也不能认为是可依据《公约》进行仲裁的投资行为。①

多边投资协定的代表是《能源宪章条约》，其条款与许多双边投资协定的规定大同小异。此后发展的区域自由贸易协定，则对投资保护提供了新的内容。例如，《北美自由贸易协定》的投资范围就明显小于通常双边投资协定的内容，例如，与商业合同相关的收益权、短期信贷等都排除在投资的概念之外。同样，《墨西哥、哥伦比亚和委内瑞拉自贸协定》也限制了货物和服务贸易合同有关的收益权和信贷等作为投资提出争端仲裁的能力。

### 2. 国内投资立法

投资定义的另一个重要来源是东道国国内的投资法律。这进一步体现了不同国家对投资的不同认识。

---

① Parra, Provisions on the Settlement of Investment Disputes in Modern Investment Laws, Bilateral Investment Treaties and Multilateral Instruments on Investment, ICSID Review - Foreign Investment Law Journal, Volume 12, Issue 2, Fall 1997, P287 - 364, https://academic.oup.com/icsidreview/article/12/2/287/764877.

　　坦赞尼亚投资法（1997）视角独特。它规定投资是指创造和获取新的商业资产，体现为扩展、重组和再生现有商业企业等形态。也有国家借鉴多双边投资协定的文本，采用类似的属性描述加确定性列表的方式规定投资的内涵。阿尔巴尼亚外资法（1993）、格鲁吉亚投资法（1996）等都是先预设投资是指在其境内直接或间接获取所有形式的资产和权益的行为，并通过列表强调了重点的投资类型。

　　在 Mamidoil-阿尔巴尼亚案中，仲裁庭就对阿尔巴尼亚国内投资法律的规定进行了分析，认为争议经济活动符合其国内法律的规定。① 在 Zhinvali-格鲁吉亚案中，仲裁庭认为申请人为准备投资所投入的资源，并不是格鲁吉亚投资法规定的投资。②

### 3. 投资合同

　　投资者与东道国签订的投资合同，也能在一定程度上体现投资的范畴。《公约》的《规范条款》文件第三条就提供了适用于投资者与东道国投资合同的同意仲裁条款，其明确表示"现特此规定本合同交易是一项投资"。由此可见，此类条款也能显示投资者和东道国对合同涉及经济活动具备投资属性的共识。

## 第三节　同意管辖

　　《公约》仲裁庭管辖权的来自于当事方的同意。同其他仲裁类似，只有争议双方同意交付仲裁庭管辖时，仲裁庭才可能审理在手争议。因此，同意管辖也是《公约》管辖东道国和投资者之间投资争端的必要前提之一。《世界银行执行董事对公约的报告》更是把双方同意作为仲裁庭管辖权的基石。③ 而且，在《公约》前言部分强调，缔约国仅仅是加入、批准《公约》但未同意仲裁的，不负有任何法律义务将特定争端提交仲裁。

---

　　① Tradex Hellas S. A. v. Republic of Albania, ICSID Case No. ARB/94/2，仲裁决定，第105-131段。

　　② Zhinvali Development Ltd. v. Republic of Georgia, ICSID Case No. ARB/00/1，仲裁决定，第377-381段。

　　③《世界银行执行董事对投资争端解决公约的报告》第23段，http://icsidfiles.worldbank.org/icsid/icsid/staticfiles/basicdoc/partB-section05.htm#04。

根据《公约》第二十五条规定，当事方同意仲裁的意思表示应当以书面形式做出，而且一经做出除非对方同意，该同意不能单方面撤回。究其来源，仲裁管辖权的渊源主要有三种方式：合同、国内法律和国际协定。投资者与东道国之间投资合同的争议解决条款是双方同意提交仲裁的最直接的证明。此外，东道国国内投资或外资法律通常表达了东道国接受投资争端仲裁的意向。国际协定则出自多边或双边投资协定的规定。国家之间通过国际协定承诺给予对方国民投资保护，其中就包括同意接受国际仲裁争端解决机构管辖的条款。通过国内法规或国际条约达成的同意管辖，由于争端各方表达同意管辖的方式在时间和空间上的非同步性，有学者也称为间接非合意仲裁。[①]

根据中心统计（截至 2022 年 1 月）[②]，仲裁案件中 60%的同意管辖权来自双边投资协定，投资合同约占 15%，而东道国立法 8%，《能源宪章条约》有 9%。即 92%的案件，仲裁庭依据上述方式获得当事方同意接受仲裁的授权。也有少数案件依据《北美自由贸易协定》等自由贸易协定获得仲裁授权。

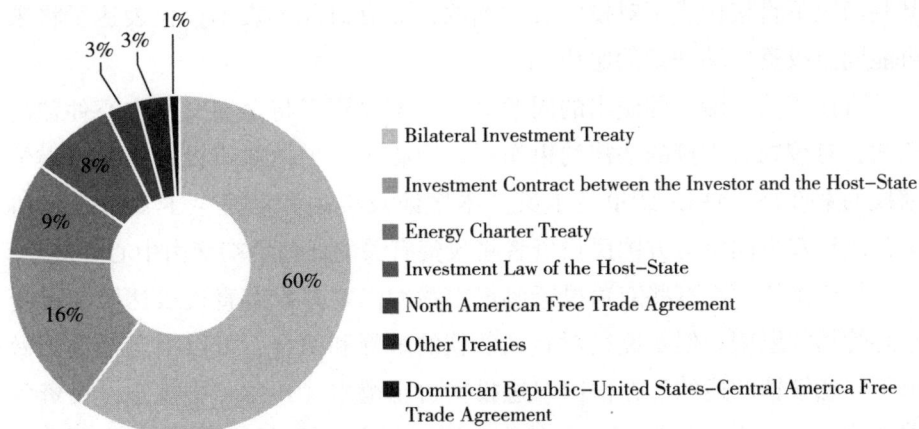

- Bilateral Investment Treaty
- Investment Contract between the Investor and the Host-State
- Energy Charter Treaty
- Investment Law of the Host-State
- North American Free Trade Agreement
- Other Treaties
- Dominican Republic-United States-Central America Free Trade Agreement

**图 4-1 ICSID 仲裁同意管辖的来源**

---

[①] *Paulsson*, *J.*, Arbitration Without Privity, 10 ICSID Review-FILJ 232（1995）.

[②] The ICSID Caseload - Statistics, Issue 2022 - 1, https://icsid. worldbank. org/en/Pages/resources/ICSID-Caseload-Statistics.aspx.

## 一、双边投资协定

目前大多数双边投资协定都包括了缔约国同意对方国民就有关投资争端诉诸中心仲裁的条款，而且双边投资协定也是《公约》仲裁庭管辖权最大的来源。东道国在双边投资协定中做出的同意接受中心仲裁庭管辖的表示，相当于东道国与投资者对提交仲裁合意的邀约，一旦投资者接受了该邀约则双方关于交付中心仲裁其投资争端的合意即告达成。

### （一）邀约和承诺

#### 1. 邀约

《公约》第二十五条要求当事双方应以书面形式同意交付其投资争端接受仲裁庭的管辖。因此，国家间在双边投资协定中表达的同意对方国家的投资者有权将投资争端交由中心仲裁的规定，仅仅是争端当事人中单方面的表达，即邀请投资者达成仲裁管辖合意的邀约。

同时，缔约国在双边投资协定中做出的同意接受中心仲裁的表示，在某些情况下直接构成了对投资者的邀约，而有时此类表示仅仅表达了将来可能同意投资争端仲裁的愿望。

直接邀约。缔约国做出的同意对方国家投资者将争端交付中心仲裁的邀约，对该国有直接的法律约束作用。中心第一个由双边投资协定获得管辖权的案件是 AAPL-斯里兰卡案。本案涉及英国和斯里兰卡双边投资协定，缔约双方同意对方国民投资者将投资有关的任何争端交由中心仲裁。[①]

推定邀约。在有些双边投资协定中缔约国家并没有直接表达同意接受中心管辖的愿望。但是经过对有关条款的解释和组合，可以推定缔约国做出了同意管辖的邀约。在德国双边投资协定范本（1998）中规定，投资争端"应当交由中心仲裁"[②]。虽然没有明示同意，但通过强制性规定的方式同样达到了东道国同意仲裁的法律效果。尤其在 CSOB-斯洛伐克案中，仲

---

① Asian Agricultural Products Ltd. v. Republic of Sri Lanka，ICSID Case No. ARB/87/3，仲裁决定，第 2 段。

② Germany Model BIT 1998，https://investmentpolicy.unctad.org/international-investment-agreements/treaty-files/2863/download.

裁庭对捷克和斯洛伐克双边投资协定中的条款进行了解释：虽然仅为规定投资者和东道国有权提出仲裁请求，但并非要求当事方共同提出才有效，任何当事方均有权单独提出仲裁请求。[①]

非邀请的情形。在有些双边投资协定中，缔约国仅许诺将来会同意投资者在必要时提出的交付中心仲裁的要求。[②] 因为东道国仍然存在理论上违反双边协定不同意仲裁的可能性，因此这种许诺不能理解为东道国已经同意交付中心仲裁其投资争端。类似的情形还有荷兰和肯尼亚双边投资协定，东道国仅仅许诺将积极考虑投资者提出的交付仲裁的要求，则该类许诺更难证明东道国已经同意交由中心仲裁庭的管辖。[③] 而有些双边协定的规定，东道国则并没有做出同意仲裁的邀约。例如，瑞典和马来西亚双边协定则仅仅约定如有争端，当事方应当另行预定是否交由中心仲裁。[④]

**2. 承诺**

投资者同样需要做出同意仲裁的书面表示。通常由于双边投资协定成立在先，因此投资者的意思表示是东道国和投资者交付中心仲裁合意的承诺。

（1）仲裁申请即是投资者的承诺

投资者的承诺必须采用书面形式，但是可以采用的方式则没有限制。在实践中，仲裁庭大都认可投资者提交的仲裁申请就构成了该仲裁合意的承诺。例如，在 Tokios-乌克兰案中，仲裁庭解释了其认定的理由：投资者有权对东道国提出的同意接受中心仲裁的邀约做出承诺；并且涉案双边投资协定并没有要求投资者必须采用一定的方式将其同意管辖的表示告知东

---

① Ceskoslovenska Obchodni-Slovak 投资争端仲裁，ICSID Case No. ARB/97/4，管辖权裁定，第56-58段。

② 日本和巴基斯坦双边投资协定，第 10.2 条，https://investmentpolicy. unctad. org/international-investment-agreements/treaty-files/1731/download. 荷兰和巴基斯坦双边投资协定，第10条，https://investmentpolicy. unctad. org/international – investment – agreements/treaty – files/2069/download.

③ 肯尼亚和荷兰双边投资协定，第 11 条，https://investmentpolicy.unctad.org/international-investment-agreements/treaty-files/1793/download.

④ 瑞典和马来西亚双边投资协定，第 6 条，https://investmentpolicy.unctad.org/international-investment-agreements/treaty-files/1968/download.

道国；因此，申请方提交仲裁请求的文件就完成了同意管辖的法律功能。①
在 Azurix-阿根廷案中仲裁庭也指出，毫无疑问，双边投资协定中同意交由
中心仲裁的条款，构成了东道国的书面同意；而据此提交的仲裁申请则构
成了投资者的书面同意。② 而有些案件的仲裁庭则更进一步，不再分析仲
裁请求是否构成投资者的书面同意一事进行分析，而采取了直接采纳的观
点。例如，AAPL-斯里兰卡案、Conoco Phillips-委内瑞拉案、Maffezini-西
班牙案等。

（2）承诺应当自主

《公约》要求当事方都要以书面形式做出同意仲裁的表示。投资者的
承诺应当以其自己的意思表示为准，不受其他条件的限制。在 AMT-扎伊
尔案中，仲裁庭指出，当是双方均需要同意仲裁的要求并没有因为双边投
资协定的规定而失效；《公约》第二十五条明确要求的是东道国和其他缔约
国国民的程序义务；因此当事国家之间的协定，并不能替代投资者的决
定；《公约》并没有给予缔约国代替投资者做出是否同意仲裁决定的
权利。③

但是，东道国也可以将是否同意提交中心仲裁作为接受或允许其投资
的前提条件。缔约国也可以约定，双边投资协定仅保护同意接受中心仲裁
庭管辖的投资者利益，或者外交保护不适用于拒绝承诺中心管辖权的投资
者等。

## （二）时间效力

双边投资协定不仅对其后的投资争端存在法律效力，还可以根据缔约
方意愿将保护效果扩展至缔约前已经存在的投资中。

在 Maffezini-西班牙案中，争议的焦点之一即是依据双边投资协定发起
的仲裁能否处理协定生效前的问题。阿根廷和西班牙双边投资协定可以适

---

① Generation Ukraine, Inc. v. Ukraine, ICSID Case No. ARB/00/9，仲裁决定，第 12.2-12.3 段。
② El Paso Energy International Company v. The Argentine Republic, ICSID Case No. ARB/03/15，
管辖权裁定，第 35 段。
③ American Manufacturing & Trading, Inc. v. Republic of Zaire, ICSID Case No. ARB/93/1，仲裁
决定，第 5.18 段。

用于其生效前的资本投资，但不适用于其生效前已存在的争端。仲裁庭经过审理发现，引发争端的事件发生在双边投资协定生效前，但并不意味着争端本身也出现在协定生效之前。仲裁庭认为，争端的产生需要一个自然发展的过程，最初出现的是当事方观点和意见的分歧，之后才会出现具有法律意义的争端，争端发展的这种规律是本案考虑管辖权问题的因素。据此，仲裁庭裁定本案争端出现在双边协定生效之后，因此其对此有管辖权。①

类似的处理方式也出现在 Shum-秘鲁案中。在涉案双边投资协定生效前，申请方经过法庭救济获得了应诉政府此前拒绝签发的建设许可。在双边协定生效后，应诉政府发布行政命令取消了对申请方的该建设许可。仲裁庭拒绝了申请方提出的本案争端在双边协定生效后发生的主张，指出本案的争端自始至终均指向同一个争议，即发生于双边协定生效前的建设许可争议；其后的行政命令仅仅是重启或继续了原已存在的争议。因此，仲裁庭裁定其对此没有管辖权。②

## 二、投资合同

东道国和投资者可以在投资合同中约定仲裁条款，同意由国际仲裁机构解决已经出现或将来可能出现的投资争端。为此，中心还提供了合同仲裁条款范本供各方参考。③

就仲裁条款的规定而言，既可以做一般性的规定，也可以直接援引东道国和投资国双边投资协定的规定。例如在 CSOB-斯洛伐克案中，当事双方约定合同依据捷克和斯洛伐克双边投资协定订立。仲裁庭通过考察合同谈判历史后认为，当事方援引双边投资协定替代此前版本中的东道国国内仲裁条款，清楚地表明了双方同意采用双边投资协定中的投资争端仲裁制

---

① Emilio Agustín Maffezini v. The Kingdom of Spain, ICSID Case No. ARB/97/7, 管辖权裁定, 第 90-98 段。

② Empresas Lucchetti, S. A. and Lucchetti Peru, S. A. v. The Republic of Peru, ICSID Case No. ARB/03/4, 仲裁决定, 第 27-47 段。

③ ICSID Model Clauses, 第 1、2 条, https://icsid.worldbank.org/en/Pages/resources/ICSID-Model-Clauses.aspx。

度，即《公约》仲裁庭仲裁。[①]

就形式而言，既可以是合同中单独的条款，也可以是独立于主合同的仲裁合同或其他文件。例如，在 Amco-印尼案中，申请方向东道国政府提交了设立本地子公司负责运营投资项目的申请并获得批复。在申请中，申请方提出此后争议交由中心解决。仲裁庭认为《公约》要求书面表达同意管辖，但并不局限于某种特定的形式；只要是书面形式，体现了双方同意交付中心仲裁其投资争端，即可满足法定要求。[②]

就效力而言，不管仲裁条款是单独成篇还是附属于主合同，仲裁庭都倾向于认可其在投资整体活动中的法律作用。在 Salini-摩洛哥案中，仲裁庭从投资双方整体关系入手，而不是单纯从个别文件内容出发，认定了其同意仲裁管辖的意思表示。[③]

## 三、东道国投资法律

东道国同样可以利用本国投资或外资法律，同意接受中心对外国投资者将所有或特定类别的投资争端的管辖。同样重要的是在法律中仅仅谈及或引用《公约》不一定足以构成东道国同意接受仲裁管辖的单方承诺。

### (一) 约束力

一旦东道国通过其国内法律做出了同意接受仲裁管辖的承诺，该承诺就对其具有法律上的约束力。在投资者表达其同意接受仲裁管辖的意愿后，《公约》对相关争端就具有了同意管辖权。此时，根据《公约》第二十五条的规定，任何一方未经对方允许不能单方撤回对仲裁管辖的同意。

但东道国对其国内法律仍然具有当然的修订权，仍然可以就同意接受《公约》仲裁管辖的承诺进行修改和调整。对于特定投资争端，究竟适用修订前后东道国何种管辖同意，应当根据个案情况具体分析。即使东道国

---

① Ceskoslovenska Obchodni-Slovak 投资争端仲裁，ICSID Case No. ARB/97/4，管辖权裁定，第 49-55 段。

② Amco Asia Corporation and others v. Republic of Indonesia，ICSID Case No. ARB/81/1，管辖权决定，第 10-25 段。

③ Holiday Inns S. A. and others v. Morocco，ICSID Case No. ARB/72/1，管辖权裁定。

修改了其管辖同意的条件或范围，在具体案件中仍可能适用修改前的同意条款。

从表达方式上，国内法律接受《公约》仲裁管辖的方式主要有以下几种：

### 1. 直接承诺型

有些法律明确表示，东道国同意接受中心仲裁庭对有关外资争端仲裁的管辖。在 Mamidoil-阿尔巴尼亚案中，仲裁庭注意到阿尔巴尼亚《外资法（1993）》第八条第二款规定，阿政府同意将外资争端提交中心仲裁解决。仲裁庭认为该规定清楚、无疑义地表达了阿政府愿意接受《公约》仲裁与外国投资有关的争端。[①] 类似的规定也出现在 MCI-厄瓜多尔案中。厄瓜多尔《投资法》规定，投资者可以将投资争端诉诸《公约》或《公约附加便利规则》的争端解决机构。仲裁庭认为该规定构成了东道国政府单方提出的同意接受仲裁管辖的承诺。[②]

### 2. 分项选择型

有些国家的立法在争端解决部分，提供了包括《公约》仲裁在内的多种方式供投资者选择。虽然措辞各有特点，但都可认为东道国表达了其接受《公约》仲裁管辖的意愿。

在 SPP-埃及案中，争议的焦点问题之一即是多种争端解决方式并存的立法方式是否足以构成东道国同意仲裁管辖的表示。在 SPP-埃及案中，埃及《阿拉伯和外国资金投资法（1974）》第八条规定了包括《公约》仲裁在内的多种争端解决方式。而东道国主张，即使法律规定了《公约》仲裁是一种争端解决方式，但如要提出仲裁请求，仍然需要东道国和外国投资者就仲裁事项单独达成同意管辖的合意，就该法本身而言，其规定过于模糊和笼统，不过是告知投资者可供选择的争端解决方式，其难以构成东道国对于争端仲裁的同意。仲裁庭没有支持东道国的主张，认为该法没有要求外国投资者为了仲裁目的需要单独与政府达成同意仲裁的合意，该法

---

① Tradex Hellas S. A. v. Republic of Albania, ICSID Case No. ARB/94/2，管辖权裁定，第185-195页。

② Inceysa Vallisoletana S. L. v. Republic of El Salvador, ICSID Case No. ARB/03/26，第330-332段。

本身即构成了政府同意接受管辖的承诺。① 同样的裁决也出现在 SPP-埃及案中。仲裁庭同样对该法进行分析后认为，东道国已经同意根据《公约》仲裁有关投资争端。

在 Zhinvali-格鲁吉亚案中，仲裁庭分析了格鲁吉亚《投资法（1996）》第十六条第二款后认为，该法提供了投资争端解决的两种方法，即诉诸国内法院和《公约》仲裁庭；通过赋予外国投资者选择权，东道国已经表达了同意进行仲裁的意愿。因此，该条规定构成了东道国对中心仲裁投资争端管辖权的同意。②

### 3. 附加条件型

有些国内法规中要求只有当法定条件达成时，才能认为东道国承诺了接受《公约》仲裁的管辖。例如，在埃及《投资法（1989）》第五十五条规定，在争端通过国内法院解决未果后，可以在双边协定和《公约》框架内解决。

### （二）不构成管辖同意的国内法

在有些国内立法中，仅仅提及《公约》或中心本身并不一定能构成东道国同意接受管辖的承诺。例如，有些法律规定《公约》仲裁可以适用于其框架内的投资争端，或者处理《公约》裁决的承认和执行问题等，都不能认为东道国同意将投资争端交付中心仲裁。

在 Amco-印尼案中，申请方主张印尼《外商投资法》中的促进外资相关条款也构成了管辖同意。仲裁庭驳回了该主张，认为该法仅仅认可仲裁作为争端解决的一种方式，并且全文没有提及《公约》和中心；并且该法在《公约》成立前即已生效，因此不能将该法的仲裁规定理解为印尼政府同意接受《公约》仲裁管辖。③

---

① Southern Pacific Properties（Middle East）Limited v. Arab Republic of Egypt, ICSID Case No. ARB/84/3, 管辖权裁定Ⅰ, 第 51-73 段；管辖权裁定Ⅱ, 第 73-117 段；裁定少数意见，第 21-26 段。

② Zhinvali Development Ltd. v. Republic of Georgia, ICSID Case No. ARB/00/1, 仲裁决定，第 329-342 段。

③ Amco Asia Corporation and others v. Republic of Indonesia, ICSID Case No. ARB/81/1, 管辖权决定，第 17-22 段。

类似的情形也出现在 MCI-厄瓜多尔案中。仲裁庭认为厄国内立法中虽允许仲裁形式的争端解决方式，但并未明确指向《公约》或中心，因此这些规定很难被视作符合《公约》第二十五条要求的管辖同意。[1]

### （三）合意的达成

无论国内法律以何种形式表达东道国同意接受仲裁的意愿，同意管辖合意的达成最终都需要投资者做出同意仲裁的表示。这在双边投资协定中，东道国和投资者通过邀约和承诺的方式达成管辖合意的方式基本一致。可以说，投资者在管辖同意的实现上发挥了决定性作用。

投资者可以通过向中心递交仲裁请求的方式，以书面形式表达自己同意仲裁的意愿，从而实现同意管辖的要件。例如，在 Mamidoil-阿尔巴尼亚案和 Zhinvali-格鲁吉亚案中，仲裁庭都认可此种方式使仲裁庭获得对争端的管辖权。

但这并非是唯一的选择。投资者仍然可以在递交仲裁请求前，以书面方式固定东道主的管辖同意。这在东道主可以修订立法从而改变有关同意管辖的规定的时候，尤其重要。因为管辖同意一旦形式，非经对方当事人同意，任何一方不得撤回，从而使投资者可以选择对自己更为有利的仲裁条件。例如，在 SPP-埃及案中，申请方在请求仲裁前一年即书面通知东道国政府其仲裁相关争端的意向。

## 四、多边投资协定

多边投资协定也是投资争端同意管辖的重要来源。其中，《能源宪章条约》是最主要的多边协定，也有相当数量投资争端依据各自由贸易协定的授权开展仲裁。

### （一）《能源宪章条约》

《能源宪章条约》于 1998 年生效，是国际能源领域具有法律约束力的

---

[1] Inceysa Vallisoletana S. L. v. Republic of El Salvador, ICSID Case No. ARB/03/26，第 309-331 段。

多边条约，对推动和促进能源领域的贸易、投资和运输活动具有重要意义。该条约主要分为投资保护、能源贸易和运输保护、能源效率及争端解决等几个部分。在能源投资方面，《能源宪章条约》具有与双边投资保护条约类似的促进和保护外国投资的作用，该条约提供的争端解决机制已经成为从事国际能源投资活动的投资者保护其合法权益的有效途径。

《能源宪章条约》第二十六条规定，各缔约方兹依照本条规定无条件同意将争议提交国际仲裁或调解。投资者可以依据该规定，将其与东道国之间的投资争端诉诸《公约》仲裁庭等国际投资争端仲裁机构，但仲裁范围仅限于直接源于违反《能源宪章条约》规定引起的争端案件。如果争端不能在三个月中通过友好协商方式解决，则东道国同意将争端诉诸法院和仲裁等争端解决程序。[①]

依据《能源宪章条约》启动的案例包括 Plama-保加利亚案以及 Zhinvali-格鲁吉亚案等。

## （二） 自由贸易协定等

自贸区协定通常也有投资保护的规定。此类的代表包括《北美自贸区协定》《南方共同市场投资协定》《墨西哥、哥伦比亚和委内瑞拉自贸区协定》等。

例如，《北美自贸区协定》规定："各方同意将有关争议交付仲裁。"投资者可以将投资争端申请《公约》仲裁，但争端仅限于违反该自贸区协定义务导致的投资争端。并且东道国同意仲裁投资争端需要满足两个前提，六个月的冷静期以及放弃就同一事项诉诸法院的权利。[②]

《南方共同市场投资协定》第九条赋予投资者选择争端解决程序的权利，其中就包括了诉诸《公约》仲裁的权利。类似的还有《墨西哥、哥伦比亚和委内瑞拉自贸区协定》，同样给予投资者自行决定争端解决程序的权利。但是也有一些区域性自贸协定规定的投资争端仲裁条款，并不能视

---

① 《能源宪章条约》（国家发展和改革委员会能源研究所），https://www.energycharter.org/fileadmin/DocumentsMedia/Legal/ECT-cn.pdf。

② 修约后的《美加墨贸易协定》（USMCA）对投资争端进行了明显的限制，仅有墨西哥和美国之间就石油、天然气、电力、基础设施和电信的政府合同引起的争端才可以诉请仲裁。

同为东道国同意仲裁的邀约。例如,《东盟投资保护协议》① 第 X 条虽然规定了多种争端解决程序,但仍要求东道国和投资者需要就投资争端仲裁问题单独达成合意。因此这不能构成东道国对投资仲裁的邀请。

## 五、形式要件

### (一) 书面形式

《公约》第二十五条对同意管辖的唯一的形式要件是同意必须以书面形式做出。并且,该同意管辖的意思表示仅仅需要投资当事方合意即可生效,不需要在中心进行通知或登记程序。但是当一方当事人向中心申请登记仲裁请求时,必须提供当事方同意提交仲裁的书面文件。例如,《启动程序规则》第二条第二款就要求,仲裁请求应当附随提交当事各方同意中心管辖的证明文件和日期。

在实践中对同意管辖的书面形式要件的争议较少。争议大都集中在东道国是否已经同意将投资相关争端提交中心仲裁。尤其是在投资者发生变化的情况下,如何认定东道国起初给予的同意能否适用于新的投资者,是更常见的争议内容。而对于后续投资者继承初始投资者权利义务的情形,东道国已经赋予的管辖同意则仍有法律约束力,不需要针对后续投资者更新管辖同意。

而书面形式要求本身暗含管辖同意必须清晰明确且不能推定。例如,在 Cable TV-圣基茨和尼维斯案中,仲裁庭就明确表示管辖同意不能推定。在 Cable TV-圣基茨和尼维斯案中,申请方提出虽然东道国此前并没有同意仲裁,但其司法部长在国内司法程序中代表东道国对申请方发起了诉讼,而该诉讼的目的是寻求法庭禁令禁止申请方在《公约》仲裁完成前提高价格。据此,申请方主张应当推定东道国已经同意将该投资争端诉诸中心仲裁。而仲裁庭则不同意该意见,认为诉讼中对《公约》条款的处理仅

---

① 《The 1987 ASEAN Agreement for the Promotion and Protection of Investments》, https://asean. org/?static_ post=the-1987-asean-agreement-for-the-promotion-and-protection-of-investments.

仅是对有关事实的陈述，不能构成同意《公约》仲裁管辖的依据。[①] 本案裁决清楚地表明了仲裁庭不能接受推定的管辖同意的意见。

## （二）时间要件

《启动程序规则》第二条第二款要求在申请仲裁时，必须已经具备有效的双方同意管辖的书面文件，第二条第三款进一步规定了管辖同意达成或生效的日期。

在《公约》框架内，管辖同意的时间具有四重法律效果。一是同意不能单方撤回。根据《公约》第二十五条第一款的规定，未经对方当事方同意，任何一方不能单方面撤回对仲裁的管辖同意。二是确立了当事方国籍认定的时点。《公约》第二十五条第二款中关于当事人国籍认定的时点之一即是当事方达成管辖同意的时间。而且考虑到实践中，通常是申请方在递交仲裁申请时，才实质上完成管辖同意这一要件的情况，达成管辖同意和递交仲裁申请实际上是同一时刻。因此，该时点就是决定当事自然人是否具备主体资格中国籍条件的决定时点。三是关于排斥其他救济选项。《公约》第二十六条规定，《公约》仲裁排斥其他救济和争端解决选项。因此，一旦当事方均同意《公约》仲裁其有关投资争端，将不能再寻求其他争端解决方式。四是排除外交保护。与排斥其他救济相似，《公约》第二十七条规定选择投资争端仲裁后，即不能再寻求和实施外交保护。因此，投资者如何选择合适的时机，完成管辖同意这一必要条件在实践中对于自身利益最大化还是有重要的作用。

诚然，外国投资者并非在所有情况下都能完全按照自己的意志安排管辖同意的成立和时间。东道国政府也可以附条件的设置其接受《公约》仲裁管辖的同意。此外，各国加入和批准《公约》的时间也是影响当事方管辖同意达成的重要因素。Salini-摩洛哥案就是一个典型代表，在本案中，争议双方同意接受《公约》仲裁管辖的时间，并不是由争议方选择的，而是受制于争议双方的国家何时完成其各自国内批准加入《公约》的程序。

---

[①] Cable Television of Nevis, Ltd. and Cable Television of Nevis Holdings, Ltd. v. Federation of St. Kitts and Nevis, ICSID Case No. ARB/95/2, 仲裁决定，第 4.02-4.17 段。

由于此前涉案两国都没有完成加入国际公约的国内批准程序，因此只有当两国正式加入《公约》后，争议双方早前做出的同意接受《公约》仲裁管辖的承诺才能发挥法律效力。裁决指出，所有条件都正式实现之日，才是《公约》意义上管辖同意的达成之时；而本案在申请仲裁时，管辖同意的条件已经具备。[1]

在 Tokios-乌克兰案中，双方依据的乌克兰和美国双边投资协定的生效日期早于乌克兰批准《公约》的时间。因此东道国主张，由于双边投资协定时间较早，其在协定中做出的同意接受《公约》管辖的承诺并不完整，仅仅是个初步的同意，需要额外的文件证明其同意将本争端交由中心仲裁。仲裁庭没有支持该主张，认为涉案投资协定并未规定，东道国做出的管辖同意仅仅是初步的同意，尽管双边投资协定仍需要以乌克兰批准加入《公约》为条件，但当乌克兰完成加入《公约》的程序后，其在双边协定中做出的受中心仲裁管辖的同意也即生效。[2]

管辖同意生效时间由双边投资协定生效时间决定的案例是 Mamidoil-阿尔巴尼亚案，在本案中申请方依据阿尔巴尼亚和希腊之间的双边投资协定提出了仲裁请求，但彼时该双边投资协定尚未生效。仲裁庭认为申请方提出了双方已经基于双边投资协定的规定，达成了交由中心仲裁管辖同意的主张，并未成立，并据此驳回了该项仲裁主张。[3]

## 六、同意管辖的范围

### (一) 范围自决

《公约》对当事方需作出的管辖同意的规定非常宽泛，仅仅在程序和形式方面有所要求。对于同意的范围，基本交由缔约国和外国投资者自决。鉴于双方达成管辖同意的过程类似合同的邀约和承诺，因此外国投资者的承诺也不能超越东道国政府的邀约范围，但可以小于政府邀约的范

---

[1]　Holiday Inns S. A. and others v. Morocco, ICSID Case No. ARB/72/1, 管辖权裁定。

[2]　Generation Ukraine, Inc. v. Ukraine, ICSID Case No. ARB/00/9, 仲裁决定, 第12.1 段。

[3]　Tradex Hellas S. A. v. Republic of Albania, ICSID Case No. ARB/94/2, 管辖权裁定, 第185-195 页。

围。邀约和承诺范围不完全一致的管辖同意，仅在重合部分发生同意的法律效力。

当然，政府也可以提前在邀约中对仲裁管辖的范围进行限制。例如，《公约》第二十五条第四款的规定，对接受仲裁的争端类型进行声明和保留。① 抑或采用《ICSID 标准条款》第四款的方法，列举同意接受中心仲裁庭管辖的争端类型。②

## （二）限制争端的类型

美国《标准双边投资协定（2004）》规定了仅有符合特定条件的投资争端才可以诉诸《公约》仲裁。

部分国家还将可供《公约》仲裁的投资争端局限于由于国有化或强制征收导致的争端。例如，在 SPP-埃及案中，应诉政府主张根据其《投资法（1974）》的规定，其仅同意中心仲裁庭就国有化或强制征收有关的投资争端进行仲裁。③ 在 Mamidoil-阿尔巴尼亚案中，仲裁庭认为根据应诉政府管辖同意的范围，其管辖权仅限于强制征收有关的投资争端。而本案中申请方未能证明该争端与征收有关，故不能进行仲裁。④

在 Pac Rim-萨尔瓦多案中，仲裁庭解释其管辖权不适用于合同纠纷。如果要依据萨尔瓦多《投资法》提出仲裁，投资者必须根据该法提出实体违法的主张，而合同纠纷不属于该法的辖制范围，故仲裁庭对合同纠纷没有管辖权。⑤ SGS-巴基斯坦案仲裁庭也采用了类似的思路。而 Azurix-阿根

---

① 缔约国根据《公约》第二十五条第四款所作的声明，能否起到限制管辖同意的作用，仍然需要在个案基础上进行分析和判断。详情请见前节客体管辖部分内容。

② "The consent to the jurisdiction of the Centre recorded in citation of basic clause above shall [only] / [not] extend to disputes related to the following matters: ICSID Model Clauses, http://documents.worldbank.org/curated/en/258581488537192045/pdf/110241-WP-Box396328B-PULBIC-ICSID-Model-Clauses-02-01-1993.pdf.

③ Southern Pacific Properties（Middle East）Limited v. Arab Republic of Egypt, ICSID Case No. ARB/84/3，管辖权裁定Ⅰ，第67-70 段。

④ Tradex Hellas S. A. v. Republic of Albania, ICSID Case No. ARB/94/2，管辖权裁定，第203-205 页。

⑤ Inceysa Vallisoletana S. L. v. Republic of El Salvador, ICSID Case No. ARB/03/26，仲裁决定，第330-333 段。笔者认为仲裁庭此处的处理似有偏颇。首先，《投资法》承诺所有投资争端均可诉诸中心仲裁。其次，《投资法》没有区分实体违法和程序违法。

廷案则提供了与之相反的裁决。特设委员会指出，法国和阿根廷双边投资协定第八条规定，几乎所有的投资争端均可以诉诸中心仲裁；并且第八条并未规定，只有违反双边协定本身的争端才可以交由仲裁庭处理，符合双边协定规定的投资所引起的争端，均可以提交仲裁申请，而不需要额外的条件。[①] SGS-菲律宾案仲裁庭意见与此类似。

### (三) 应诉管辖

联合国国际法院（International Court of Justice）有应诉管辖的规定，即仲裁庭可以通过当事方参与仲裁获得从而获得对争议案件的管辖权。并且在国际法院的实践中，应诉方未能及时提出对管辖权的异议也将被视为同意该法院对争端案件的管辖权，《公约》没有应诉管辖的规定，并禁止受理、仲裁明显缺少管辖同意要件的投资争端。

截至目前，《公约》仲裁中仅有一例裁决支持了应诉管辖的主张。在Klockner-喀麦隆案中，当事方先后在多份合同中约定了争端解决方式，但授权范围和仲裁场所的选择并不一致。在其后仲裁中，东道国政府认可并参与了《公约》仲裁庭的仲裁程序，双方还基于不同的合同授权，调整了管辖同意和仲裁的范围。最终应诉政府还是提出了管辖异议，认为其没有同意接受《公约》仲裁的管辖。在裁决中，仲裁庭按照应诉管辖的理论，驳回了应诉政府的管辖异议。仲裁庭提出，当事方的管辖同意已经借由一份合同成立，仲裁庭因此获得了对案件的管辖权；并且在《公约》《世界银行执行董事对公约的报告》中"都未限制管辖同意应当在何时做出"[②]。从其论证看，仲裁庭似乎在暗示：第一，按照第一份合同的仲裁条款双方已经达成了管辖同意，且中心据此接受了仲裁请求并发起了仲裁程序，因此仲裁庭至此获得了案件的管辖权；第二，应诉政府参加了仲裁程序并就管辖权问题达成一致，事实上修改了在第三份合同中对管辖同意的授权，即同意接受《公约》仲裁的管辖，即国际法院体系中的应诉管辖。但该仲

---

[①] Suez, Sociedad General de Aguas de Barcelona, S. A. and Vivendi Universal, S. A. v. Argentine Republic, ICSID Case No. ARB/03/19, 仲裁决定，第 55 段。

[②] Klöckner Industrie-Anlagen GmbH and others v. United Republic of Cameroon and Société Camerounaise des Engrais, ICSID Case No. ARB/81/2, 2 ICSID Reports 13.

裁庭的做法，并没有在上诉阶段获得特设委员会的支持。特设委员会认为仲裁庭应诉管辖的做法是不适当的。①

但在中心仲裁的实践中也有因仲裁事项与事先同意的范围不一致而导致的管辖权争议。问题的焦点是当事方是否能够在仲裁过程中调整双方事先已经达成的管辖同意的范围。

首先，不抗辩对方提出的管辖权主张并不意味着默许和认可。《公约》第四十五条第一款保障了当事方的程序权利，不能把当事方缺席或未与抗辩看作是认可对方主张。因此，如果当事方未能反对对方提出的管辖权主张，并不意味着其认可了其关于管辖权的主张。在 Gruslin-马拉西亚案中，应诉政府起初并未主张因该投资不符合双边投资协定的规定，故其未同意就此投资有关争端提交《公约》仲裁的主张。仲裁庭表示，即使应诉政府未提出该主张，也不意味着其通过双边投资协定给与合法投资的管辖同意可以拓展至不合法的投资项目。②

其次，仲裁庭也允许当事方在仲裁程序中完善原有管辖同意可能存在的瑕疵。根据《仲裁规则》第四十一条第一款的规定，对管辖权的争议应当尽早提出，最晚也不应当晚于答辩意见提交的时间。在 Amco-印尼案中，东道国政府主张该案并非投资争端而是侵权类案件，因此超越了仲裁庭管辖投资争端的授权范围。而特设委员会则以当事方提出管辖异议已经超过法定时限为由予以驳回。③

## 七、附条件的同意

只要不与《公约》宗旨和规定冲突，当事方可以设置前置于管辖同意的各种条件。从实践中看，前置条件主要有七种：强制通知、友好协商、冷静期、岔路条款、放弃豁免、当地救济和诉讼时效。在实践中，争议较多的是关于冷静期和穷尽本地救济相关的案件。

---

① Klöckner Industrie-Anlagen GmbH and others v. United Republic of Cameroon and Société Camerounaise des Engrais, ICSID Case No. ARB/81/2, 仲裁撤销裁定, 第 5-11 段。

② Philippe Gruslin v. Malaysia, ICSID Case No. ARB/99/3, 仲裁决定, 第 18.1-18.4 段。

③ Amco Asia Corporation and others v. Republic of Indonesia, ICSID Case No. ARB/81/1, 仲裁撤销决定, 第 67-69 段。

### （一）冷静期

冷静期，有时也称为等待期，是规定当事方必须经过约定期间后才能提出《公约》仲裁的请求。冷静期通常与友好协商条款并存，目的在于给与当事方通过友好协商解决争端的机会。目前双边投资协定大都设有冷静期条款，仲裁实践中关于冷静期条款的案例也很多。

**1. 期限**

不同双边投资协定的冷静期长短不一。最长的长达 24 个月①，最短的仅有 60 天②，6 个月是最常见的冷静期。

大多数的双边投资协定都要求冷静期的起算，自当事方收到对方意欲寻求解决投资争端的书面通知开始。如在 Tokios-乌克兰案中，仲裁庭指出适当的书面通知是东道国同意接受仲裁管辖的重要因素，使得东道国能够发现并通过谈判解决有关争端。③ 在 Goetz-布隆迪案中，外国投资者书面通知了东道国政府关于许可证的争端，但并未通知其关于解决税收返还等议题的意向。在仲裁中，仲裁庭指出对于前述已通知的议题，其有管辖权，但是未予通知的议题，仲裁庭则无权听取。④

同时值得注意的是，即使规定了冷静期或其他前置条件，当事方也可能通过其他条款的授权进行规避。此部分将重点在最惠国条款部分进行讨论。

**2. 法律效力**

对于冷静期的法律效力，仲裁庭众说纷纭、莫衷一是，有些裁决的争议还是比较大。总的来看，仲裁庭对于冷静期的效力有两种看法：一是非强制性条件，二是必要前置程序。

（1）非强制条件

有些仲裁庭认为设置冷静期是为了便利寻求友好协商解决方法，该要求并非强制性的义务。在 SGS-巴基斯坦案中，投资者并没有遵守 12 个月

---

① 德国和阿根廷双边投资协定第 10 条。
② 奥地利和哈萨克斯塔双边投资协定第 20 条。
③ Western NIS Enterprise Fund v. Ukraine, ICSID Case No. ARB/04/2, 命令，第 5 段。
④ Antoine Goetz & Others and S. A. Affinage des Metaux v. Republic of Burundi, ICSID Case No. ARB/01/2, 仲裁决定，第 90-93 段。

的冷静期的规定就提出了仲裁请求。仲裁庭认为，冷静期是指导性和程序性的要求，而非仲裁庭获得管辖权的前置程序，并据此驳回了东道国政府提出的因投资者未满足冷静期要求致使仲裁庭无管辖权的主张。① 此后在Biwater-坦桑尼亚案中，仲裁庭采用了类似的理由，认为冷静期条款并非强制性前置条件，不满足冷静期的要求仍然可以提出仲裁请求；并且仲裁庭认为，如果友好协商注定无果，强制当事方坐等冷静期过期而不能寻求仲裁解决，这种解释具有"怪异的效果"②。

当然这种裁决还是有争议的。因此，在个案基础上分析所依据的双边投资协定等法律文件的具体条款，才能获得相对扎实的裁决结论。比如在SGS-巴基斯坦案中，特设委员会对"设置冷静期将'允许'当事方能在启动仲裁程序前进行善意的磋商"进行了解释：当事方在任何阶段总是允许友好协商解决争议的，而在法律文本中明文规定"允许"则应当被理解为"必须"③。

（2）必要前置程序

冷静期是当事方提出《公约》仲裁请求的必经程序。这种观点更加为仲裁庭接受。正如 Azurix-阿根廷案仲裁庭指出的那样，冷静期条款关乎管辖权，未遵守该条款将导致仲裁庭不能获得管辖权。④

仲裁庭在 MCI-厄瓜多尔案的裁决凸显了谋诉当事方独立满足冷静期要求的重要性，在本案中，某协会在长达一年时间内，代表包括申请方在内的一众企业与政府协商谈判解决有关争议，但申请方并未以自己名义与政府协商。在冷静期内申请方提交了仲裁请求，仲裁庭认为申请方并未满足冷静期的要求，协会与政府的交涉并不能替代申请方自己与政府交涉的行为，因此仲裁庭对该争端暂时没有管辖权。而且仲裁庭特别指出，冷静期条款要求当事方真正开展友好协商而不仅仅是形式要求，这也是涉案双

① SGS Société Générale de Surveillance S. A. v. Islamic Republic of Pakistan, ICSID Case No. ARB/01/13，管辖权异议裁定，第180-183 段。

② Biwater Gauff (Tanzania) Ltd. v. United Republic of Tanzania, ICSID Case No. ARB/05/22，仲裁决定，第343 段。

③ Bayindir Insaat Turizm Ticaret Ve Sanayi A. S. v. Islamic Republic of Pakistan, ICSID Case No. ARB/03/29，管辖权裁定，第98 段。

④ Enron Corporation and Ponderosa Assets, L. P. v. Argentine Republic, ICSID Case No. ARB/01/3，管辖权裁定，第88 段。

边投资协定重视的基础性机制。① 对于申请方主张的磋商无果的主张，仲裁庭也予以驳斥，首先当事方要证明措施无果，其次如要证明磋商无果起码首先要尝试磋商，而不能直接越过冷静期请求仲裁，并且未经尝试磋商即单方寻求仲裁也降低了友好解决争端的可能性。②

## （二）本地救济

缔约国有时会把本地司法救济作为其同意接受国际投资争端仲裁的前置条件。如在一定期限内，外国投资者无法通过本地司法机关解决争议，或穷尽本地司法救济仍无法解决的，外国投资者才可以寻求国际仲裁。根据本地司法救济参与程度，可以分为寻求参加和穷尽救济的不同类型。

### 1. 寻求当地救济

寻求当地救济条款要求外国投资者应当首先寻求东道国本地司法救济程序。如果在一定期限内没有解决或没有实现有终局效力的裁决，外国投资者才可以申请《公约》仲裁。

例如，《阿根廷和德国双边投资协定》第十条第二款规定，投资争端应先提交东道国适当机关寻求救济，如在 18 个月内没有做出决定或未做出终局决定，则可请求国际仲裁。

例如，在 Azurix-阿根廷案中，仲裁庭认为寻求当地救济的要求与仲裁权利行使的方式有关，即关乎仲裁请求的可受理性。未能完成法定条件的仲裁请求，虽然仲裁庭在应诉政府同意或默许的情况下具有管辖权，但有关主张仍然不能受理。③ 但是这一判断也遭遇了反对意见。一位仲裁员在异议裁决中表示，管辖权来自当事方的同意，并且该同意的邀约和承诺应当相匹配。④ 因此未完全履行本地司法救济义务时，仲裁庭对有关请求没有管辖权。Azurix-阿根廷案仲裁庭也持类似的观点，其无权管辖未完成本

---

① Murphy Exploration and Production Company International v. Republic of Ecuador, ICSID Case No. ARB/08/4，管辖权裁定，第 131-154 段。

② 同上，第 155-159 段。

③ Hochtief AG v. The Argentine Republic, ICSID Case No. ARB/07/31，管辖权裁定，第 90-96 段。

④ Hochtief AG v. The Argentine Republic, ICSID Case No. ARB/07/31，管辖权裁定，异议裁决，第 6-21 段。

地救济的仲裁请求。①

对于寻求当地救济作为先行义务能否有助于解决争端，仲裁庭意见也不一致。例如，Plama-保加利亚案仲裁庭就认为该类条款从实际操作角度看毫无意义。②

### 2. 穷尽当地救济

穷尽当地救济条款的要求明显高于寻求本地救济的要求。《荷兰和马来西亚双边投资协定（1972）》规定，当事方只有在穷尽所有本地行政和司法救济后，才可以寻求国际投资争端仲裁。

穷尽当地救济很容易导致拖延策略的滥用。考虑到行政程序、司法程序的时间跨度，以及潜在的上诉和执行等程序，本地救济程序往往可能延宕数年之久。因此后来的双边投资协定，往往在要求本地救济的同时，也会加以时间限制。例如，上述德国和阿根廷双边协定中，对本地救济施以18个月为上限。

## 八、最惠国待遇条款的适用（MFN）

最惠国条款是当代国际经贸规则重要原则之一。它总体上减少了规则谈判的障碍，降低了谈判成本，在更大程度上促进了国际经贸的互惠互利。在多双边投资协定中，最惠国待遇原则也有广泛的应用。有些协定承诺授予外国投资者以广泛、普遍的最惠国待遇，而有些协定则规定在争端解决中适用最惠国原则。本书从《公约》投资争端仲裁的分析入手，因此两种最惠国待遇并无不同。

### （一）建立管辖权

最惠国待遇原则在争端解决中最首要的问题是，能否适用于管辖权条款。具体到国际投资争端解决方面，即管辖同意能否适用最惠国待遇，一缔约国在其他双边投资协定中给予的管辖同意，能否根据最惠国待遇原则

---

① Daimler Financial Services AG v. Argentine Republic, ICSID Case No. ARB/05/1, 仲裁决定，第193-194段。

② Plama Consortium Limited v. Republic of Bulgaria, ICSID Case No. ARB/03/24, 管辖权裁定，第224段。

同样适用于某一个尚未给与同样条件管辖同意的双边投资协定中。从中心仲裁实践中看，仲裁庭的意见倾向于是否定的。

其基本的逻辑是只有当缔约国同意受管辖后，关于争端解决的最惠国待遇条款才能发挥作用。因此，在缔约国不同意受管辖时，最惠国待遇在尚未激活的情况下不能反过来影响缔约国管辖同意的决定。

在 Plama-保加利亚案中，申请方试图引用的保加利亚和塞浦路斯双边协定建立仲裁庭的管辖权。但由于该协定缺乏仲裁条款，故申请方计划通过适用保加利亚和芬兰双边投资协定中的最惠国条款，赋予保加利亚和塞浦路斯双边协定以仲裁能力，从而确立仲裁管辖权。对此，仲裁庭表示了反对意见，指出不能通过最惠国待遇原则将其他协定中的争端解决条款引入原本并未规定争端解决的协定之中。[①]

在 ADC-匈牙利案中，涉案的匈牙利和挪威双边投资协定同意仲裁的投资争端仅限于强制征收案件。申请方希望通过借助最惠国待遇，从匈牙利和其他国家双边协定争端解决条款中扩大在本案中应诉政府管辖同意的范围。但仲裁庭认为，对于最惠国待遇中规定的"待遇"仅指实体而非程序权利，如果最惠国待遇可以改变最初的管辖同意，则会导致有选择性地适用不同的协定，带来系统性的更大的规则不确定性和稳定性。因此仲裁庭拒绝通过最惠国待遇原则扩充本案的管辖范围。[②]

## （二）实现管辖权

与前不同，由于不同双边投资协定的管辖同意的前置条件不同，仲裁庭可以适用最惠国待遇以实现对案件的管辖。

在 Maffezini-西班牙案中，涉及的阿根廷和西班牙双边投资协定为仲裁前置了本地救济条件。申请方则依据智利和西班牙双边协定，绕过了本地救济要求，直接提出了仲裁请求。仲裁庭认为申请方主张的适用最惠国待

---

[①]　Plama Consortium Limited v. Republic of Bulgaria, ICSID Case No. ARB/03/24，管辖权裁定，第 179-223 段。

[②]　Telenor Mobile Communications A. S. v. The Republic of Hungary, ICSID Case No. ARB/04/15，仲裁决定，第 90-100 段。

遇绕过前置本地救济限制的主张是有说服力的。[①] 其后 Azurix-阿根廷案等诸多仲裁庭都采用了类似的逻辑。

## 九、管辖同意的继承和转移

在中心仲裁的投资争端中，通过多双边投资协定和国内法规达成的仲裁同意占了绝大多数。作为投资争端一方的东道国，其政府通过法规和条约做出同意仲裁的邀约对其本身及其指定机构均具有约束力。而作为另一方的投资者，由于商业关系和交易的复杂性，使得做出同意表示的主体和实际仲裁的主体可能并非一致。因此，这种同意的间接性、非合意性有时会对同意本身的有效性带来争议。

这种争议主要存在于两个方面：第一方面是存在于相互关联的投资者之间。例如，提出投资争端仲裁的可能是母公司，即做出同意仲裁意思表示的是母公司，而在东道国实际投资的则是子公司，投资者不同于仲裁者是否会导致仲裁者的同意无效，从而无权提出仲裁请求？第二方面则更加复杂。如果投资项目被交易给无关联的第三方，或者由第三方继承，此时该第三方能够以自己名义提出对该投资有关争端的仲裁请求？

### （一）关联方的代表诉权

出于便利操作或东道国要求等原因，投资者通常利用新设当地投资子公司的方式运营投资项目。而一旦发生纠纷，子公司囿于其东道国法人身份，通常难以提起投资争端国际仲裁。因此争端仲裁请求通常由外国母公司发起，即由母公司作为代表行使投资争端仲裁同意的权利。

在 Salini-摩洛哥案中，投资者为两美国公司分别为该项目设立的全资子公司。而在投资合同签订之时，两家子公司尚未成立，同意就该投资引发争端交付仲裁的合意双方为该两子公司和摩洛哥政府。在此后的争端仲裁中，该两子公司以其自身名义提出仲裁请求，而东道国政府则以缺乏仲裁同意为由挑战了仲裁庭对此争端的管辖权。东道国认为在达成仲裁同意

---

① Emilio Agustín Maffezini v. The Kingdom of Spain, ICSID Case No. ARB/97/7，管辖权裁定，第 38-64 段。

之时，两子公司尚未成立，而母公司则并非仲裁同意的当事方，不具备提出仲裁请求的资格。而仲裁庭则明确拒绝了东道国政府关于子公司未成立、不能给与同意的主张。仲裁庭认为，子公司的同意是附条件的同意，即在所附条件达成时则同意自动成立。在 Salini-摩洛哥案中，当子公司完成注册手续，合法成为投资合同所规定的实体时，投资仲裁所必需的同意即告实现。而对母公司的诉权地位，仲裁庭仍然支持了申请方的主张，认为即使母公司并非投资合同当事方，仍然可以成为本案的投资者。其主要理由是母公司参与了该投资活动，执行了该投资合同，并且还应当考虑投资活动中商业安排的灵活性，以及投资者商业活动安排的整体性，因此，母公司也有权执行仲裁条款，即有权同意进行《公约》仲裁。[1]

Amco-印度尼西亚案是通过国内投资法规的方式实现争端仲裁同意的案例。本案的焦点之一是未出现在仲裁协议中的母公司是否有权请求投资争端仲裁的问题。美国母公司在印尼投资房地产业务，在得知印尼政府向依印尼法律成立并在印尼经营的公司提供税收优惠后，即向印尼政府申请成立本土子公司。该申请中包含了子公司与东道国政府同意就有关争端交由《公约》仲裁庭仲裁的条款。当印尼政府批准该申请后，双方关于投资争端仲裁的同意即告达成，美国母公司随后将投资权益转交印尼子公司。此后在争端仲裁中，东道国政府主张其与美国母公司的争端没有同意仲裁的合意。仲裁庭在考察了仲裁条款的目的后认为，在 Amco-印度尼西亚案中，美国母公司是外国投资者，而印度尼西亚子公司仅仅是投资实施的工具，仲裁条款的目的是保护外国投资者，即本案中的美国母公司，并且子公司的诉权来自于外国控制条款的授权，因此子公司因外国控制而获得诉权，但其外国控制者不能享有诉权，是不合逻辑的。同样值得注意的是，本案仲裁庭也引用了前述 Salini-摩洛哥案管辖权裁定的意见，但明显提出了相反的看法：外国母公司是否参与和执行了投资活动，并不是其享有仲裁诉权的因素。[2]

---

[1] Holiday Inns S. A. and others v. Morocco, ICSID Case No. ARB/72/1，管辖权裁定，第 27-30 段。

[2] Amco Asia Corporation and others v. Republic of Indonesia, ICSID Case No. ARB/81/1，管辖权裁定，第 19-25 段。

在 AGIP-刚果案中也有类似的情况。投资者 AGIP 的母公司，虽然并未出现在投资活动中，但仲裁庭仍然裁定母公司有权作为争端参与方提出仲裁请求。虽然结果相同，但是裁决依据则大相径庭。在本案中，仲裁庭拒绝了投资者提出的"默示授权"的主张，即东道国在提出其对仲裁的同意时，即知晓该母公司情况的事实，可以构成东道国对该母公司提出仲裁请求的同意邀约，仲裁庭裁定这并不能产生东道国对该母公司的法律义务。本案支持母公司诉权的依据比较特殊，由于仲裁条款存在法律适用选择条款，而母公司作为第三方受益人，通过选择适用法律使母公司获得了与子公司相同的权利。①

从这些案例可以看出，虽然案情不同、理由各异，仲裁庭总体上对投资活动的商业安排持灵活的态度。投资争端仲裁保护实际投资的外国投资者，而不仅仅是显名的投资者，对于实际参与和执行了投资活动的母公司，《公约》也将保护其仲裁的权利，以维护其利益，而与争议投资和投资者仅有经济上的联系，但并未显名的公司，仲裁庭则倾向于不给与其投资争端仲裁的主体权利。

在 Zhinvali-格鲁吉亚案中，仲裁庭则拒绝给与投资者母公司在该争端中的当事方身份。在本案中，争端仲裁同意的依据是格鲁吉亚投资法。但原告主张其与三家股东是投资财团，因此原告还代表其三家股东对东道国提出了仲裁请求，而被诉东道国则主张，股东并未承担投资的风险，不能成为争端的当事方。经过调查，仲裁庭认为，首先，原告及其股东并没有关于争议投资的财团协议；其次，本案也与前述 Salini-摩洛哥案、Amco-印尼案和 AGIP-刚果案等相关先例不同，不能认为涉案股东能够成为当事方。因此，在本案中只有投资者本身是争端的当事方，《公约》和《公约仲裁规则》都没有明确规定允许当事方可以代表非当事方提出仲裁请求。②

相同的裁决也出现在 SGS-巴基斯坦案中。本案基于意大利和巴基斯坦双边投资协定，由意方投资者提出仲裁请求。但争议之一在于，意方投资

---

① AGIP S. p. A. v. People's Republic of the Congo, ICSID Case No. ARB/77/1, 仲裁决定, 第45-94 段。

② Zhinvali Development Ltd. v. Republic of Georgia, ICSID Case No. ARB/00/1, 仲裁决定, 第392-404 段。

者能否代表其非意大利籍合伙人一并提出仲裁请求。仲裁庭给出了否定的答案。即使申请方获得了从事涉案投资活动的合伙企业的授权,可以代表其他非意大利籍合伙人进行仲裁活动。这一事实并不能扩展意大利和巴基斯坦双边投资协定的管辖范围,即该协定无权保护非意大利籍国民的利益。否则,私营企业之间的协议将单方面地扩大双边投资协定的效力范围。①

由正反两方面的判例可以看出,母公司能否作为争端当事方参与仲裁,主要的依据是其是否实质上参与了投资,并因其投资而需要保护其投资利益。同时,也应当考虑母公司国籍条件等主体资格以及东道国同意管辖的条件,避免非当事方借由商业安排取得不适当的诉权。

## (二) 非关联第三方的指派和继承

如果投资项目的初始投资者将之交易给无关联的第三方,则该第三方能否以其身份就投资争端提出仲裁请求,也是一个比较复杂的问题。

前述的 Salini-摩洛哥案有一定的代表性。应东道国政府要求,外国投资者成立了四家本土公司实施投资项目。随后,四家本土公司以其名义提出了争端仲裁请求。对申请方有利的事实是在投资合同中东道国政府同意外国投资者有权将项目权益转交第三方,其中包括提出《公约》仲裁请求的权利。但不利的情况是东道国政府并没有依据《公约》第二十五条 b 项给予其本土公司以外资待遇。最终,仲裁庭认为该四家本土公司不构成《公约》意义上的外国投资者,不能成为该争端的当事方。② 本案裁决提供了两个重要的启示:第一,当事方均应独立符合《公约》主体管辖的要求;第二,仲裁庭支持投资项目权益的转移和继承。这位后续类似案件的审查提供了重要的借鉴。

在 Amco-印尼案中,申请方将部分股份转售给一家香港公司,并获得了东道国政府的批准。但问题是,对于股份转售的申请和批复,并不涉及《公约》仲裁的权利。东道国政府认为,允许股权交易并不能等同于同意

---

① Impregilo S. p. A. v. Islamic Republic of Pakistan, ICSID Case No. ARB/03/3,管辖权裁定,第114-155 段。

② Holiday Inns S. A. and others v. Morocco, ICSID Case No. ARB/72/1,管辖权裁定。

新股东有权提出《公约》仲裁。但仲裁庭显然持不同的观点：提出《公约》仲裁的权利与投资紧密相连，股权的转移并不能改变东道国已经同意该投资项目引发争端诉诸中心仲裁的事实；诚然此类股权交易需要获得东道国政府的批准，且该批准在效力上等同于东道国同意给予新股东同样的诉诸中心仲裁的诉权（除非明确约定诉权不转移）。而且，即使新股东据此获得了诉诸《公约》仲裁的权利，原始投资者仍然保有股份，仍然具有独立的仲裁诉权。即使控股权发生变化，只要初始投资者仍然保有项目权益，就可以以其自身名义提出投资争端的国际仲裁请求。① 更有参考价值的裁决则出现在本案重审中。当仲裁决定被撤销后，中心另组仲裁庭重新审理该争端。彼时原申请方已经依据注册地法律依法注销；东道国据此挑战了仲裁庭对原申请方主张的管辖权。仲裁庭驳回了东道国的主张，支持了原申请方的诉讼权利。其主要理由是，依据注册地法律，法人注销后在三年内仍可以自身名义参加诉讼和仲裁；据此仲裁庭认为即使已经注销，原申请方在该争端过程中仍具有独立的当事方身份。② 有本争端一系列就管辖权的裁决看，仲裁庭倾向于支持投资和诉权一体的主张，因此部分转移投资权益可能伴随仲裁诉权的一并转移；并且就投资项目权益的继承而言，仲裁庭尊重法人注册地的法律，对于注册地法律许可的身份保留和继承，仲裁庭可能也一并认可。

MCI-厄瓜多尔案是比较典型的继承的案例。申请方设立本土全资子公司负责实施投资项目，随后即吸收了该全资子公司，并由申请方继承了该子公司在该投资上的权利及义务。仲裁庭许可申请方作为子公司的继承者享有仲裁权利：当母公司吸收了子公司，进而成为投资者时，从东道国角度看投资者并没有发生变化；此时并没有新的实体加入到投资项目中来，仅仅是投资者内部组织结构的调整，因此这种调整不会影响东道国的利益。③ 当然本案中一个重要的事实是最初的投资协议约定其可适用于"继

---

① Amco Asia Corporation and others v. Republic of Indonesia, ICSID Case No. ARB/81/1, 管辖权裁定，第27-32段。

② Amco Asia Corporation and others v. Republic of Indonesia, ICSID Case No. ARB/81/1, 重审的管辖权裁定，第99-109段。

③ Noble Energy, Inc. and Machalapower Cia. Ltda. v. The Republic of Ecuador and Consejo Nacional de Electricidad, ICSID Case No. ARB/05/12, 管辖权裁定，第99-109段。

承者或受让者"。

另一个关于投资权利继承的案例来自于 Conoco Phillips-委内瑞拉案。东道国政府向外国投资者签发了可转让本票,该本票几经合法流转到达申请方处。在仲裁中,仲裁庭表示东道国预见到该本票可能会经背书程序后在不同投资者中流转,因此认定争议投资没有变化,而投资者则可经法定程序后依次继承前者的投资权利。[①]

由此可见,投资相关权益的继承和转让比关联方内部转移要更加复杂。本身就具有转让特征的投资,如本票等有价证券,仲裁庭可能更倾向于认可继承、转让这种附随于该类投资本身的权利。而对于转让特征不明显的投资,与东道国事先约定的可转让投资权利的条款则凸显了重要性。此外,对于受让或接受继承的投资者,仍然需要满足仲裁主体管辖的要求。因此,合理安排投资者国籍等主体资格要件,在仲裁实践中也很重要。关于国籍安排,可以参见前述主体管辖部分内容。

---

① Fedax N. V. v. The Republic of Venezuela, ICSID Case No. ARB/96/3,管辖权裁定,第37-40段。

## 第五章

# 仲裁员遴选和更换

## 第一节　任职资格

《公约》第十四条规定了担任仲裁员所要求的素质和条件。第一款是关于对仲裁员候选人的要求，第二款是对指定仲裁员额外的要求。

### 一、总体要求

《公约》第十四条第一款规定，仲裁员应是具有高尚道德风范，在法律、商业、工业或金融领域公认的，能够进行独立裁判的专家。对于仲裁员而言，法律领域的能力尤为重要。

因此，仲裁员应当具备三个条件，即高尚的道德风范、公认的专业知识、能够独立裁判。高尚的道德风范要求取自《国际法院规约》第二条[①]，与公认的专业水平要求一起，构成了对仲裁员本身素质的要求。而独立性则是仲裁员工作方式的要求，实践中也是常见和比较重要的争议点。独立性要求其实包括两个方面，即独立性和公正性。在《公约》的英文和法文版本中，仅包括对仲裁员独立性的要求，但在西班牙文版本中却规定为仲裁员应当"公正"（Impartial）。由于《公约》规定三个语言的文本具有同等的

---

[①]　Statute Of The International Court Of Justice，https://www.icj-cij.org/en/statute.

法律效率，通常认为独立性和公正性都是《公约》对仲裁员资格的要求。

对于独立性和公正性的内涵，已经有多个仲裁庭进行了解释。其中，Aguas-玻利维亚案中仲裁庭提出，独立性是指仲裁员不受外界因素的控制，尤其是仲裁员决定不受当事方的影响；而公正性则指仲裁员对任一当事方没有偏见或先入为主的倾向，能够无偏私地听取双方当事人的意见，并仅依据案件情况做出判断。[①] 对二者的区别，Azurix-阿根廷案仲裁庭解释道："通常而言，独立性要求关注可能影响仲裁员裁判与一方当事人的关系，而公正性要求则指仲裁员对任一方当事人存在偏见和倾向"。[②] Azurix-阿根廷案仲裁庭也解释了独立性和公正性的作用和意义：独立性和公正性的要求是为了保护当事人利益，使得仲裁员免受因外界因素干扰做出仲裁决定。[③]

## 二、对指定仲裁员的附加要求

除了第一款要求外，由主席指定的仲裁员还应当满足其他要求：仲裁员应当能够代表当今世界主要的法律体系和经济活动的主要类型。与第一款不同的是，这两项要求并非针对仲裁员候选人本身，而是针对仲裁庭组成的整体安排的要求。

对代表当今世界主要法律体系的要求，同样取自《国际法院规约》第九条的规定。[④] 而对主要经济活动类型的要求，则是针对银行、工业和农业等行业覆盖面的要求。[⑤]

---

①　Saint-Gobain Performance Plastics Europe v. Bolivarian Republic of Venezuela, ICSID Case No. ARB/12/13, Decision on Claimant's Proposal to Disqualify Mr. Gabriel Bottini from the Tribunal under Article 57 of the ICSID Convention (27 February 2013), 第 56 段。

②　Suez, Sociedad General de Aguas de Barcelona S. A., and InterAguas Servicios Integrales del Agua S. A. v. The Argentine Republic, ICSID Case No. ARB/03/17, Decision on the Proposal for the Disqualification of a Member of the Arbitral Tribunal (22 OCT 2007), 第 29 段。

③　Urbaser S. A. and Consorcio de Aguas Bilbao Bizkaia, Bilbao Biskaia Ur Partzuergoa v. The Argentine Republic, ICSID Case No. ARB/07/26, Decision on Claimants' Proposal to Disqualify Professor Campbell McLachlan, Arbitrator (12 August 2010), 第 43 段。

④　STATUTE OF THE INTERNATIONAL COURT OF JUSTICE, https://www.icj-cij.org/en/statute.

⑤　A. Broches, *History of ICSID Convention*, ICISD Publication, VOLUME Ⅱ, P487.

# 第二节　仲裁庭的组成

《公约》第四章第二节专门规定了仲裁庭组成的原则、方法和程序等。其中，第三十七条规定了仲裁庭组成的原则，第三十八条涉及当事方选择仲裁庭的事项，第三十九条是关于仲裁庭国籍结构的规定，以及第四十条是关于 ICSID 专家库外仲裁员的规定。

## 一、原则

《公约》关于仲裁庭组成规定，体现了两个主要的原则：一是当事方合意自决，二是解决争议。根据《世界银行执行董事对公约的报告》解释了这两个原则的关系："虽然《公约》就仲裁庭组成给与了当事方很多自由选择的余地，但是仍然保证了在当事方在无法达成合意，或当事方不愿意配合的情况下，不会因此阻碍争议的解决"。[①]

在合意自决方面，《公约》授权当事方就仲裁庭组成方式、人员选择和国别结构等方面有很多自由选择的余地。同时，《公约》也对这些自由进行了一些限制：仲裁员人数单数、专家库外仲裁员资格等。并且，在当事方难以达成一致可能导致程序拖延时，授权主席指定仲裁员以组成仲裁庭。

## 二、人数和选任办法

### （一）时间

《公约》和《仲裁规则》要求当事方应当在仲裁申请登记后尽快组成仲裁庭。理论上如果在 90 天内，当事方无法就仲裁庭人数和组成取得一致，则将触发《公约》第三十八条填补当事方就仲裁庭人数和人选的分歧。

但实际中，90 天的商讨期也可以由当事方自行约定，因此个案中仲裁庭组成的时间也差别很大。时间长的可能跨度超过一年，例如，SPP—埃及

---

[①] *Report of the Executive Directors on the ICSID Conventio*，第 35 段，http://icsidfiles.worldbank.org/icsid/icsid/staticfiles/basicdoc/partB-section05.htm#04.

案和 Mamidoil-阿尔巴尼亚案①等。在 90 天内组成仲裁庭的案例不多，例如，Santa Elena-哥斯达黎加案和 AGIP-刚果案等②。其他大部分案件仲裁庭组成时间介乎二者之间。

### （二）人数

关于仲裁庭人数的规定是《公约》中少有的强制性条款。仲裁庭应有一人或任意单数人组成；当事人不能依据合意更改该规定，组成偶数人数和仲裁庭。根据《公约》第三十八条的规定，一旦当事人无法就仲裁庭人数达成一致，则仲裁庭将由三人组成。

理论上，仲裁庭可由任意单数的仲裁员组成。但实践中，大多数仲裁庭都有三位仲裁员，仅有少数案件由独任仲裁员处理③。截至 2021 年底，尚没有仲裁庭由更多人数组成的案例。

### （三）选任办法

#### 1. 合意

当事方可以以事前协议的方式，也可以在登记后通过协商达成仲裁庭组成及人选的合意。《仲裁规则》第二条即是关于当事方在登记后选择仲裁员的程序性规定。

#### 2. 自选仲裁员

通常，当事人通过合意可以采用以下三种方法选择仲裁员：

一是每方选择一名仲裁员，再共同选择首席仲裁员。这是最常见的方

---

① Manufacturers Hanover Trust Company v. Arab Republic of Egypt and General Authority for Investment and Free Zones, ICSID Case No. ARB/89/1; Tradex Hellas S. A. v. Republic of Albania, ICSID Case No. ARB/94/2; TSA Spectrum de Argentina S. A. v. Argentine Republic, ICSID Case No. ARB/05/5; Wintershall Aktiengesellschaft v. Argentine Republic, ICSID Case No. ARB/04/14.

② Compañia del Desarrollo de Santa Elena S. A. v. Republic of Costa Rica, ICSID Case No. ARB/96/1; International Quantum Resources Limited, Frontier SPRL et Compagnie Minière de Sakania SPRL v. République démocratique du Congo, ICSID Case No. ARB/10/21; CDC Group plc v. Republic of Seychelles, ICSID Case No. ARB/02/14; Oko Pankki Oyj, VTB Bank (Deutschland) AG and Sampo Bank Plc v. The Republic of Estonia, ICSID Case No. ARB/04/6.

③ Malaysian Historical Salvors, SDN, BHD v. The Government of Malaysia, ICSID Case No. ARB/05/10; Misima Mines Pty. Ltd. v. Independent State of Papua New Guinea, ICSID Case No. ARB/96/2; CDC Group plc v. Republic of Seychelles, ICSID Case No. ARB/02/14.

法，也是《公约》规定在当事方无法达成一致情况下采用的方法。二是每方选择一名仲裁员，再由选定的仲裁员推选首席仲裁员①。三是要求中心协助推荐仲裁员，由主席或中心秘书长指定仲裁员。

### 3. 指定仲裁员

仲裁员也可以由主席或秘书长指定。但前提是，任一当事方提出要求指定仲裁员的申请。并且，主席有义务与当事人磋商候选仲裁员的选择。与当事方可以选择专家库外仲裁员不同，主席只能从中心专家库中选择仲裁员，并且考虑仲裁员国籍、代表的法律体系等因素的限制。

## 三、仲裁员库和国籍限制

### （一）仲裁员专家库

《公约》第一章第四节规定了中心专家库的组成方式和任期等。在选择仲裁员时，当事方合意选择仲裁员并不局限于专家库的成员，库外符合要求的仲裁员同样可以获得任命，但需要满足与其他仲裁员相同的任职资格。主席在应职权指定仲裁员时，则仅能够从现有专家库中选择。因此，库外专家能否出任仲裁员，主要依据任命的权源来自当事方合意还是主席的法定职责。

### （二）国籍限制

《公约》倾向于仲裁庭由非当事方国家的仲裁员组成。因此，在仲裁员国籍方面，《公约》规定了一些限制性的规定。首先，仲裁庭的人数，不能由当事方国家的仲裁员构成。其次，如一方拟任命具有当事方国籍的仲裁员时，应得到当事方的同意。

---

① Vacuum Salt Products Ltd. v. Republic of Ghana, ICSID Case No. ARB/92/1; Tanzania Electric Supply Company Limited v. Independent Power Tanzania Limited, ICSID Case No. ARB/98/8; Zhinvali Development Ltd. v. Republic of Georgia, ICSID Case No. ARB/00/1; Joy Mining Machinery Limited v. Arab Republic of Egypt, ICSID Case No. ARB/03/11; Telenor Mobile Communications A. S. v. The Republic of Hungary, ICSID Case No. ARB/04/15; ADC Affiliate Limited and ADC & ADMC Management Limited v. The Republic of Hungary, ICSID Case No. ARB/03/16; Saipem S. p. A. v. The People's Republic of Bangladesh, ICSID Case No. ARB/05/07; Waguih Elie George Siag and Clorinda Vecchi v. The Arab Republic of Egypt, ICSID Case No. ARB/05/15.

限制性规定仍然要服从于当事人合意自决的原则。当仲裁员由当事方合意选择时，仲裁庭组成则不存在上述的成员国籍的限制。

## 四、接受任命

当事方选择仲裁员后，中心秘书长则将咨询候选人是否接受任命。《仲裁规则》第五条提供了候选人接受任命的程序规定。所有候选人一旦接受了任命，则仲裁庭组成程序即告完结。若某候选人不接受任命，则当事方或主席需要按照前一步程序另行选择仲裁员候选人。

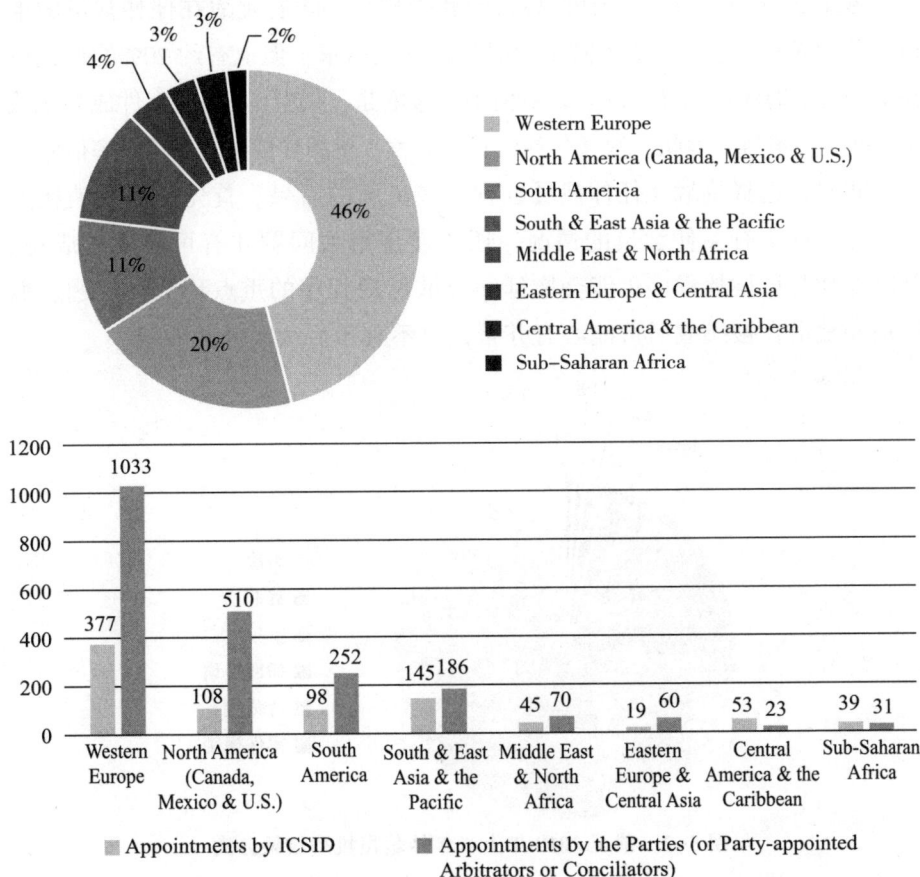

图5-1　截至2022年1月中心仲裁员国别分布[①]

----

① The ICSID Caseload–Statistics, Issue 2022–1, https://icsid.worldbank.org/sites/default/files/documents/The_ICSID_Caseload_Statistics.1_Edition_ENG.pdf.

# 第三节 仲裁员的替换

为了保障仲裁的公正性，除了任职资格和程序要求外，《公约》第五章还规定了当事方具有挑战和更换在任仲裁员的权利。就原因而言，第一类是仲裁员已经无法履职，如死亡或因健康等其他原因无法正常履行仲裁员的职责；第二类是仲裁员不具备任职资格或仲裁庭组成不符合规定；第三类是因为仲裁员存在利益冲突。

截至 2019 年上半年，中心共收到和受理了 144 起挑战在任仲裁员的申请。各仲裁庭和主席否决了其中大部分的挑战请求，但也有约 20% 的仲裁员在受到挑战时主动选择了辞职。更值得注意的是，仅有约 3% 的案件成功挑战并替换了仲裁员。因此，就《公约》仲裁而言，挑战仲裁员的成功概率很低。

同时，选择挑战在任仲裁员也有一些负面的后果：首先是需要消耗大量精力去搜集有关仲裁员的情况，还要发现重大问题才有可能挑战成功。其次是仲裁员挑战程序可能会拖延和分散仲裁程序的重点环节和议题。最后是仲裁员在被挑战后可能心有芥蒂，也不利于后续案件的仲裁。

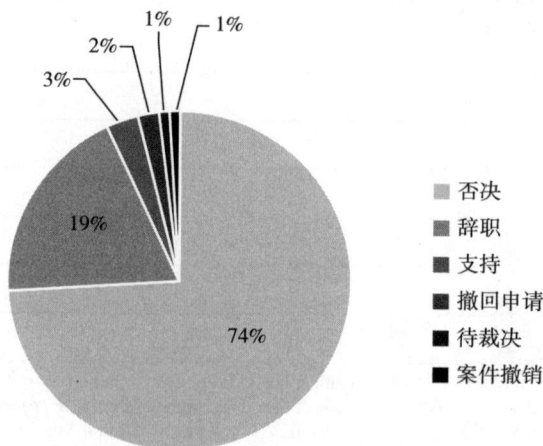

1%
1%
2%
3%
19%
74%

否决
辞职
支持
撤回申请
待裁决
案件撤销

**图 5-2 截至 2019 年上半年仲裁员挑战结果分类**

## 一、仲裁庭的稳定性

《公约》第五十七条第一款在规则层面保障了仲裁庭的相对稳定性。

除非仲裁员因死亡、失去行为能力或辞职等原因，在整个程序中仲裁庭组成应当保持不变。并且，即使仲裁员在专家库任期结束，也不会影响其在进行中的案件的仲裁工作。否则，如因仲裁员任期到期而需要重组仲裁庭，可能会极大的干扰和降低仲裁效率[①]。

仲裁庭的稳定性还体现在仲裁员的更换方式上。根据《仲裁规则》第十一条的规定，新仲裁员的选择方式通常应采用与已卸任仲裁员的相同方式。如果原仲裁员是当事方合意选定的，入替仲裁员也应当由当事方重新商定；而如果仲裁员由主席指定，则主席仍将按规定选择新的仲裁员。

唯一的例外出自《仲裁规则》第五十六条第三款，在仲裁庭不同意一仲裁员辞职时，由主席负责制定新的仲裁员，而不是沿用以前由当事方制定的方法。这是出于防止当事方与其选择的仲裁员合谋，通过辞职来延宕仲裁程序的考虑。[②] 在实践中，该款应用案例非常少。在 Conoco Phillips-委内瑞拉案中，委方仲裁员因身体原因辞职，但其他两位仲裁员要求其完成其提出的异议意见后才能同意其辞职。鉴于此，主席依据该款指定了替补仲裁员，从而使仲裁程序得以继续。[③] 该款是《仲裁规则》第十一条的补充和完善，同样是为了保障仲裁庭的稳定性和有效性。但如果当事方发现仲裁员和仲裁庭存在不符合任职资格或组成结构等方面的规定，则可以主张更换仲裁员。

## 二、独立性和公正性

《公约》第五十七条规定了两种质疑仲裁员资格的理由：一是仲裁员不满足第十四条第一款的规定，二是仲裁庭组成不符合第四章第二节的规定。

历史上，基于理由二而提出的与仲裁庭和仲裁员国籍有关的质疑动议

---

① Christoph H. Schreuer and others, The ICSID Convention: A Commentary (2nd edn, CUP 2009) 1194.

② ICSID Rules of Procedure for Arbitration Proceedings (Arbitration Rules), 1968 (ICSID 1975) 71, 84, Note D to ICSID Arbitration Rule 8 ("The intention of this provision is to lessen the possibility of a party inducing an arbitrator appointed by it to resign, so as either to enable his replacement by a more tractable person or merely to delay the proceeding").

③ ConocoPhillips Petrozuata B. V., ConocoPhillips Hamaca B. V. and ConocoPhillips Gulf of Paria B. V. v. Bolivarian Republic of Venezuela, ICSID Case No. ARB/07/30, Decision on the Proposal to Disqualify a Majority of the Tribunal (1 July 2015), 第 25 段。

很少，仅有 Olguin-巴拉圭案一个公开的案例。申请方指定的仲裁员是美国人，与申请方国籍一样，因此违反了《公约》第四章第二款，以及《仲裁规则》第一条第三款的规定。

在实践中，对仲裁员的质疑大都集中于理由一。虽然《公约》第十四条第一款涵盖了道德、能力和独立裁决三项要求，但在历史案例中绝大多数争议都是关于仲裁员是否能进行独立的裁决，即仲裁员的独立性和公正性。综合以往案例，质疑理由大致分为三类：利益冲突、角色冲突和观点争议。

## （一）利益冲突

### 1. 人身相关利益

在以往案例中，有些质疑是基于仲裁员的社会关系，即其本人或家庭成员与当事方及其代理人存在交往和联系，导致另一方当事人认为该联系可能干扰仲裁员的独立性和公正性。

在 Conoco Phillips-委内瑞拉案中，委内瑞拉成功地挑战了申请方挑选的仲裁员。该仲裁员是一名位于马德里办公室的律所的律师，而该律所其他办公室其时正在协助申请方办理另外一起仲裁争议，并且涉及相似的争议。虽然该仲裁员没有直接参与前案的仲裁，但主席仍然支持了对其资格的质疑：一是基于工作同意于该律所，该所国籍仲裁业务的内部协调机制以及代理收益的全所分配等原因，该仲裁员与其律所同事存在相当程度的联系和协调；二是由于两仲裁的争议相同或接近，仲裁员的决定可能受到零一案件裁决的影响。[①] 类似的案件也出现在 Conoco Phillips-委内瑞拉案中。申请方指定仲裁员所在律所与申请方代理律所合并，并且申请方代理律所还在与本案争议类似的其他仲裁案件中代表出庭。在受到质疑后，该仲裁员从其律所辞职，并完全断绝了与该律所的业务关系。据此，该质疑被驳回，仲裁员得以继续留任。[②]

---

[①] Blue Bank International & Trust（Barbados）Ltd. v. Bolivarian Republic of Venezuela, ICSID Case No. ARB 12/20, Decision on the Parties' Proposals to Disqualify a Majority of the Tribunal（12 November 2013），第 67-68 段。

[②] ConocoPhillips Petrozuata B. V. ConocoPhillips Hamaca B. V. Conoco-Phillips Gulf of Paria B. V. v. Bolivarian Republic of Venezuela, ICSID Case No. ARB/07/30, Decision on the Proposal to Disqualify L. Yves Fortier, Q. C., Arbitrator（27 February 2012），第 11 段。

　　但此前基于仲裁员及其工作律所联系的案件，都没能成功获得仲裁庭或主席的支持。例如，在 Conoco Phillips-委内瑞拉案中，申请方选择的仲裁员曾与申请方代理律师在其他业务中共同代理同一当事人，应诉政府据此提出了质疑仲裁员的请求。但主席以此前业务与本案在当事方、事实和争议等方面完全不同为由，否决了该请求。①

　　而 Azurix-阿根廷案裁决也有一定的代表性，展示了仲裁员或特设委员会成员本人及其家庭成员与当事方存在联系的情况。其中一名委员与申请方代理律所有过诸多业务交往，并在其他仲裁案件中应其邀请出任仲裁员。此外，其子也在该律所参与了暑期实习的工作。委员会的其他委员最终决定不能支持该挑战：首先，争议委员过往的其他业务联系和交往与本案无关，不足以构成质疑其资格的证据基础；其次，其他事实是在长期历史中的孤立事件，也不能据以证明独立性和公正性受到了影响②。类似的案件还出现在 MINE-几内亚案中。被申请方认为，申请方指定仲裁员存在利益冲突，原因是其兄也曾被该申请方在争议项目的其他仲裁程序中选择为仲裁员。主席否决了该主张，认为没有证据显示两案仲裁员曾经就相同争点进行过交流，也没有前案裁决干扰后案裁决的证据。③ 在 Tokios-乌克兰案中，仲裁庭也没有支持因仲裁员和当事方代理律师曾是 20 年前的大学同学为由提出的质疑请求。④

　　在一些案件中，当仲裁员因与当事方及其代理律所存在过往业务联系而受到挑战时，也会选择主动辞任仲裁员。在 Conoco Phillips-委内瑞拉案中，与代理律师同属律师公会的首席仲裁员就选择了辞职。⑤ 同样，在 To-

---

　　① Universal Compression International Holdings, S. L. U. v. Bolivarian Republic of Venezuela, ICSID Case No. ARB/10/9, Decision on the Proposal to Disqualify Professor Brigitte Stern and Professor Guido Santiago Tawil, Arbitrators (20 May 2011), 第 52、102-104 段。

　　② Total S. A. v. The Argentine Republic, ICSID Case No. ARB/04/01, Decisión Sobre la Propuesta de la República Argentina de Recusación de la Sra. Teresa Cheng (26 August 2015), 第 35-36、107 段。

　　③ Getma International, NCT Necotrans, Getma International Investissements & NCT Infrastructure & Logistique v. La République de Guinée, ICSID Case No. ARB/11/29, Decision on the Proposal to Disqualify Mr. Bernardo M. Cremades (28 June 2012), 第 67-78 段。

　　④ Alpha Projektholding GmbH v. Ukraine, ICSID Case No. ARB/07/16, Decision on Respondent's Proposal to Disqualify Arbitrator Dr. Yoram Turbowicz (19 March 2010), 第 67 段。

　　⑤ Vannessa Ventures Ltd. v. Bolivarian Republic of Venezuela, ICSID Case No. ARB (AF) 04/6, Letter from ICSID to the Parties (2007-05-11).

kios-乌克兰案中，一仲裁员在获知其所在律所被当事方在另一仲裁案中选为代理律所后，选择了主动辞职。

### 2. 经济和政治利益

经济利益也经常成为质疑仲裁员资格的依据。但从以往经验看，这些挑战也少有成功案例。

在 SGS-巴基斯坦案中，被申请方指定仲裁员曾作为律师代理墨西哥的多个投资仲裁案，而被申请方律师则恰巧是前几个案件的仲裁员。因此申请方认为二者可能会受到此前案件有关经济利益的影响，从而干扰仲裁员的独立性和公正性。但仲裁庭则拒绝了该请求，认为这种论点属于猜测和假想，并没有实际证据或事实证明。[①]

而在 Azurix-阿根廷案中，申请方指定仲裁员 Kaufmann-Kohler 教授因其任职银行持有申请方 2% 的股份，受到了被申请方对其资格的质疑。仲裁庭否决了该质疑请求，认为此种经济利益联系过于间接和遥远，不能充分证明仲裁员的独立性和公正性会受到该经济利益的影响。[②] 在后来Azurix-阿根廷案中，被申请方基于同样理由再次挑战 Kaufmann-Kohler 教授，认为其任职银行是申请方最大单一股东；这种经济利益联系会干扰其独立性和公正性。特设委员会未予支持，认为银行与申请方之间的经济联系，未对仲裁裁决造成任何实质的影响。[③]

政治利益也是存在利益冲突的一种。历史上也有多个案件涉及政治利益，但均未获得仲裁庭的支持。在 Conoco Phillips-委内瑞拉案中，相关仲裁员此前出任政府公务人员。仲裁庭认为仲裁员与本案仲裁并无政治利

---

① SGS Société Générale de Surveillance S. A. v. Islamic Republic of Pakistan, ICSID Case No. ARB/01/13, Decision on Claimant's Proposal to Disqualify Arbitrator (19 December 2002)，第 25-26 段。

② Suez, Sociedad General de Aguas de Barcelona, S. A. and Vivendi Universal, S. A. v. Argentine Republic, ICSID Case No. ARB/03/19, Decision on a Second Proposal for the Disqualification of a Member of the Arbitral Tribunal (12 May 2008)，第 11-12 段。

③ Compañía de Aguas del Aconquija S. A. and Vivendi Universal v. Argentine Republic, ICSID Case No. ARB/97/3, Decision on the Argentine Republic's Request for Annulment of the Award rendered on 20 August 2007 (10 August 2010)，第 219-235 段。

益，也没有证据显示其独立性和公正性受到政治的影响。①

### 3. 个人偏见等

也有一些案例中，当事方因仲裁员在仲裁中的处事方法而提出对其公正性和独立性的质疑。到目前为止，仅有一起案件当事方成功地因行为方式原因替换了仲裁员。在 MCI-厄瓜多尔案中，被申请方提出申请方选定的仲裁员表现了不利于被申请方的明显的偏见。虽然主席认为没有证据表明该仲裁员表现出偏见和歧视，但该仲裁员对指控的答辩文件却显示了其明显缺乏公正性。②

除此之外再无成功案例。在 Azurix-阿根廷案中，被申请方认为两位仲裁员既不同意给予临时救济，又在仲裁裁决中偏向对方，主张这两位仲裁员明显缺乏独立性和公正性。主席指出，不利于一方的裁决本身，并不能成为仲裁员偏私的证据。③ 同样在 Conoco Phillips-委内瑞拉案中，主席反驳道仲裁庭有权选择适合的工作程序，是否考虑个别问题是其自由裁量权，并不能因此得出仲裁员偏颇的结论。④

### 4. 国际律师协会《国际仲裁利益冲突指南》

国际律师协会发布的《国际仲裁利益冲突指南》，是在国际仲裁中解决利益冲突的重要工具。虽然其不具有强制的法律约束力，但能够帮助当事方分析涉案利益冲突的分类和重要性。该指南把利益冲突分为三个主要类别，红色清单（又细分为不可放弃清单和可放弃清单）、橙色清单、绿色清单。其中绿色清单中的事项一般不需要披露，也不能作为利益冲突争议的证据；而橙色清单事项相对重要，通常要求仲裁员予以披露，也可以作为争议的证据；红色清单最重要，其事项都是要求必须披露的事项，并

---

① Saint-Gobain Performance Plastics Europe v. Bolivarian Republic of Venezuela, ICSID Case No. ARB/12/13, Decision on Claimant's Proposal to Disqualify Mr. Gabriel Bottini from the Tribunal under Article 57 of the ICSID Convention (27 February 2013)，第87-88段。

② Burlington Resources Inc. v. Republic of Ecuador, ICSID Case No. ARB/08/5, Decision on the Proposal for Disqualification of Professor Francisco Orrego Vicuña (13 December 2013)，第20段。

③ Abaclat and Others v. The Argentine Republic, ICSID Case No. ARB/07/5, Recommendation Pursuant to the Request by ICSID on the Respondent's Proposal for the Disqualification of Arbitrator，第20段。

④ ConocoPhillips Petrozuata B.V., ConocoPhillips Hamaca B.V. and ConocoPhillips Gulf of Paria B.V. v. Bolivarian Republic of Venezuela, ICSID Case No. ARB/07/30, Decision on the Proposal to Disqualify a Majority of the Tribunal (1 July 2015)，第54-56段。

且很可能作为挑战和替换仲裁员的证据。

国际投资仲裁中，有些案件也参考该指南的规定提出对仲裁员资格的挑战。例如，橙色清单第三条规定，当事方及其关联方与仲裁员及其律所在过去的业务服务关系都可能引发对公正性和独立性的合理怀疑。例如，在过去三年中，仲裁员曾被当事方及其关联方延聘为代理律师，或曾被同一当事方两次以上选为仲裁员等。

在 ADC-匈牙利案中，被申请方选择的仲裁员 Stern 教授也参与了另一起根据相同双边投资保护协定引发的投资争端的仲裁，并据此质疑其公正性和独立性。[①] 类似地，在 Conoco Phillips-委内瑞拉案和 Conoco Phillips-委内瑞拉案中 Stern 教授也因在多个仲裁庭出任仲裁员受到了挑战。仲裁庭最后都没有支持这些质疑，提出多个仲裁庭任职本身并不能构成缺乏独立性和公正性的证据。[②]

类似的情况也出现在知名仲裁员 Sands 教授所仲裁的 Ickale-土库曼斯坦等案件中。在 Conoco Phillips-委内瑞拉案，仲裁庭支持特定仲裁员被同一当事方在不同的仲裁案件中反复选择为仲裁员，这一情况并非"中性的现象"，需要结合个案情况进行充分考虑。[③]

在国际投资仲裁案件中，部分著名专家学者被选择在多个仲裁庭中出任仲裁员。综合以往案例可以发现，专家学者被某一当事方选择为仲裁员的事实本身，并不能构成对其资格质疑的证据基础。正如 MOL-克罗地亚案仲裁庭指出的，仅依据被当事方反复选择为仲裁员而提出的质疑主张，在没有其他证据补充的情况下，仅仅是假想和推测；任何客观第三方无法

---

① Electrabel S. A. v. Republic of Hungary, ICSID Case No. ARB/07/19, Decision on Claimant's Proposal to Disqualify a Member of the Tribunal (25 February 2008), 第 37-41 段。

② Tidewater Inc., Tidewater Investment SRL, Tidewater Caribe, C. A., et al. v. The Bolivarian Republic of Venezuela, ICSID Case No. ARB/10/5, Decision on Claimants' Proposal to Disqualify Professor Brigitte Stern, Arbitrator (23 December 2010), 第 64 段。Universal Compression International Holdings, S. L. U. v. Bolivarian Republic of Venezuela, ICSID Case No. ARB/10/9, Decision on the Proposal to Disqualify Professor Brigitte Stern and Professor Guido Santiago Tawil, Arbitrators (20 May 2011), 第 77-86 段。

③ OPIC Karimum Corporation v. The Bolivarian Republic of Venezuela, ICSID Case No. ARB/10/14, Decision on the Proposal to Disqualify Professor Philippe Sands, Arbitrator (5 May 2011), 第 47 段。

据此合理推定，其独立性和公正性受到了这些任命的干扰。[①]

## （二）观点争议

观点争议是指仲裁员在此前仲裁裁决或学术研究中，就仲裁中案件的相关争议表达过观点或意见，有人认为这种观点和意见展示了仲裁员先入为主的观念，体现了其缺乏独立性和公正性。在实践中，亦有当事方成功地因观点争议挑战了在任仲裁员。在 MCI-厄瓜多尔案中，当事方提出仲裁员在事前的一次访谈显示了其在仲裁程序前就已经做出了对本案事实和争议的判断；而仲裁庭则支持了其主张，认为任一客观第三方都会对仲裁员对本案的事前裁判产生合理的怀疑。[②] 在 Caratube-哈萨克斯塔案中，仲裁庭支持了更换仲裁员的主张，认为与本案平行进行的另一起仲裁案中的事实、适用法律、证人证言等证据与本案完全相同，仲裁员在两案中任职非常可能导致其难以做到完全的独立和公正。[③]

在其他案件中，仲裁庭或主席则没有支持因观点争议而产生的对仲裁员的质疑。在 Conoco Phillips-委内瑞拉案中，当事方主张某仲裁员可能不会做出与其在此前作为政府官员就有关议题表态相反的决定，因此其独立性和公正性堪忧。仲裁庭认为没有证据表明，仲裁员会做出与过去工作中所采取立场相同的裁判。[④] 在 Azurix-阿根廷案中，仲裁庭拒绝了质疑仲裁员的主张，认为其在此前论文中发表的就本案争议的观点是值得考虑的因素，但从客观第三方角度观察，不能得出仲裁员仅依赖过去的观点，而不是本案在手的事实、证据和主张做出的裁判。如果论文观点足以撤换仲裁员，则几乎所有发表过学术观点的仲裁员都将受到挑战，将瘫痪中心的仲

---

① Raiffeisen Bank International AG and Raiffeisenbank Austria d. d. v. Republic of Croatia, ICSID Case No. ARB/17/34, Decision on the Proposal to Disqualify Stanimir Alexandrov (17 May 2018)，第89段。

② Perenco Ecuador Limited v. Republic of Ecuador and Empresa Estatal Petróleos del Ecuador, ICSID Case No. ARB/08/6, Decision on Challenge to Arbitrator (8 December 2009)，第57段。

③ Caratube International Oil Company LLP and Mr. Devincci Salah Hourani v. Republic of Kazakhstan, ICSID Case No. ARB/13/13, Decision on the Proposal for Disqualification of Mr. Bruno Boesch (20 March 2014)，第90-91段。

④ Saint-Gobain Performance Plastics Europe v. The Bolivarian Republic of Venezuela, ICSID Case No. ARB/12/13, Decision on Claimant's Proposal to Disqualify Mr. Gabriel Bottini from the Tribunal under Article 57 of the ICSID Convention (27 February 2013)，第22-25段。

裁工作。①

## （三）角色冲突

角色冲突是指在不同的仲裁案件中，同一法律人士出任当事方代理人和仲裁员的不同角色。《公约》和相关规则并未禁止同一法律人士在不同案件中分别出任代理律师和仲裁员。但是身份的切换，可能导致仲裁员在一些案件中会存在先入为主的印象，根据其经验而非本案事实做出裁决，从而影响了其独立性和公正性。目前，中心仲裁的案件中尚没有直接与角色冲突相关的案件。但是角色冲突问题逐渐得到国际仲裁界的一些关注。例如，国际体育仲裁法庭在 2010 年修订其规章中规定，仲裁员不应当作为当事方的代理律师出庭。联合国国际法院也限制法律人士在不同案件中分别担任法官和代理律师的角色。

## 三、程序性规定

《仲裁规则》第九条也规定了质疑仲裁员资格的时间和程序。当事方应当迅速通知秘书长，其质疑特定仲裁员的动议。如何认定满足了"迅速"的要求，通常是实践中仲裁员资格争议的焦点问题。

第一，时间的起算点应当以动议方获知或应当知晓质疑理由的日期起算。但历史上，不同的仲裁庭对"迅速"的时间起点意见并不一致。

第二，实践中仲裁庭对多长时间才能构成迅速的意见也没有定论。如在 Azurix-阿根廷案中，当事方在获悉有关情况后 10 天内提出了质疑动议，仲裁庭认为符合了第九条关于"迅速"的要求。在其他案件中，一个月以上的时间，仲裁庭似乎都认为难以满足迅速提出的法定要求。在 Azurix-阿根廷案中，仲裁庭认为 53 天的时间过长；在 CDC-塞舌尔案中的 147 天；MCI-厄瓜多尔案中的 4 个月；Conoco Phillips-委内瑞拉案中的 6 个月；Azurix-阿根廷案中的 8 个月，都因时间过长没能获得各自仲裁庭的支持。

---

① Saint-Gobain Performance Plastics Europe v. The Bolivarian Republic of Venezuela, ICSID Case No. ARB/12/13, Urbaser S. A. and Consorcio de Aguas Bilbao Biskaia, Bilbao Biskaia Ur Partzuergoa v. Argentine Republic, ICSID Case No. ARB/07/26, Decision on Claimants' Proposal to Disqualify Professor Campbell McLachlan, Arbitrator (12 August 2010)，第 44-54 段。

而相反的案例出现在 ADC-匈牙利案中，仲裁庭因质疑主张提出时尚没有具体的信息难以做出判断为由，拒绝了该主张。

第三，中心在修改《仲裁规则》时，正商讨规定 21 天作为衡量质疑动议是否满足迅速提出的标准。① 在 2020 年 2 月发布的第四版工作报告中，将提出质疑动议的期限从前几版规定的 20 天延长至 21 天。

第四，提出质疑动议的时间重点是仲裁程序完成前。一旦仲裁程序结束，当事方则不能在仲裁程序中提出质疑动议，而仅能够在撤销仲裁裁决的程序中以仲裁员不适格为由申请撤销裁决。

第五，未能迅速提出动议的当事方，将被认为放弃了质疑相关仲裁员的权利，并且也不能据此申请撤销已生效的仲裁裁决。

## 四、标准

是否显失独立性和公正性，是在资格质疑程序中最主要的判断标准。一旦相关仲裁员被认定明显缺乏独立性和公正性，则应当替换该仲裁员。

但是何为"明显"缺乏独立性和公正性，《公约》和《仲裁规则》都没有给与明确的规定，只能从历史判例里寻找依据。在实践中，主要有两种标准来判断是否明显缺失：一种是高标准，即"高度可能"存在明显缺乏独立性和公正性的因素或事实；另一种则是较低的标准，即是否能够"合理怀疑"显失独立性和公正性。在过去的案例中，仲裁庭采用的判断标准并无一定之规，但近几年主席连续裁判的七个案件②都采用了"合理怀疑"的标准，仿佛为后续仲裁庭指出了应当遵循的标准。尽管如此，仲裁庭在 Conoco Phillips-委内瑞拉案和 Total-乌干达案等个案中又退而采用"高度可能"的规则，使得问题继续复杂化。

### （一）"高度可能"的标准

该标准提出"明显"应解释为几乎确信或高度可能，而不仅仅是具

---

① Proposals for Amendment of the ICSID Rules（Working Paper #4），Draft Arbitration Rule 22（1），P300.

② Aguas-玻利维亚案，MCI-厄瓜多尔案，Azurix-阿根廷案，Azurix-阿根廷案，Caratube-哈萨克斯塔案，Conoco Phillips-委内瑞拉案和 Ickale-土库曼斯坦案。

有可能性。该标准出现在第一起质疑仲裁员的 Amco-印度尼西亚案中。自此至 2013 年前后，如 Conoco Phillips-委内瑞拉案、Aguas-玻利维亚案等，都采用了此类较高的标准，要求不能仅仅是表面上显失公正性和独立性。

## (二)"合理怀疑"的标准

特设委员会在 Azurix-阿根廷案中指出，如果依据证据能够对仲裁员的独立性和公正性提出"合理怀疑"，则应当支持对相关仲裁员的质疑①。

"高度可能"的标准可能显失独立性和公正性的标准太高，在实践中广受争议。一方面，在实践中，仲裁员、律师和企业很难做到绝对的真空隔离，总是会在有关经济活动中产生一些联系；如果标准过低，则可能找不的适格的仲裁员组成仲裁庭；另一方面，与 UNCITRAL 等规则相比，"高度可能"的标准又显得太高。从中心秘书长角度看，从合理怀疑的标准判断是否存在显失独立性和公正性，更加符合实际需要。

在 Aguas-玻利维亚案中，主席认为《公约》不要求仲裁员实际丧失独立性和公正性的证据，只要合理怀疑存在偏见或不具备独立性即可。而法律标准应当是"从理性第三人角度的客观标准"，即当事方的主观判断尚不足以证明确实独立性和公正性。② 在随后的几个案件中，主席或仲裁庭继续沿用了该标准。

由于先例中标准应用的反复，各方对此尚没有形成一致意见。因此，在未来质疑仲裁员资格的案件中，仲裁庭或主席会采用何种标准也很难预测，只能根据近期的有关裁决进行分析。

---

① Suez, Sociedad General de Aguas de Barcelona, S. A. and Vivendi Universal, S. A. v. Argentine Republic, ICSID Case No. ARB/03/19, Decision on the Proposal for the Disqualification of a Member of the Arbitral Tribunal (22 OCT 2007), 第 25 段。

② Blue Bank International & Trust (Barbados) Ltd. v. Bolivarian Republic of Venezuela, ICSID Case No. ARB 12/20, Decision on the Parties' Proposals to Disqualify a Majority of the Tribunal (12 November 2013), 第 59-62 段。

## 第六章

# 初步审查和临时措施

为了提高效率和节约成本，并保障当事方的救济权利，《公约》在仲裁程序伊始，设计了多项初步审查和临时措施的程序性权利。其中无理由诉讼的审查保护了当事方免受尚缺乏成立要件的诉讼请求的骚扰，尤其是保障东道国声誉和吸引外资的努力不受干扰。管辖权异议程序着力首先解决仲裁庭管辖权，避免当事方在实体主张上浪费不必要的资源和时间。而临时措施则从保障当事方权利入手，避免当事方合法权益在仲裁过程中灭失。

## 第一节  立案审查

《公约》第三十六条规定秘书长应当审查仲裁立案的申请，并拒绝登记明显缺少管辖权案件申请的登记。由于是在立案前的审查，并且由秘书长依职权主导审查工作，当事方可以节省挑选仲裁员组成仲裁庭的工作，且不必实质性地开始仲裁相关准备，从而极大地节约了人力和物力。

从《公约》的规定中同样可以看出，秘书长的审查仅限于对管辖权有无的表面性审查，无权对案件实质主张进行判断。即使从秘书长看来中心对案件有管辖权，但是诉讼主张和请求明显缺乏事实和证据依据，也不能驳回案件登记，只能留待仲裁庭做出裁定。

根据《世界银行执行董事对公约的报告》的解释，事前审查的目的在于避免出现缔约国被迫牵扯进中心不具管辖权的争端案件中的麻烦。[1]

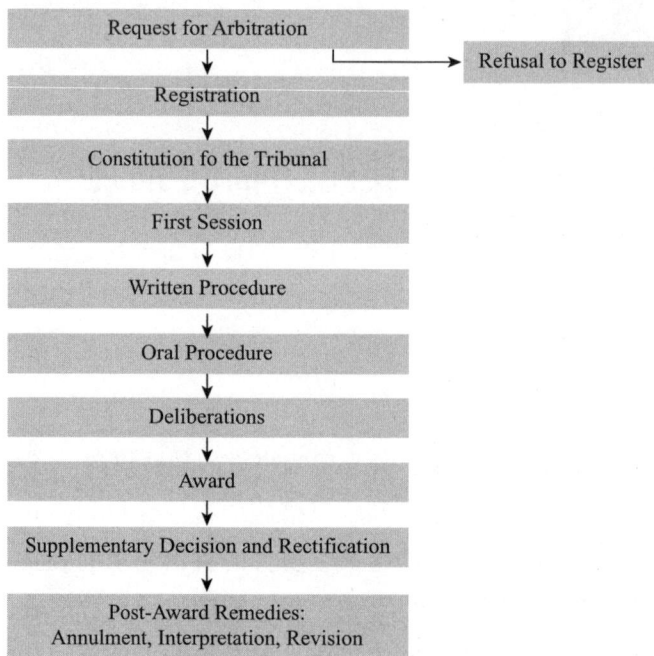

图 6-1　裁主要阶段流程图

## 一、审查标准

由于秘书长无权对案件的实质主张进行评判，而根据《公约》第四十一条的规定，只有仲裁庭有权对管辖权问题做出裁定，因此秘书长仅能够对中心明显缺乏管辖权，致使案件难以推进的案件申请做出决定。

《公约》第三十六条第三款规定，除非秘书长发现中心对案件"明显"没有管辖权，否则应当予以登记。谈判历史表明，缔约国认为超过明显合理怀疑的程度，才是"明显"地缺乏管辖权。[2]

---

① 《世界银行执行董事对投资争端解决公约的报告》第 20 段。

② Convention on the Settlement of Investment Disputes between States and Nationals of Other States, Documents Concerning the Origin and the Formation of the Convention 772 (ICSID Publications, 1968).

一方面，在实践中秘书长需要根据《公约》和涉案国际协定对于管辖权的规定，对案件申请进行初步的表面的审查。另一方面，申请方也需要在立案申请中提交包括管辖权在内的表面证据。因此，秘书长的事先审查工作或将集中于当事方国籍、是否与投资相关和是否法律争议等管辖权要件相关证据的审查。这也说明了秘书长在事先审查中的自由裁量权有限，立案程序几乎是个自动程序。在历史上，仅有极少数的案件申请会因明显缺乏管辖权的原因被拒绝登记。根据统计在前 45 年中，在所有 384 起案件申请中，仅有 13 起被秘书长拒绝登记。[1]

## 二、审查程序

根据《仲裁规则》和《附加便利规则》相关规定，事先审查程序完全由秘书长主导。

申请方提交立案申请后，秘书长即依据该申请中的信息开始审查管辖权的工作，对于被申请方在收到提交立案申请的通知后，也不必主动提交有关管辖权问题的评论和主张。当然在审查过程中，当事双方都可以就中心是否明显缺乏管辖权问题提出各自的观点和主张，而秘书长则必须考虑当事方提交的相关证据和主张，并据以做出决定。[2]

## 三、审查决定

根据审查结果，秘书长可以做出拒绝或准予立案的决定。如果拒绝立案，根据《启动程序规则》第六条第一款 b 项的规定，申请方可以获得秘书长关于拒绝立案理由的解释。并且该拒绝决定是终局决定，没有上诉或经特设委员会复审的机制，申请方可以随后就相同案件再次提出立案申请。

如果秘书长并未发现中心明显缺乏管辖权的情况，则中心将登记案件申请，正式进入仲裁程序。由于实现审查所依据的是秘书长的行政权利，

---

① Sergio Puigm, Chester Brown, The Secretary-General's Power to Refuse to Register a Request for Arbitration under the ICSID Convention, 27/1 ICSID Review-Foreign Investment L. J. 172 (2012).

② Christoph H. Schreuer, Loretta Malintoppi, August Reinisch & Anthony Sinclair, The ICSID Convention-A Commentary (Cambridge University Press, 2009), P466.

而非对案件实质主张的法律审查，因此秘书长所做出的有关管辖权的决定，对本案仲裁庭并没有法律约束力。仲裁庭根据《公约》和《仲裁规则》的规定，有权独立决定自己在案件中的管辖权。

## 第二节　平行审查

为了提高效率节约资源，《公约》规定了平行审查（Bifurcation）的制度，授权仲裁庭可以在满足条件的情况下，将管辖权问题与其他实体问题分开平行处理。Zhinvali-格鲁吉亚案仲裁庭提出，平行审查是将管辖权问题与实体问题分开处理的仲裁程序，是专用于解决管辖权和初始异议等问题的独立的阶段。[①] 不同于法庭审理，仲裁程序更加灵活，仲裁庭可以根据需要自行调整仲裁的程序，决定对部分议题进行平行审查以提高效率。

管辖权异议是在仲裁初始阶段最常见的争点之一。很多仲裁庭都允许通过管辖权异议快速程序，专门处理当事方关于管辖权的争议。此外，争议双方还可能对纳入或排除特定当事人、增减诉讼请求、适用仲裁规则等程序性问题出现分歧，也可以通过平行程序在实体问题程序之外单独处理。例如，在 Toto-黎巴嫩案中，仲裁庭将管辖权和实体问题分程序处理。[②] 而 Azurix-阿根廷案则将仲裁程序分为管辖权、法律责任和金额三个平行的程序处理。[③]

虽然《公约》授权仲裁庭可以自行决定平行审查事宜，但规则本身对平行审查程序持中立态度。在实践中，仲裁庭除了考虑当事方提出的初步异议的主张外[④]，还要考虑平行审查能够有效节约时间和成本[⑤]，以及能否与其

---

① Itera International Energy LLC and Itera Group NV v. Georgia, ICSID Case No. ARB/08/7, Decision on Admissibility of Ancillary Claims (4 DEC 2009)，第 34 段。

② Toto Costruzioni Generali S. p. A. v. The Republic of Lebanon, ICSID Case No. ARB/07/12.

③ G&E Energy Corp., LG&E Capital Corp., and LG&E International, Inc. v. Argentine Republic, ICSID Case No. ARB/02/1.

④ Glamis Gold, Ltd. v. The United States of America, UNCITRAL, Procedural Order No. 2 (31 May 2005)，第 12（c）段。

⑤ Apotex Holdings Inc. and Apotex Inc. v. United States of America, ICSID Case No. ARB (AF) /12/1, Procedural Order Deciding Bifurcation and Non-Bifurcation (25 JAN 2013)，第 10 段。

他实体问题分隔考虑①等因素。并且根据《仲裁规则》第四十一条第三款的规定，仲裁庭也可以决定在平行审查期间，暂停实体问题审查的仲裁程序。例如，在 Libananco-土耳其案中，仲裁庭就决定不暂停实体问题的仲裁程序。②

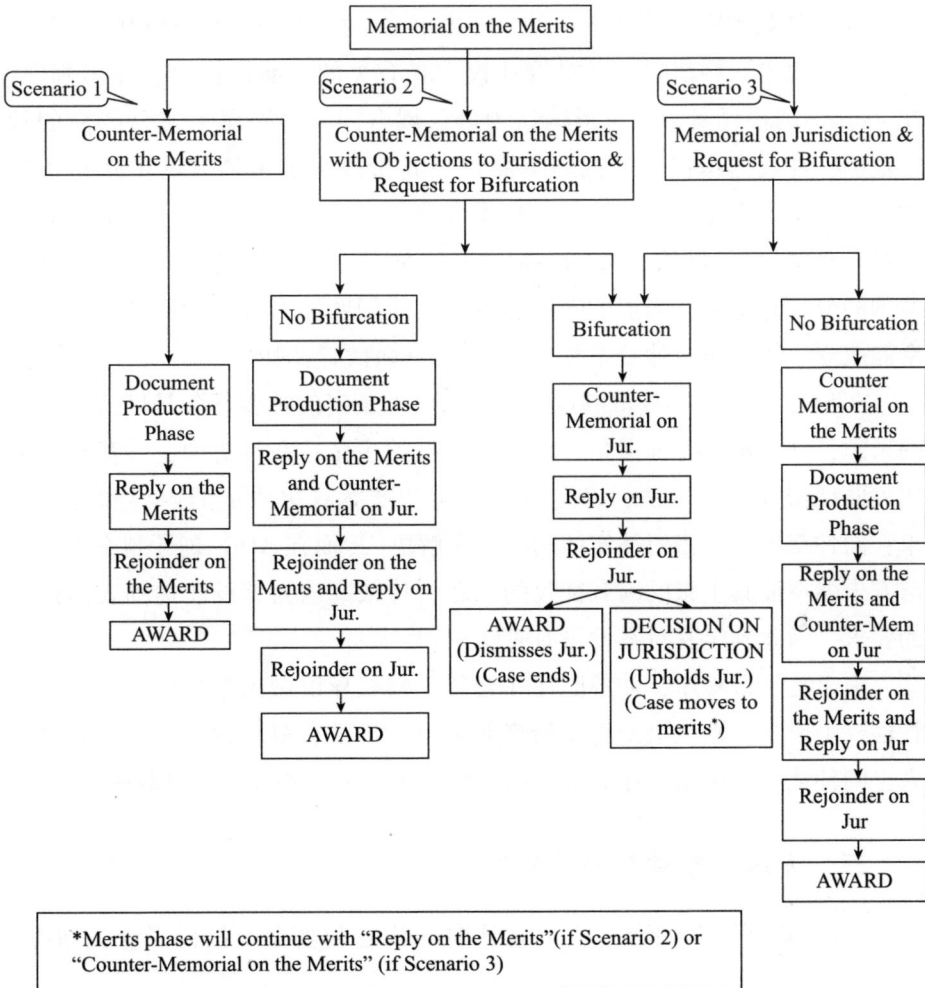

图6-2　平行审查主要阶段和流程图

---

① Tulip Real Estate and Development Netherlands B. V. v. Republic of Turkey, ICSID Case No. ARB/11/28, Decision on the Respondent's Request for Bifurcation under Article 41（2）of the ICSID Convention（2 NOV 2012），第 37 段。

② Tulip Real Estate and Development Netherlands B. V. v. Republic of Turkey, ICSID Case No. ARB/11/28, Decision on the Respondent's Request for Bifurcation under Article 41（2）of the ICSID Convention（2 NOV 2012），第 56 段。

## 一、管辖权异议程序

根据《公约》第四十一条第二款，仲裁庭可以独立程序处理管辖权争议。且《仲裁规则》第四十一条允许当事方在抗辩中提出管辖权的异议。

在实践中，仲裁庭通过对管辖权主张有关的表面证据审查做出判断。在 Azurix-阿根廷案中，东道国认为争议属合同纠纷不属于《公约》的管辖范围，仲裁庭指出，仲裁庭不需要在此阶段决定申请方的主张是正确的，这是实体程序仲裁的对象；只需要确认，如果主张成立，仲裁庭对该主张有管辖权。① 同样，Azurix-阿根廷案仲裁庭在解决当事方关于管辖权范围的分歧时指出，当前的问题并不是实体问题能否成立的问题，而是如果能成立，能否属于仲裁条款规定的仲裁庭管辖范围内。②

SGS-巴基斯坦案仲裁庭进一步指出，仲裁庭的首要任务是确认管辖权的来源，并分析现有证据是否支持管辖权的主张；在分析中，仲裁庭会采用表面证据审查的方法，确定诉争行为和涉案双边协定的内容和法律后果；而仲裁争议仍将留待实体问题程序解决。③ 而在 ADC-匈牙利案中，申请方未能举证其主张的国有征收的问题，仲裁庭认为其没能达到表面证据的要求，因此判定其对案件没有管辖权。④

由于是平行程序，仲裁庭往往会就管辖权异议做出单独的决定。如果管辖权不成立，则该决定将是最终的决定，且没有事后救济途径；如果成立，则仲裁庭将做出就相关部分的局部裁决，并最终并入最终裁决。

## 二、无理由案件与简易程序

《仲裁规则》第四十一条第五款向仲裁庭和当事方提供了快速机制，

---

① Siemens A. G. v. The Argentine Republic, ICSID Case No. ARB/02/8, Decision on Jurisdiction (3 August 2004)，第 180 段。

② Pan American Energy LLC and BP Argentina Exploration Company v. The Argentine Republic, ICSID Case No. ARB/03/13 , Decision on Preliminary Objections (27 July 2006)，第 43-51 段。

③ Bayindir Insaat Turizm Ticaret Ve Sanayi A. S. v. Islamic Republic of Pakistan, ICSID Case No. ARB/03/29, Decision on Jurisdiction (14 November 2005)，第 185-196 段。

④ Telenor Mobile Communications A. S. v. The Republic of Hungary, ICSID Case No. ARB/04/15, Award (13 September 2006)，第 68-80 段。

在某些主张明显缺乏事实和法律基础的情况下，能够快速仲裁这些主张，从而避免冗长的仲裁程序。自仲裁庭组成后 30 天内，并在第一次开庭前，当事方均可以提出仲裁请求，要求依据建议程序快速审理。

在接到请求后，仲裁庭将安排一至两轮的书面证据交换，并在第一次开庭或其后不久正式通知当事方仲裁庭的决定。如果相关主张被认定是缺乏事实或法律的基础，则该主张将被驳回；未被驳回的主张将随其他实体问题一起在仲裁程序中一并考虑和解决。当全部主张均因缺乏事实和法律基础被驳回时，仲裁庭将发布仲裁裁决并终止该案的仲裁。例如，在 Tokios-乌克兰案和 Grynberg-格林纳达案①中，仲裁庭就驳回了所有的仲裁主张。

自 2006 年实施无理由案件的简易程序后，第一起案件是 Trans-Global-约旦案。该案在证据要求，审理内容等方面都为后续案件设立了标杆。在本案中，仲裁庭认为该程序不同于立案审查程序，可能导致案件终结，需要采用更高、更严的证据标准考虑；因此当已有证据和事实显示该类主张应予驳回的情况下，才考虑确认该主张无法律基础。经过考虑，仲裁庭认为申请方三项主张之一明细缺乏法律基础，应予驳回。② 在审理内容方面，尽管《仲裁规则》规定的驳回条件是明显缺乏法律基础，但仲裁庭主张因为当事方的主张与案件事实紧密相关，因此应当考虑案件事实的可靠性和合理性，而不能仅仅依赖当事方提交的事实，或当事方包装成事实争议的法律主张。③

在随后的 MOL-克罗地亚案中，仲裁庭进一步澄清和发展了考虑无理由仲裁主张的标准和方法。克罗地亚方认为申请方的三项主张，或缺乏同意管辖要件，或不属于投资争端，或与其他案件冲突，都是无事实和法律基础的主张。仲裁庭首先阐述了其分析该争议的方法，《仲裁规则》第四十一条第五款对无理由主张简易程序的立法目的在于，有些主张明显存在缺

---

① Global Trading Resource Corp. and Globex International, Inc. v. Ukraine, ICSID Case ARB/09/11, Award (1 December 2010); Rachel S. Grynberg, Stephen M. Grynberg, Miriam Z. Grynberg and RSM Production Corporation v. Grenada, ICSID Case ARB/10/6, Award (10 December 2010).

② Trans-Global Petroleum Inc. v. Jordan, ICSID Case No. ARB/07/25, Tribunal's Decision on Respondent's Objection under Rule 41 (5) (12 May 2008), 第 118-119 段。

③ 同上，第 115 段。

陷，可以直接予以排除；而对正常的主张和诉求，则必须经过按照通常的控辩标准进行相对更加详细的举证和抗辩。对于规定的"明显缺乏"的要求，仲裁庭在 Trans-Global-约旦案的基础上进一步表示，证明"明显超过"的过程并不简单，需要连续多轮的书面或口头评论和抗辩。鉴此，仲裁庭认为无理由主张审查标准当低于在实体主张程序中的标准，且是符合立法目的的唯一的方法。[1]

在另一起案件中，仲裁庭指出无理由案件的简易程序不能适用于对管辖权的挑战。在 Conoco Phillips-委内瑞拉案中，被申请方在简易程序中提出了对管辖权和实体主张的挑战，而仲裁庭则以该程序仅适用于对实体主张的挑战为由驳回了对管辖权的异议；并且对管辖权的异议不能达到 Trans-Global 案确定的证据标准。[2]

简易程序与立案前审查有明显的区别。首先，法律依据不同。正如 Trans-Global-约旦案仲裁庭指出的二者是完全不同的审查机制。在立案前审查阶段，秘书长仅有权对明显缺乏管辖权的案件做出处理，而表面证据显示管辖权成立，即使秘书长认为案件主张明显没有事实和法律基础，他/她也负有法律责任，并对这些案件申请予以登记。其次，对象不同。立案前审查的对象是案件整体的管辖权，而简易程序审查的对象是单个的仲裁主张，可以仅对申请方的部分主张进行是否具备事实和法律基础的审查。最后，证据基础不同。立案前审查主要依据申请方提交的立案申请材料，或有被申请方主动提交的抗辩评论。而无理由仲裁则是收集了当事双方的主张和评论，在综合评判的基础上做出决定。

截至 2021 年底，中心共收到 32 起关于《仲裁规则》第四十一条第五款的驳回无理由主张的仲裁要求，仲裁庭仅在 8 个案件中全部或部分驳回了申请方的主张。[3]

---

[1] MOL Hungarian Oil and Gas Company Plc v. Republic of Croatia, ICSID Case ARB/13/32, Decision on Respondent's Application under ICSID Arbitration Rule 41（5）（2 December 2014），第 44-45 段。

[2] Brandes Investment Partners LP v. Venezuela, ICSID Case No. ARB/08/3, Decision on the Respondent's Objection under Rule 41（5）of the ICSID Arbitration Rules（2 FEB 2009），第 53-55 段。

[3] https://icsid.worldbank.org/cases/content/tables-of-decisions/manifest-lack-of-legal-merit，最后浏览时间 2022 年 2 月 26 日。

## 第三节 临时措施

在其他争议解决程序中，临时措施都是常见的保障当事方合法权益的法律工具。它的目的在于促使当事方采取必要的措施，保障仲裁裁决的效果得以顺利实现。临时措施重点解决当事方面临的一些紧急的情况。因此，临时措施兼具紧迫性和临时性的特点。

临时措施主要包括证据保全、权利保全和裁决执行保障等。由于临时措施是在仲裁过程中实施的措施，仲裁结果尚未做出，因此仲裁庭需要平衡和保障仲裁实体公平和程序效率。

《仲裁规则》第三十九条是关于临时措施的细化的程序性规定。在时间范围上，当事方在仲裁的任何阶段都可以提出请求，即使在仲裁庭组成前，也可由秘书长补位直至仲裁庭组成。在范围上，当事方可以请求保全其合法权利，并不限于证据和财产的保全。在行权方式上，当事方可以提出实施临时措施的申请，而仲裁庭亦可以根据需要自行决定。[①] 在措施来源上，当事方可以选择法院或其他仲裁机构所决定的临时措施，也可以选择中心仲裁庭做出决定。

临时措施不同于最终的仲裁裁决。首先，决定时间不同。临时措施出现于仲裁过程中，而仲裁裁决则是仲裁终了的标志。其次，救济手段不同。仲裁裁决可以经撤销程序等程序救济，亦可以经过认可、解释等程序进行补正。而临时措施没有此类救济程序。最后，执行方式不同。仲裁裁决需要依靠缔约国法院执行系统执行，而临时措施主要依靠当事方的行动实现。

### 一、决定、效力与执行

### （一）决定

《公约》第四十七条规定，仲裁庭可以推荐适当的临时措施。此外

---

[①] Victor Pey Casado and President Allende Foundation v. Republic of Chile, ICSID Case No. ARB/98/2, Decision on Provisional Measures (25 September 2001)，第 16 段。

《仲裁规则》第三十九条第三款特别明确，仲裁庭可根据案情在任何阶段修改和终止临时措施。因此，仲裁庭有权自行决定临时措施的种类和范围，而不必受当事方申请的约束。

在有些案件中，仲裁庭选择了与当事方申请不同的临时措施的形式。[1]例如，在 CSOB-斯洛伐卡案中，仲裁庭就推荐了与申请方申请范围不同的临时措施，只在申请方有权获得赔偿的部分中止破产清算程序。[2] 在 Biwater-坦桑尼亚案中，当事方申请了证据保全和提交等措施要求，仲裁庭推荐了与申请不同的证据范围的保全和提交措施。[3]

而在另一些案件中，如 MCI-厄瓜多尔案等仲裁庭拒绝了当事方关于临时措施的申请。[4]

## (二) 条件

在时间要求方面，根据《仲裁规则》第三十九条的规定，当事方可在程序启动后任何时间点提出实施临时措施的请求，仲裁庭应当优先决定临时措施的请求。此外，临时措施也不能歧视或贬损任何一方当事人在程序中的仲裁权利。

同时由于临时措施的优先级最高，因此如果申请方能够通过表面证据确立仲裁庭具有管辖权，则仲裁庭可以在尚未解决管辖权争议的情况下即推荐临时措施。在 Salini-摩洛哥案中，仲裁庭在当事方仍在争议管辖权时仍然推荐了临时措施。仲裁庭认为，根据《公约》第四十七条的规定，其有权制定临时措施；同时当事方也有权继续挑战管辖权争议。[5] Casadov-

---

[1] https://icsid.worldbank.org/cases/content/tables-of-decisions/provisional-measures，浏览时间 2020 年 10 月 6 日。

[2] CSOB v. Slovakia, Procedural Order No. 2 (9 September 1998), Procedural Order No. 3 (5 November 1998), Procedural Order No. 4 (11 January 1999), Procedural Order No. 5 (1 March 2000).

[3] Biwater Gauff (Tanzania) Ltd. v. United Republic of Tanzania, ICSID Case No. ARB/05/22, Procedural Order No. 1 (31 March 2006), P26、28、20.

[4] Occidental Petroleum Corporation and Occidental Exploration and Production Company v. The Republic of Ecuador, ICSID Case No. ARB/06/11, Decision on Provisional Measures (17 August 2007), 第 101 段; Victor Pey Casado and President Allende Foundation v. Republic of Chile, ICSID Case No. ARB/98/2, Decision on Provisional Measures (25 September 2001), 第 89 段。

[5] Holiday Inns S. A. and others v. Morocco, ICSID Case No. ARB/72/1, Decision on Jurisdiction (12 May 1974), 1 ICSID Reports 658.

智利案仲裁庭解释了背后的原因：临时措施仅是仲裁过程中的阶段性的裁定，可以随后由仲裁庭决定修改或撤销，一旦仲裁庭发现自己对案件没有管辖权，临时措施也将自动终止。①

## （三）效力

在理论上，仲裁庭的临时措施对当事方没有法律约束力。《公约》第四十七条使用了"推荐"的措辞，而在《附加便利规则》中则使用了"命令"来描述仲裁庭做出的关于临时措施的决定。由此可见，《公约》立法目的倾向于临时措施不对当事方产生强制的法律效力。

但是实际上，仲裁庭"推荐"的临时措施具备相应的法律效力，当事方能够遵守并执行推荐的措施。这种效果既有制度设计上的原因，也是实践操作经验化的结果。首先，当事方都有义务不阻碍仲裁程序的进行，因此在一定程度上执行临时措施也是成就仲裁程序的一种责任，对当事方有一定的约束力。其次，仲裁庭还有权在起草最终裁决时考虑当事方履行程序义务的情况。因此，为了争取相对有利的最终裁决，当事方也会主动执行被推荐的临时措施。再次，有些临时措施还以当事方协议的形式出现，确保了其约束力。例如，在 Vacuum-加纳案中，临时措施的实质就是以申请方认可的东道国政府做出的承诺。② 最后，仲裁庭还直接规定临时措施的约束力。例如，在 Maffezini-西班牙案中，仲裁庭在比较了《仲裁规则》第三十九条的措辞"推荐"和《附加便利规则》第四十六条的措施"命令"后认为，仲裁庭可以指令当事方承担某种责任和义务，其临时措施的效力等同于最终仲裁裁决的效力。③

在其后的一些案件中，仲裁庭认为临时措施毫无疑问地对当事方产生有约束力的法律效力。Tokios-乌克兰仲裁庭直接点明，根据《公约》对管辖权的规定，仲裁庭"推荐"的临时措施毫无疑问具有法律的约束力，是

---

① Victor Pey Casado and President Allende Foundation v. Republic of Chile, ICSID Case No. ARB/98/2, Decision on Provisional Measures (25 September 2001), 第 14 段。

② Vacuum Salt Products Ltd. v. Republic of Ghana, ICSID Case No. ARB/92/1, Decision on Provisional Measures (14 June 1993).

③ Emilio Agustín Maffezini v. The Kingdom of Spain, ICSID Case No. ARB/97/7, Decision on Provisional Measures (Procedural Order No. 2) (28 October 1999), 第 9 段。

当事方有义务遵守的法庭命令。① 同样，MCI-厄瓜多尔案仲裁庭也重申了其临时措施的法律效力，尽管《公约》第四十七条采用了"推荐"的字眼，但是仲裁庭实际上有权制定临时措施的法律命令。这亦是经包括Tokios-乌克兰案仲裁庭在内的很多国际仲裁机构所普遍认可的规则。② 而令人注意的是 Biwater-坦桑尼亚案仲裁庭直接下场，采用命令的形式要求当事方提供有关证据。③

当不执行推荐的临时措施时，当事方也将面临相关的法律后果：仲裁庭将把当事方履行临时措施的情况，纳入对仲裁裁决的考虑中。MINE-几内亚仲裁庭明确表示，仲裁庭将在仲裁裁决中考虑，任何不执行临时措施的行为。④ 在 AGIP-刚果案中，东道国并未完全执行有关的证据保全措施；在仲裁裁决中，仲裁庭指出正是由于东道国未能保全证据的原因，申请方难以获得有关争议进行有效的主张。⑤

### （四）执行

虽然《公约》采用了"推荐"临时措施的表述，但是有一点很明确，就是临时措施给当事方都设定了法律义务。而根据《维也纳公约》第二十七条的规定，缔约国不能依据其国内法作为不履行国际义务的借口。因此，就仲裁庭设定的临时措施，对当事双方都是应当履行的法定义务。

就履行方式而言，最集中的问题在于当事方能否通过缔约国国内法院寻求临时措施的执行。早期的案例展示了国内法院虽然不能执行仲裁庭的

---

① Tokios Tokelés v. Ukraine, ICSID Case No. ARB/02/18 Procedural Order No. 1（1 July 2003），第 4 段。

② Occidental Petroleum Corporation and Occidental Exploration and Production Company v. The Republic of Ecuador, ICSID Case No. ARB/06/11Decision on Provisional Measures（17 August 2007），第 58 段。

③ Biwater Gauff（Tanzania）Ltd. v. United Republic of Tanzania, ICSID Case No. ARB/05/22, Procedural Order No. 1（31 March 2006），第 99-106 段。不过仲裁庭也指出，其命令当事方提供证据的法律依据是《公约》第 43 条，即仲裁庭可以促请当事方做成和提供证据，而不是依据第 47 条临时措施的规定。但无论如何，这都是仲裁庭对当事方采用临时措施的请求做出的回应。

④ Maritime International Nominees Establishment v. Republic of Guinea, ICSID Case No. ARB/84/4, Award（6 January 1988），4 ICSID Reports 69.

⑤ AGIP S. p. A. v. People's Republic of the Congo, ICSID Case No. ARB/77/1, Award（30 November 1979），第 42（c）段。

临时措施，但在其各自的程序中采纳仲裁庭推荐的临时措施作为重要依据的案例。例如，在 MINE-几内亚案中，仲裁庭提出的临时措施包括立即中止在国内法院的诉讼程序，其中包括已经实施的财产保全措施。因此，日内瓦法院在决定解除财产保全时指出，其充分考虑了相关国际投资争端仲裁的临时措施，并以其作为重要的依据之一。而执行有关法庭决定的机构指出，仲裁机构推荐的临时措施是中止所有的诉讼程序，其中包括有关财产保全的处理，因此设置和执行财产保全的诉讼主张不能执行。[1]

同样在 MINE-几内亚案中，在仲裁庭尚未推荐临时措施前，某地方法院做出了财产保全的决定。随后法院以当事方已经根据仲裁庭要求同意立即撤回财产保全为由，撤销了该保全。[2]

在进入 21 世纪后，国内司法机构显示了对仲裁庭管辖权和临时措施的尊重和遵从。例如，在 CSOB-斯洛伐克案中的情况展示了国内法院对仲裁庭临时措施决定的态度。为避免缔约国国内司法程序的提前做出决定，仲裁庭推荐中止国内破产程序的推进。而法院拒绝了中止程序的请求，认为国内程序和仲裁程序相互独立，互不干扰；无论国内程序结果如何，仲裁裁决都将具有法律约束力。[3]

在 Zhinvali-格鲁吉亚案中，仲裁庭推荐了中止国内司法程序的临时措施，并提示其在相关争议的管辖权。在基层法院做出了与管辖权冲突的决定，但其上诉法院最终撤销了基层法院的裁定。[4]

## （五）期限

临时措施有其相应的实施期限。同时，临时措施的推荐不具备既判效力，仲裁庭可视情况修改甚至终止临时措施。因此临时措施的期限取决于仲裁庭的决定。在 SGS-巴基斯坦案中，仲裁庭强调了其修改和终止临时措

① Maritime International Nominees Establishment v. Republic of Guinea, ICSID Case No. ARB/84/4, Switzerland, Autorit'e de surveillance des offices de poursuite pour dette et de faillite, Geneva, 7 October 1986, 4 ICSID Reports 45, 47, 51.

② Atlantic Triton v. Guinea, France, Cour d'appel Rennes, 26 October 1984, 3 ICSID Reports 4, 7.

③ Ceskoslovenska Obchodni Banka, A. S. v. The Slovak Republic, ICSID Case No. ARB/97/4, Procedural Order No. 5, 1 March 2000.

④ Zhinvali Development Ltd. v. Republic of Georgia, ICSID Case No. ARB/00/1, Award (24 January 2003), 第 45-46 段。

施的权利，提出当情况发生变化时，仲裁庭当然可以应申请重新审查临时措施。①

而临时措施的最长期限终止于仲裁裁决的发布。此外仲裁程序的终止也将导致临时措施的时效。例如，当事方根据《仲裁规则》第四十三条达成和解，则在实施中的临时措施同时具有时效性。在MCI-厄瓜多尔案中，仲裁庭在规定临时措施的同时还指出，临时措施有效期直至仲裁庭修改或撤销该措施，或终止于仲裁裁决的结果。②

## （六）范围

《公约》第四十七条保证了临时措施可以保护当事各方的权利。在实践中，申请方和被申请方都可以申请临时措施，对其既有权利进行保护。此外，有些临时措施还可以保护第三方的权益。仲裁庭考虑的重点是第三方与当事方的关系。

在Azurix-阿根廷案中，仲裁庭驳回了当事方关于保全其子公司权利的请求，指出子公司与申请方关系也是争议问题之一，如果支持临时措施的请求，可能导致不利于相对方权利的结果。③ 在Plama-保加利亚案中，申请方请求中止针对其子公司的破产程序，仲裁庭认为申请方和子公司是不同的主体，破产程序不会影响仲裁的进行。④

## 二、考虑因素

### （一）必要性和紧迫性

当申请临时措施的当事方证明为了避免难以挽回的损失，有必要采

---

① SGS Société Générale de Surveillance S. A. v. Islamic Republic of Pakistan, ICSID Case No. ARB/01/13, Procedural Order No. 2 (16 October 2002), 8 ICSID Reports 396.

② City Oriente Limited v. Republic of Ecuador and Empresa Estatal Petróleos del Ecuador (Petroecuador) [Ⅰ]. ICSID Case No. ARB/06/21, Decision on Revocation of Provisional Measures (13 May 2008), 第78段。

③ Azurix Corp. v. The Argentine Republic, ICSID Case No. ARB/01/12, Decision on Provisional Measures (6 August 2003), 第41-45段。

④ Plama Consortium Limited v. Republic of Bulgaria, ICSID Case No. ARB/03/24, Order on Provisional Measures (6 September 2005), 第42-43段。

取紧急措施，仲裁庭可以做出推荐临时措施的裁定。Plama-保加利亚案仲裁庭强调临时措施必须满足紧迫性和必要性的要求，用于维持现状或避免难以挽回的损失。① 同时，正如 Maffezini-西班牙案仲裁庭指出的，临时措施的实施是非常规手段；申请当事人承担举证责任，仲裁庭做出决定。②

Azurix-阿根廷案仲裁庭分析了紧迫性的要求，指出基于临时措施的目的在于保障当事方的权利，因此紧迫性需要从当事方权利受损的即时可能性的角度考虑。③ 在 Biwater-坦桑尼亚案中，当事方提出了存在必要性和紧迫性的主张：当被申请方未能采取适当措施保全或提供相关的证据文件时，或存在证据灭失的风险时，临时措施的必要性和紧迫性即展现出来。仲裁庭进一步指出紧迫性和必要性的程度，取决于个案情况，以及所请求的措施类型。④ 在 Saipem-孟加拉案中，仲裁庭认为兑现保单的请求符合必要性和紧迫性的要求，而返还预留保证金的要求则未能达到法定标准。⑤而在 Tanzania Electric-ITPL 案中，仲裁庭认为措施申请方没能证明存在紧迫需要而必须实施临时措施。⑥

MCI-厄瓜多尔案仲裁庭阐述了其对紧迫性的理解：当某些行为能够或可能引发当事方权利受损的情况时，即出现了紧迫性；并且这种紧迫性是在可预期的时间范围内即将出现。⑦

---

① Plama Consortium Limited v. Republic of Bulgaria, ICSID Case No. ARB/03/24, Order on Provisional Measures (6 September 2005), 第 38 段。

② Emilio Agustín Maffezini v. The Kingdom of Spain, ICSID Case No. ARB/97/7, Decision on Provisional Measures (Procedural Order No. 2) (28 October 1999), 第 10 段。

③ Azurix Corp. v. The Argentine Republic, ICSID Case No. ARB/01/12, Decision on Provisional Measures (6 August 2003), 第 33 段。

④ Biwater Gauff (Tanzania) Ltd. v. United Republic of Tanzania, ICSID Case No. ARB/05/22, Procedural Order No. 1 (31 March 2006), 第 30、76 段。

⑤ Saipem S. p. A. v. The People's Republic of Bangladesh, ICSID Case No. ARB/05/07, Decision on Jurisdiction (21 March 2007), 第 182-185 段。

⑥ Tanzania Electric Supply Company Limited v. Independent Power Tanzania Limited, ICSID Case No. ARB/98/8, Decision on Provisional Measures (20 December 1999), 第 18 段。

⑦ Occidental Petroleum Corporation and Occidental Exploration and Production Company v. The Republic of Ecuador, ICSID Case No. ARB/06/11, Decision on Provisional Measures (17 August 2007), 第 59 段。

### （二）申请保护的权利

是否存在需要保护的权利也是临时措施程序中当事双方争论的焦点议题。临时措施的目的在于维持现状或保护既有权利免受难以挽回的损失。因此，临时措施保护的权利应当是当事双方既有的权利，也应当与案件实质争议相关。Maffezini-西班牙案仲裁庭指出，申请保护的权利必须是财产权等现实存在的权利，而不是未来可能会产生的权利，权利也必须与案件主旨相关，而不能脱离案件主要争议。① Casadov-智利案仲裁庭提出，是否存在真实而现实存在的权利，而不是假想的或附条件的权利，是仲裁庭推荐临时措施的决定性因素。②

有些案件中的权利是合同权利。如 Salini-摩洛哥案，双方的争议之一就是现存有效合同的权益。因此仲裁庭建议双方避免做出任何与维持合同利益不相符的举动，并确保已采取的措施不会导致合同的失效。③ 在Tanzania Electric-IPTL 案中当事一方要求通过临时措施履行合同；仲裁庭指出其寻求的措施旨在改变现状，不属于《仲裁规则》第三十九条的范畴。④

另一些则与程序性权利有关。例如，在 Amco-印尼案中当事方着眼于保护信息保密权申请临时措施，仲裁庭指出《公约》第四十七条保护的权利仅是与争议相关的权利，而公开案情的行为对争议权利本身并无影响。⑤MCI-厄瓜多尔案申请方寻求通过临时措施返还被扣押的财产。仲裁庭未予支持，指出寻求临时保护的权利应当是申请方既有权利的一部分，而返还财产的请求则依托于申请方胜诉后才能获得的财产权这一假设基础上，因

---

① Emilio Agustín Maffezini v. The Kingdom of Spain, ICSID Case No. ARB/97/7, Decision on Provisional Measures (Procedural Order No. 2) (28 October 1999), 第22-23 段。

② Victor Pey Casado and President Allende Foundation v. Republic of Chile, ICSID Case No. ARB/98/2, Decision on Provisional Measures (25 September 2001), 第43-49 段。

③ Holiday Inns S. A. and others v. Morocco, ICSID Case No. ARB/72/1, Decision on Jurisdiction (12 May 1974), 1 ICSID Reports 653-659.

④ Tanzania Electric Supply Company Limited v. Independent Power Tanzania Limited, ICSID Case No. ARB/98/8, Decision on Provisional Measures (20 December 1999), 第14-16 段。

⑤ Amco Asia Corporation and others v. Republic of Indonesia, ICSID Case No. ARB/81/1, Decision on Provisional Measures (9 December 1983), 1 ICSID Reports 63.

此不能支持。①

## （三）措施类型

《仲裁规则》第三十九条要求当事方在申请临时措施时，应当指明待保护的权利。仲裁庭在考虑临时措施时，会考虑拟保护的权利及其相关情况。在实践中，较常出现的申请包括证据发现和交换、裁前担保、临时禁制令排除国内法院管辖等。

### 1. 证据获取

《公约》第四十三条规定了当事方获取证据的权利。有时，当事方会通过临时措施，请求仲裁庭要求对方制作或提供有关证据。尤其是证据掌握在政府机构手中，私人当事方无法通过正常途径获得时，尤为突出。

在 AGIP-刚果案中，由于办公设施和文件被扣押，申请方申请证据保全的临时措施，要求被申请方移交已被扣押的原属申请方的文件资料。仲裁庭考虑了证据的重要性，同意了文件移交的申请。② 在 Azurix-阿根廷案中，部分证人因法庭禁令而不能作证，申请方请求采取临时措施获取证人证言。仲裁庭指出，《公约》第三十四条要求当事方配合制作相关证据，第二十六条规定了仲裁庭对案件的专属管辖权，以及第二十一——二十二条保障证人作证的权利，因此被申请方有义务采取措施使证人可以行使作证的权利。③ 而在 Azurix-阿根廷案中，东道国政府提出了类似的请求，以裁判机构放假为由要求申请方提供裁判文件的原本。仲裁庭以该裁判机构为被申请方本国机构为由，驳回了该申请。④

### 2. 财产保全和担保

为了保障仲裁裁决的实施，当事方可以要求对方提供一定金额的担

---

① Occidental Petroleum Corporation and Occidental Exploration and Production Company v. The Republic of Ecuador, ICSID Case No. ARB/06/11, Decision on Provisional Measures (17 August 2007), 第 66-68 段。

② AGIP S. p. A. v. People's Republic of the Congo, ICSID Case No. ARB/77/1, Award (30 November 1979), 第 7-9 段。

③ Sempra Energy International v. The Argentine Republic, ICSID Case No. ARB/02/16, Award (28 September 2007), 第 37 段。

④ Azurix Corp. v. The Argentine Republic, ICSID Case No. ARB/01/12, Decision on Provisional Measures (6 August 2003), 第 48 段。

保。通常，申请方要求对赔偿请求相应金额的担保，而申请方则要求对财产保全费用和仲裁费用的担保。但在实践中，由于仲裁费用相关的费用主张基于对未来结果的假设，而不是现实存在的权利，通常仲裁庭不会同意该类费用的主张。

在 Maffezini-西班牙案中，被申请方请求申请方提供保证金或债券担保，以保证履行最终裁决。仲裁庭驳回了这一请求，仲裁庭认为，首先担保请求依据仲裁的结果，因此临时措施的请求属于对未来情况的猜测，不具有必要性和紧迫性；其次实施这类担保，好像暗示了对申请方不利的结果，减损了其仲裁权利。①

在 Casadov-智利案中，被申请方要求足以支付其仲裁费用的保证金。仲裁庭指出，仲裁规则没有关于裁决前保证金的规定，并且主张保护的权利，即胜诉后的求偿权尚未产生，此外采用该保证金会减损对方当事人的权利，因此不予支持。② 但是也有例外，对于申请方存在破产风险的案件中，仲裁庭也会要求提供担保以确保仲裁程序的继续进行。在 MINE-几内亚案中，仲裁庭认为如果当事方有破产危险而导致无法支付仲裁费用的情况，即属于《公约》第四十七条规定的必要和紧迫的临时措施的范畴。③

### 3. 排斥国内司法程序

在仲裁程序中要求实施临时措施以排斥正在进行的缔约国国内司法程序的要求，是最常见的措施请求之一。《公约》第二十六条规定了中心对国际投资相关法律争端的专属管辖权，因此当事方可以请求仲裁庭以专属管辖权为依据中止或终止正在进行的国内司法程序。

比较常见的诉求是中止在执行的财产保全措施。在 MINE-几内亚案中，仲裁庭同意被申请方提出的临时措施的请求，建议中止在国内司法程序中的财产保全措施。④ 在 MINE-几内亚案中，仲裁庭也要求申请方中止在部分国家的国内司法诉讼，立即解除对在相关财产保全措施，并不得开

---

① Emilio Agustín Maffezini v. The Kingdom of Spain, ICSID Case No. ARB/97/7, Decision on Provisional Measures (Procedural Order No. 2) (28 October 1999), 第 1-3 段。

② Victor Pey Casado and President Allende Foundation v. Republic of Chile, ICSID Case No. ARB/98/2, Decision on Provisional Measures (25 September 2001), 第 88-89 段。

③ Atlantic Triton v. Guinea, France, Cour d'appel Rennes, 26 October 1984, 3 ICSID Reports 4, 7.

④ 同上。

启新的保全程序。①

此外，排除东道国国内程序管辖的申请也相对较多。在 Vacuum-加纳案中，东道国启动了其国内程序解决该争端，而申请方则要求临时措施中止相关国内程序。仲裁庭建议东道国与申请方协商解决争端，并承诺在和解或裁决做出前中止相关国内程序。② Casadov-智利案仲裁庭则强调了其专属管辖权。申请方要求终止执行智利国内机构做出的行政决定，但仲裁庭认为相关国内程序标的与中心仲裁并不相同，并且无论如何仲裁庭的最终裁定的效力将高于任何国内行政或司法程序做出的决定。③ 在 Tanzania Electric-IPTL 案中，在申请中心仲裁的同时，IPTL 也通过国内司法程序求偿，仲裁庭应申请建议暂停关于求偿的国内程序。随后 IPTL 借由临时措施在中心求偿，仲裁庭认为该申请将破坏案情现状为由予以驳回。④

### 4. 保密申请

有时当事方会申请对部分涉案材料和程序进行保密。但仲裁庭倾向于保障当事方公布相关信息的权利。

能否在公开场合和媒体披露案情，是部分案件临时措施的争议。如在 Amco-印尼案中，仲裁庭认为《公约》和《仲裁规则》并不限制当事方公开相关案件情况，因此驳回了被申请方要求案件保密的请求。⑤ 类似的裁定也出现在 WDFC-肯尼亚案中，仲裁庭指出《公约》和《仲裁规则》不限制当事方公开案情的自由；尤其是一方当事人为政府的情况下，规则不可能约束当事人在公共空间讨论案件的权利。⑥

---

① Maritime International Nominees Establishment v. Republic of Guinea, ICSID Case No. ARB/84/4, Switzerland, Autorit'e de surveillance des offices de poursuite pour dette et de faillite, Geneva, 7 October 1986, 4 ICSID Reports 45, 47, 51.

② Vacuum Salt Products Ltd. v. Republic of Ghana, ICSID Case No. ARB/92/1, Decision on Provisional Measures (14 June 1993), 4 ICSID Reports 323, 328.

③ Victor Pey Casado and President Allende Foundation v. Republic of Chile, ICSID Case No. ARB/98/2, Decision on Provisional Measures (25 September 2001), 第 53-61 段。

④ Tanzania Electric Supply Company Limited v. Independent Power Tanzania Limited, ICSID Case No. ARB/98/8, Award (12 July 2001), 第 26-32 段。

⑤ Amco Asia Corporation and others v. Republic of Indonesia, ICSID Case No. ARB/81/1, Decision on Provisional Measures (9 December 1983), 1 ICSID Reports 63.

⑥ World Duty Free Company v Republic of Kenya, ICSID Case No. Arb/00/7, Award (4 October 2006), 第 16 段。

此外，如何履行听证会程序也出现在临时措施的请求中。在前述 WD-FC-肯尼亚案中，一方当事人反对公开听证会的纪要和影音记录。仲裁庭支持了该临时措施，指出根据《仲裁规则》第三十二条和《行政和财务条例》第二十二条都规定只有经当事方同意，仲裁庭才可以决定是否公布会议纪要和影音记录。①

## （四）适当性

临时措施需要平衡两方面的利益：一方面对亟待保护的权利提供救济，另一方面又不能干扰对实体主张的仲裁和裁决。Caratube-哈萨克斯塔案仲裁庭指出，临时措施应当具备适当性，使得当事方可以实现其仲裁目的，因此措施必须平衡各方的权利。②

适当性的要求在涉及国家主权行为时尤为重要。在 Aguas-玻利维亚案中，当事方请求中止相关刑事审判程序。仲裁庭指出，除非该刑事审判程序的目的却为干扰中心仲裁，否则仲裁庭在涉及刑事审判案件时应当特别注意。③ 而 Caratube-哈萨克斯塔案仲裁庭也提出，处理刑事审判相关临时措施的请求，需要满足非常高的要求；经过认真考虑后认为中止刑事审判程序的措施将严重干扰国家主权。④ 在处理涉税措施时，仲裁庭同样非常谨慎：由于财政权力是国家的重要权利，涉税的措施通常不能推荐；但是对于严重危及投资者生存的过度税收，仲裁庭可以设置临时措施，但应同时设立托管账户管理相关税金。⑤

---

① World Duty Free Company v Republic of Kenya, ICSID Case No. Arb/00/7, Award (4 October 2006)，第 16 段。

② Caratube International Oil Company LLP & Mr. Devincci Salah Hourani v. Republic of Kazakhstan, ICSID Case No. ARB/13/13, Decision on the Claimants' Request for Provisional Measures (4 December 2014)，第 121 段。

③ Quiborax S. A. and Non-Metallic Minerals S. A. v. Plurinational State of Bolivia, ICSID Case No. ARB/06/2, Decision on Provisional Measures (26 February 2010)，第 139-148 段。

④ Caratube International Oil Company LLP & Mr. Devincci Salah Hourani v. Republic of Kazakhstan, ICSID Case No. ARB/13/13, Decision on the Claimants' Request for Provisional Measures (4 December 2014)，第 137 段。

⑤ Burlington Resources, Inc. v. Republic of Ecuador, ICSID Case No. ARB/08/5, Procedural Order No. 1 on Burlington Oriente's Request for Provisional Measures (29 June 2009)，第 86-88 段。

**第七章**

# 损失赔偿和仲裁费用

## 第一节　损失赔偿

赔偿损失是投资者诉诸国际争端解决最常见的诉求之一。一方面，由于《公约》第五十四条规定了各缔约国对于执行仲裁裁决中关于财产部分规定的强制性义务，因此投资者为了执行效率的考虑也会倾向于选择请求损失赔偿。

另一方面，赔偿损失并不仅仅是法律问题，还涵盖了金融、会计以及行业相关的知识，以律师为主的仲裁庭处理损失计算问题相对复杂。因此在以往实践中，损失计算问题并没有形成统一的、固定的方法，不同案例中的处理也存在一些区别。

### 一、法律依据

如前所述，在《公约》的仲裁中仲裁庭所依据的法律包括国际投资保护协定、缔约国的国内法律等成文法。在确定损失赔偿金额方面，仲裁庭也主要依据这些条约和法律进行裁判。但是在相关条约和法律没有规定或不够详细时，仲裁庭就会依据国际习惯法对赔偿金额问题进行分析。

## （一）条约等成文法

在国际条约或国内法律等成文法中，通常包括对投资者利益及逆行保护的条款，比如最惠国待遇和国民待遇条款，以及公平公正待遇①条款。对于因征收或国有化等原因造成的投资者损失，条约和法律也规定东道国有义务进行赔偿。

例如，美国《2012 年双边投资保护协定范本》② 第六条规定了关于征收和赔偿的情况。对于赔偿的诸多规定，如合法征收的公共性、非歧视性和赔偿充分性，以及赔偿价值应当基于征收前的公平市场价值，应付利息以商业利率为基础涵盖征收与偿付期间等，都在一定程度上明确了赔偿计算的方式。

但是仍有一些问题如在非法征收的情况下如何计算赔偿价值，以及如何确定公平市场价值等，没有得到解决和回答。此外有些条约和立法更加宽泛和原则性，没有对赔偿问题做更多的规定和解释，因此仲裁庭则需要依据国际习惯法进行裁判。

## （二）国际习惯法

联合国国际法委员会制定的《国际不法行为的国家责任条款》③ 是关于国家责任与赔偿的国际习惯法。在赔偿部分，该规则要求涉案国家全额赔偿因其国际不法行为导致的物质和精神损害。并且赔偿应当包括利润损失在内的财产损失，以及因赔偿而产生的利息。

尽管《国际不法行为的国家责任条款》第三十三条将赔偿问题局限于国家之间，但是第三十三条第二款又规定该规则不能排除对国家针对私人主体的不法行为的适用。因此，通说认为该规则同样适用于国家与私人主

---

① Fair and equitable treatment.

② 2012 U. S. Model Bilateral Investment Treaty, TREATY BETWEEN THE GOVERNMENT OF THE UNITED STATES OF AMERICA AND THE GOVERNMENT OF [Country] CONCERNING THE ENCOURAGEMENT AND RECIPROCAL PROTECTION OF INVESTMENT.

③ Articles on Responsibility of States for Internationally Wrongful Acts, International Law Commission, the United Nations.

体之间的纠纷和争议。这一概念得到了国际刑事法院在 Chorzow Factory 案裁决①的支持。并且，正如 UPS-加拿大案仲裁庭指出的，Chorzow Factory 案裁决已经成为对损失确定和赔偿计算的国际习惯法之一。②

Chorzow Factory 案是国际常设刑事法院的判例。在本案中，波兰法院认定一德国公司的在波兰工厂所有权无效，并随后将该工厂认定为波兰政府的资产，这相当于变相征收了该德国公司在波兰的工厂。在审理中，国际常设刑事法院认为该政府行为构成了非法征收。在判决中，法院提出了关于损失赔偿确定的重要依据：赔偿应当在尽可能的范围内消除不法行为的所有影响，并尽可能重现不法行为发生前的情境；偿付金额应当等同于返还被征收财产的价值，以及相应的其他损失等。③

因此在判断损失赔偿金额时，根据 Chorzow Factory 案判决确定的标准，仲裁庭应当假想未发生不法行为时投资者的境况，推测投资者的资产在未受干扰前的行业和经济条件下经营和利润实现的情况。

## 二、考虑因素

在认定损失金额时，仲裁庭需要考虑多种因素，其中包括适用何种法律标准，以及采用哪种估值方法等。

### (一) 法律标准

如前所述，在解决损失赔偿问题上有两种法律依据：一是以国际条约和国内立法为主的成文法，二是以 Chorzow Factory 案裁决为主的国际习惯法。

虽然在成文法中有一些关于合法征收及其赔偿的规定，但对于非法征收则鲜有涉及，也正因此发展出了国际习惯法作为审判依据。在 2006 年以前，中心仲裁庭也常依据成文法中关于合法征收的规定处理有关非法征收

---

①　Factory at Chorzow（F. R. G. v. Pol.），1928 P. C. I. J.（ser. A）No. 17.

②　S. D. Myers, Inc. v. Government of Canada, UNCITRAL, Partial Award（Nov. 13, 2000），第311 段.

③　Factory at Chorzow（F. R. G. v. Pol.），1928 P. C. I. J.（ser. A）No. 17, Judgment of 13 September 1928, P47.

的问题。如在 Thunderbird-墨西哥案中，仲裁庭就依据《北美自由贸易协定》中关于合法征收的规定，对东道国非法间接征收投资者填埋场设施的问题进行了审查，最终判定应当按照实际投资额对投资者进行赔偿。① 同样的情况也出现在 Thunderbird-墨西哥案中，仲裁庭依据《墨西哥-西班牙双边投资保护协定》和《墨西哥联邦法》中关于合法征收的规定，认定资产的购入价值以及后续补充投资的金额作为损失赔偿的标准。②

标志性的裁决出现在 ADC-匈牙利案中。在本案中，仲裁庭对合法征收和非法征收正式地进行了区别，认为不能用成文法中关于合法征收的规定处理非法征收的问题，而应当引用 Chorzow Factory 案裁决的国际习惯法作为裁判依据，并确立了以未受不法征收行为影响的投资价值作为赔偿标准的做法。③

在随后的案件中，各仲裁庭基本采纳了 ADC-匈牙利案裁决的精神，对于非法征收适用 Chorzow Factory 案的方法确定损失赔偿金额。在 Azurix-阿根廷案中，仲裁庭指出在相关国际协定中仅有对合法征收及其赔偿的规定，并没有规定非法征收的处理，因此应当依据国际习惯法核算损失及赔偿，最终认定应以投资的账目金额及额外的征收成本作为赔偿标的。④

但也有案件未予沿用或完全沿用 Chorzow Factory 案裁决的思路。在2009 年裁决的 SPP-埃及案中，仲裁庭一方面认可合法征收和非法征收的区别，另一方面仍采用原有的投资账面价值的方法确定损失赔偿金额。⑤ 而在 Rumeli-哈萨克斯塔案中，仲裁庭表示应当按照 Chorzow Factory 案确定的原则认定赔偿金额，但实际上仍然采用了相关投资协定中的规定。⑥

---

① Metalclad Corporation v. The United Mexican States, ICSID Case No. ARB（AF）/97/1, Award（August 30 2000），第113-125 段。

② Técnicas Medioambientales Tecmed, S. A. v. The United Mexican States, ICSID Case No. ARB（AF）/00/2, Award of the Tribunal（May 29, 2003），第183-200 段。

③ ADC Affiliate Ltd. & ADC & ADMC Management Ltd. v. The Republic of Hungary, ICSID Case No. ARB/03/16, Award（October 2, 2006），第493 段。

④ Siemens AG v. The Argentine Republic, ICSID Case No. ARB/02/8, Award,（February 6, 2007），第349-352 段。

⑤ Waguih Elie George Siag and Clorinda Vecchi v. The Arab Republic of Egypt, ICSID Case No. ARB/05/15, ICSID Case No. ARB/05/15, Award（June 1, 2009），第539 段。

⑥ Rumeli Telekom A. S. and Telsim Mobil Telekomunikasyon Hizmetleri A. S. v. Republic of Kazakhstan, ICSID Case No. ARB/05/16, Award（July 29, 2008），P214-226.

## （二）估值方法

Chorzow Factory 规则虽然确定了以假想的未受不法征收影响的状态估算投资价值的方法，但对于如何估值并没有明确的指导和建议。

同时根据 Azurix-阿根廷案仲裁庭的定义，国际投资争端仲裁中的公平市场价值是指在公开自由的市场中，买卖双方在信息对称的情况下交易该资产的价格。[①] 因此在估值时，需要考虑估值日期和估值方法等因素。

### 1. 估值时间

估值的时间点对涉案资产价值的影响很大。美国《2012 年双边投资保护协定范本》对合法征收估值的时间点规定为征收之前，而在 ADC-匈牙利案中，仲裁庭却把估值时间定位仲裁裁决做出之时。原因就在于在征收后裁决前涉案资产增值较多，如果按照征收时计算资产价值和赔偿金额，投资者可能享受不到资产增值部分的收益。因此从未受到征收影响这一假设出发，涉案资产的损失应当反应该资产的公允价值，即仲裁裁决做出之时。相反，如果资产贬值明显，按照 ADC-匈牙利案仲裁庭的意见，估值时间也应当确定为不法征收发生之时。这是因为一方面做出不法行为的当事方应当承担资产贬值的风险，另一方面若未发生不法征收，投资者可能已经调整经营策略或采取其他保值措施保护其投资避免贬值风险。

另一种复杂但常见的情况是不法征收发生于一段时间而不是某个时间点。在 Azurix-阿根廷案中，申请方主张难以确定东道国侵犯其权利的时间节点，并提出了四个时点用于核算损失价值。仲裁庭认为从违反国际协定义务的角度，另一个时间点更有说服力。[②]

### 2. 估值方法

由于估值问题大都涉及金融、经济和会计等领域的专业知识，这对于以法律人士为主的仲裁庭造成了一些困难。ADC-匈牙利案仲裁庭就提出，

---

① CMS Gas Transmission Company v. The Republic of Argentina, ICSID Case No. ARB/01/8, Award（May 12, 2005），第 402 节。

② Azurix Corp. v. The Argentine Republic, ICSID Case No. ARB/01/12, Award（July 14, 2006），第 417-418 节。

确定损失和赔偿并不是科学；尽管方法很多，但最终的解决方案仍然是现有情况下最为各方接受的结果。[①]

在实践中，在估计损失及其赔偿时常用的估值方法主要有两类：一类是基于实际发生的交易价格估算，另一类是基于预测未来的方式估算。

（1）现金流折现法

现金流折现法是基于对未来利润的估计折算资产的现值，是在实践中应用最多的估值方法。例如，在 Azurix-阿根廷案、Thunderbird-墨西哥案、MCI-厄瓜多尔案[②]等多起案件中，仲裁庭都选择了现金流折现法来估算损失和赔偿金额。

由于现金流折现法着眼于对未来利润等现金流入的预测，因此不同当事方即使在同样运用该方法估算损失时结果仍然可能相差巨大：申请方会乐观估计未来盈利能力从而高估资产价值，而被申请方则通过减少未来利润而低估价值。

关于折现率，如果有关投资协定有所规定则依从其规定。如果没有规定则通常参考同期商业利率，考虑投资者可能的经营状况来确定。由于Chorzow Factory 规则下损失赔偿相当于投资者在未受不法侵害情况下经营涉案资产的收益，因此利率一方面需要考虑相关行业在特定期间内的经营表现，即利率应当反映投资收益的情况。

在 SPP-埃及案中，仲裁庭认为当事双方建议的利率不合适，提出采用伦敦银行同业拆借利率（LIBOR）作为利率，其理由是涉案投资协定规定了 LIBOR 作为合法征收情况下的利率，若该利率在合法征收情况下适用，同样在非法征收中也可以类似的适用。[③] 而在 Desert Line-也门案中，仲裁庭拒绝了当事方提出的7%的年化利率的主张，认为5%更符合案件情况，但没有给出理由和解释。这也反映了仲裁庭在当事方互不相让的主张

---

① ADC Affiliate Ltd. & ADC & ADMC Management Ltd. v. The Republic of Hungary, ICSID Case No. ARB/03/16, Award（October 2, 2006），第 521 节。

② El Paso Energy International Company v. The Argentine Republic, ICSID Case No. ARB/03/15；Cargill, Incorporated v. United Mexican States, ICSID Case（AF）/05/2；Occidental Petroleum Corporation and Occidental Exploration and Production Company v. The Republic of Ecuador, ICSID Case No. ARB/06/11.

③ Waguih Elie George Siag and Clorinda Vecchi v. The Arab Republic of Egypt, ICSID Case No. ARB/05/15, Award（June 1 2009），第 596-598 段。

中寻求妥协和平衡的做法。

（2）实际交易价格法

实际交易价格即以市场中该资产或类似资产实际交易的价格为基础估算损失和赔偿金额的方法。根据交易的不同还可以细分为实际投资法、交易对比法等。

在有些案件中，仲裁庭根据投资者实际投资金额作为损失赔偿的标准。在 SPP-埃及案中，仲裁庭在考虑了当事方提出的现金流折现法的主张后，认为投资者实际投入两座酒店的资金可以作为损失赔偿的参照标准。[①] 在 Railroad-危地马拉案[②]和 Thunderbird-墨西哥案等案件中，仲裁庭也采纳了类似的以实际投资金额估算赔偿标准的方法。

在另外一些案件中，仲裁庭通过对比类似资产在市场交易的价值来确定争议资产的损失。在 Santa Elena-哥斯达黎加案中，仲裁庭参照土地销售价格确定了损失赔偿的金额。[③]

此外，在其他一些案件中，仲裁庭依据股票分红[④]估计损失，或直接以汇总金额的方式做出赔偿金额的决定。[⑤]

### 3. 利息计算

一方面，利息是给予接受赔偿的当事方一定的经济利益，用于补偿从损失认定日到实际付款日之间的机会成本。另一方面，利息的支付也能促使义务承担当事方尽快履行仲裁裁决规定的义务，从而减少利息支出。在利息率方面，仲裁庭会参考商业银行同期贷款利率确定。如前 ADC-匈牙利案仲裁庭就选择了商业银行贷款利率作为执行裁决赔偿规定的利息率。

---

① Wena Hotels Ltd. v. Arab Republic of Egypt, ICSID Case No. ARB/98/4, Award (December 8 2000)，第 122 节。

② Railroad Development Corporation v. Republic of Guatemala, ICSID Case No. ARB/07/23, Award (June 29 2012).

③ Reinhard Unglaube v. Republic of Costa Rica, ICSID Case No. ARB/09/20, Award (May 16 2012).

④ LG&E Energy Corp., LG&E Capital Corp., and LG&E International, Inc. v. Argentine Republic, ICSID Case No. ARB/02/1, Award (July 25 2007).

⑤ Ceskoslovenska Obchodni Banka, A. S. v. The Slovak Republic, ICSID Case No. ARB/97/4, Award (December 29 2004)；Swisslion DOO Skopje v. The Former Yugoslav Republic of Macedonia, ICSID Case No. ARB/09/16, Award (July 6 2012).

# 第二节　仲裁成本

国际投资仲裁花费通常较高。一方面由于案情通常比较复杂，需要大量高质量的法律和专家意见；另一方面仲裁时间跨度往往三五年，也影响了仲裁的成本。案情复杂的如 Libananco-土耳其案，仲裁成本高达数百万美元，而案情相对简单的如 Tesoro-特立尼达和多巴哥案，仲裁仅花费了 11000 美元。总的来说，仲裁成本可以分成两部分：仲裁费用和律师费用。

## 一、仲裁费用

仲裁费用是当事方支付给中心的，用于支付中心及仲裁庭提供法律服务的费用。其中，仲裁员相关费用是仲裁费用的主要部分。

### （一）仲裁员相关费用

关于仲裁庭的支出主要包括仲裁员承担仲裁工作的费用，包括其法律劳务费用及差旅、通信、文件和翻译等辅助性工作费用。因此工作时长、听证会地点等对仲裁庭费用的多少具有很大的作用。在通常长约三五年的情况下，仲裁庭工作费用一直是整个仲裁成本的重要组成部分。

就仲裁员而言，根据规定，其每日工作收入为 3000 美元。此外，根据《行政财务条例》的规定，仲裁员还可以获得工作相关支出的补助，用于支付通信、文件复印和翻译等相关的费用。

### （二）仲裁机构费用

中心作为仲裁机构向当事方提供仲裁服务，也将向当事方收取一定的费用。

立案费用。当申请方向中心申请登记争端时，根据《行政财务条例》第十六条的规定，应当向中心一次性缴纳案件登记费用。未予缴纳该费用前，中心和秘书长将不会开启立案前审查的相关工作。目前该案件登记费用为 25000 美元。[1] 根据《公约》相关救济程序的立案，中心也将按 10000 美元的标准收取。[2]

审理费用。中心在组织仲裁程序，提供仲裁秘书服务等方面也要收取相应的仲裁管理费用。目前，管理费用为每年 42000 美元[3]，根据仲裁案件审理的时间长短收取。

听证费用。仲裁过程中通常会召开听证会，听取各方意见以及专家证言。听证会通常在中心提供或其安排的会议室召开。除了场所费用之外，当事方还要支付仲裁秘书每小时 200 美元的听证费用，以及与听证相关的差旅费用。[4]

## 二、律师费用

律师费用是仲裁成本中最大的一部分，其中包括聘请律师和延请专家证人所产生的费用。律师费用包括律师以小时计的工作费用，以及与仲裁相关的差旅、通信等费用。专家证人是当事方聘请向仲裁庭提供有关专业问题意见的专业权威人士，以及了解案件有关事实的证人。专家证人的费用除了其相应的服务费用外，当事方也需要支付与案件有关的差旅和其他工作费用。

律师服务的费用并不一定仅限于专门为本仲裁所做的工作。与该仲裁相关的一些律师费用，仲裁庭也可能支持当事方的主张，由向对方承担。例如，在 SPP-埃及案中，申请方同时准备了在国际商会和国际投资争端解决中心提出投资争端的仲裁，并延请律师就两起仲裁做准备。在国际投资争端解决中心的仲裁中，申请方主张败诉东道国支付包括国际商会 ICC 仲裁在内的律师费用。仲裁庭指出律师费用是本案损失赔偿的一部分，但仅限于与国际投资争端解决中心的仲裁有关和有用的法律服务，才能在中

---

[1]  Schedule of Fees（July 1，2020），第 1 条，ICSID，https://icsid.worldbank.org/services/content/schedule-fees.

[2]  Schedule of Fees（July 1，2020），第 2、7 和 8 条。

[3]  Schedule of Fees（July 1，2020），第 4 条。

[4]  Schedule of Fees（July 1，2020），第 5 条。

心仲裁裁决中获得补偿。①

## 三、费用承担

《公约》及其仲裁规则并没有规定仲裁成本在当事方之间分配的规则。在实践中，仲裁庭采用过败者承担、惩罚性承担和平均分摊等多种分配方式。根据《公约》第六十一条第二款的规定，除非当事方对仲裁成本分摊另有约定，否则仲裁庭有权决定包括仲裁费用和律师费用在内的仲裁成本在当事方之间的分配方式。

### （一）败者承担

国际商事仲裁中有"依仲裁结果承担费用"的原则②，通常由败诉方承担。正如 ADC-匈牙利案仲裁庭指出的，在实践中，仲裁员在费用分摊问题上倾向有利于胜诉方，并且认为胜诉方应当从败诉方获得仲裁费用的经济补偿。③

由于一个争端中可能涉及多个争议点，因此仲裁庭在分配仲裁费用时会统筹考虑当事双方在多个争点中的胜负状况，对总体费用进行适当分配，而不一定都由败诉方承担。历史上，完全由败诉方承担的案例不多，仅有 Saipem-孟加拉案、Genin-爱沙尼亚案、CDC-塞舌尔案以及 ADC-匈牙利案等少数案件。④

即使在判由败诉方承担的情况下，也有仲裁庭认为该费用承担仍然需

---

① Southern Pacific Properties（Middle East）Limited v. Arab Republic of Egypt, ICSID Case No. ARB/84/3, Award（May 20 1992），第 207–211 段。

② 即"costs follow the event maxim（根据争议事项结果确定仲裁费用）"原则，通常由败诉方向胜诉方支付仲裁费用。该规定出自 1996 年英国仲裁法第 61 条，主要目的在于补偿胜诉方为仲裁支出的费用，支持维权、避免滥诉而非惩罚措施。

③ ADC Affiliate Ltd. & ADC & ADMC Management Ltd. v. The Republic of Hungary, ICSID Case No. ARB/03/16, Award（October 2, 2006），第 531–533 节。

④ Scimitar Exploration Limited v. Bangladesh and Bangladesh Oil, Gas and Mineral Corporation, Award（May 4 1994）；Alex Genin, Eastern Credit Limited, Inc. and A. S. Baltoil v. The Republic of Estonia, ICSID Case No. ARB/99/2, Decision on Supplementation and Rectification（April 4 2002）；CDC Group plc v. Republic of Seychelles, ICSID Case No. ARB/02/14, Decision on Annulment（June 29 2005）；Telenor Mobile Communications A. S. v. The Republic of Hungary, ICSID Case No. ARB/04/15, Award（September 13 2006）.

要在合理的范围内。在 Libananco-土耳其案中，仲裁庭认为虽然败诉方承担仲裁费用在实践中比较常见，但仲裁庭仍然需要考虑相关费用的合理性和必要性，相对富裕的当事方可能花费较多，但这些高额支出并不应该由败诉方全额承担，最终认定败诉方承担胜诉方律师费用的一半。① 同样的案例出现在 CSOB-斯洛伐克案中，仲裁庭决定由败诉方承担仲裁成本，其中包括胜诉方的律师费用等。但是仲裁庭指出，败诉方在本案中的花费仅为百万欧元，而胜诉方支出超过千万欧元，这种支出的不均衡非常明显。支出行为是当事方自己的决策，如果由败诉方全额承担胜诉方的仲裁成本，相当于承担了对方决策的后果，对败诉方是不公平的。因此仲裁庭仅要求败诉方承担对方两百万欧元的仲裁成本。②

## （二）分别承担

在很多案件中，仲裁庭也会决定由当事双方平均承担包括仲裁机构和仲裁员在内的仲裁费用。如果仲裁庭认为当事双方都以善意和职业的态度，积极配合仲裁庭完成争端解决工作，则可以决定双方共同承担该仲裁的费用。此外，如果当事双方在争点上互有胜负，仲裁庭也可以平均分摊仲裁的成本。

Noble-罗马尼亚案仲裁庭平均分配仲裁费用决定的理由有一定的代表性：一方面，败者承担并不是所有仲裁中的通常规则，《公约》及其有关规则并没有规定应当由败诉方承担仲裁费用。另一方面，申请方在一部分争点上受到了支持，因此决定由当事双方平均分摊仲裁相关的费用。③

在 SGS-菲律宾案中，仲裁庭认为败者承担原则虽有一定的普遍性，但并不适用于因仲裁庭不具管辖权而终结的案件。由于当事方在实体争点上未能分出胜负，因此本案没有胜诉方和败诉方的区别。④

① Libananco Holdings Co. Limited v. Republic of Turkey, ICSID Case No. ARB/06/8, Award (September 2 2011)，第 563 段。

② Jan Oostergetel and Theodora Laurentius v. The Slovak Republic, UNCITRAL, Award (April 23 2012)，第 339 段。

③ Noble Ventures, Inc. v. Romania, ICSID Case No. ARB/01/11, Award (October 12 2005)，第 234-236 段。

④ Fraport AG Frankfurt Airport Services Worldwide v. The Republic of the Philippines, ICSID Case No. ARB/03/25, Award (August 16 2007)，第 405 段。

### （三）惩罚性承担

惩罚性承担与当事方未能遵守或履行《公约》规定，以及仲裁庭（或特设委员会）有关决定有关。仲裁庭有权决定仲裁相关费用的分摊事宜，为了遏止违反《公约》或其决定的行为，督促当事方履行相关义务，仲裁庭可以决定由某当事方承担全部或大部分仲裁成本。

在当事方违反《公约》规定时，仲裁庭倾向于由违反当事方承担因其行为导致的额外支出。在 LETCO-利比里亚案中，在申请方根据《公约》提出国际仲裁后，东道国就相同争议在其国内法院启动诉讼程序。这不符合《公约》第二十六条关于排他管辖的规定。仲裁庭支持了申请方的主张，要求东道国承担包括律师费用在内的仲裁相关的全部费用。仲裁庭指出，这个决定是基于东道国在程序问题上表现出的恶意：其不仅不参加仲裁，还违反《公约》义务企图通过国内诉讼绕过国际仲裁。①

在 Zhinvali-格鲁吉亚案中，被申请方在超过规定的时限外提出了管辖权意义。仲裁庭一方面支持了其管辖权异议，另一方面提出该行为干扰了仲裁程序，并且不必要地增加了各方参加仲裁活动的成本。因此，根据公平原则，其要求被申请方应当承担对方因该应为而增支的仲裁成本。②

同样如果当事方未能遵守仲裁庭的决定，仲裁庭仍然可以要求该当事方承担主要成本。在 MINE-几内亚案中，申请方违反了仲裁庭的关于财产保全的决定。就保全费用，仲裁庭指出申请方行为虽有情可原，但其毕竟违反了仲裁庭的决定，因此要求申请方支付关于财产保全相关的大部分费用。③

还有一个案例，仲裁庭可能因当事方所为不符合其预期，从而决定使其承担仲裁成本。在 Tokios-乌克兰案中，仲裁庭认为申请方提交的文件材料混乱、重复且在法律上不严谨，其提交的证据不能有效证明其提出的主

---

① Liberian Eastern Timber Corporation v. Republic of Liberia, ICSID Case No. ARB/83/2, Award（March 31 1986），2 ICSID Reports 346.

② Zhinvali Development Ltd. v. Republic of Georgia, ICSID Case No. ARB/00/1, Award（January 24 2003，第 420-433 段。

③ Maritime International Nominees Establishment v. Republic of Guinea, ICSID Case No. ARB/84/4, Award（January 6 1988），4 ICSID Reports 61.

张，因此决定由申请方承担被申请方关于该仲裁相关的支出。①

### （四）程序性费用

整个仲裁过程包括很多子程序，仲裁庭会要求提出相关程序要求的当事方承担该程序相关的仲裁成本。《仲裁规则》第二十八条第一款 b 项授权仲裁庭可以决定由某一当事方承担部分程序的全部费用。同样，如果当事方没有完成仲裁庭要求的义务从而产生了额外的成本，仲裁庭同样可以要求未履行义务当事方承担这部分额外的成本。

在 AMT-扎伊尔案中，某当事方未参加听证会。仲裁庭提出，该当事方可以提出再次举行听证会的请求，但该听证会的相关费用应当由该当事方承担。② 而在 SOABI-塞内加尔案中，由于某当事方未能清楚解释其提交的财务数据，仲裁庭决定额外聘请会计专家对该问题进行解释，相关费用则由该当事方承担。③

在 Azurix-阿根廷案中，特设委员会和再审仲裁庭先后认定，当事方提出的裁决补充修订程序和再审中的管辖权异议程序，都没有法律和事实上的理由，都是当事方试图利用这两个程序重启对案件实体部分的审查，而这两个程序都不能实现这个功能。因此，特设委员会和再审仲裁庭都认为，补充修订程序和再审管辖权程序相关仲裁费用，都应当由程序启动当事方承担。④

---

① Generation Ukraine, Inc. v. Ukraine, ICSID Case No. ARB/00/9, Award（September 16 2003），第 24.2-24.8 段。

② American Manufacturing & Trading, Inc. v. Republic of Zaire, ICSID Case No. ARB/93/1, Award（February 21 1997），第 3.25-3.26 段。

③ Société Ouest Africaine des Bétons Industriels v. Senegal, ICSID Case No. ARB/82/1, Award（February 25 1988），第 9.05 段。

④ Compañiá de Aguas del Aconquija S.A. and Vivendi Universal S.A. v. Argentine Republic, ICSID Case No. ARB/97/3, Decision on Supplementation and Rectification of Annulment Decision（May 28 2003），第 43-44 段；Suez, Sociedad General de Aguas de Barcelona, S.A. and Vivendi Universal, S.A. v. Argentine Republic, ICSID Case No. ARB/03/19, Award（August 20 2007），第 10.2.3-10.2.6 段。

## 第八章

# 仲裁裁决、事后救济和执行

仲裁裁决是仲裁庭完成仲裁程序后，以书面做成的正式文件，公布了仲裁庭就争议问题的决定，并阐述了对有关法律适用和事实认定的理由。虽然仲裁裁决标志着仲裁程序的终结，但当事方仍然可以通过裁决解释、修改和撤销等救济程序，寻求公正公平的仲裁结果。最后，仲裁裁决对当事方有强制的法律约束力，当事方可以通过执行程序实现裁决的结果。

## 第一节　仲裁裁决

解决争端是当事方参与仲裁的最直接的目的，而获得仲裁裁决则是解决争端的最主要的途径。仲裁庭因争端仲裁而设立，依法有权且有义务进行裁判并提供符合规定的仲裁裁决。

《公约》仲裁体系的特点和优点是仲裁裁决的终局性。一方面，仲裁裁决不受外部机构的上诉或审查。另一方面，《公约》相关复审机制确保了仲裁裁决的高效、权威和可执行性。

### 一、裁决的范畴

《公约》及其规则并没有规定裁决的定义。通常理解，裁决是仲裁庭做出的解决当事方全部争议的最终决定。根据《公约》的规定，仲裁庭做出的裁决或特设委员会就撤销仲裁庭裁决的决定或再审仲裁庭做出的决定等，都属于《公约》体系内的裁决。但《公约》体系下的裁决并不仅指对争端的实体问题做出的决定，还包括仅对程序问题的决定等，如根据《公约》第四十一条提出的管辖权异议或无理由仲裁异议等，仲裁庭做出了没有管辖权或驳回所有仲裁请求的决定，则该决定也将以仲裁裁决的形式发布；如根据《公约》第三十四条当事方达成和解的，仲裁庭也将做出裁决以记录其做出的和解协议。

而仲裁庭或特设委员会做出的其他决定不一定都是裁决。仲裁庭经平行程序做出不包括所有问题的裁决，例如仅有关于法律责任而没有赔偿金额的决定，就不属于裁决。在 Azurix-阿根廷案中，仲裁庭单独对法律责任做出了决定而没有同时决定赔偿金额问题，也没有决定其他争议点问题。由于没有解决所有的争议问题，该决定不属于仲裁裁定，不能经撤销程序撤销。[1] 此外，仲裁庭就当事方终止仲裁程序的决定，提请补充、补正和解释裁决等决定也不属于仲裁裁决。

## 二、法律效力

根据国际一般原则，仲裁员至少负有职业义务做出有法律效力并能执行的仲裁裁决。例如，《国际商会仲裁规则2021》第四十二条规定，仲裁庭和仲裁员应当确保裁决依据法律可以执行。虽然《公约》相关规则并没有类似规定，但要求仲裁庭要在裁决中解决在手的所有争议。[2] 因此，依据《公约》相关规则成立的仲裁庭，仍然有义务做出足以解决争端的裁决。[3]

仲裁裁决对当事方有法律约束力。在《公约》体系中，裁决的约束力依靠缔约国和当事方两方面的合力来保障。首先，当事方承诺遵守并执行依据仲裁规则做出的裁决。根据《公约》第五十三条的规定，仲裁裁决对当事方有法律效力，并不受其他外部上诉或救济机制的管辖；当事方应当

---

[1]　LG&E Energy Corp., LG&E Capital Corp., and LG&E International, Inc. v. Argentine Republic, ICSID Case No. ARB/02/1, Decision on Liability (3 OCT 2006).

[2]　《公约》第48（3）条。

[3]　当然，当事方也可以通过达成和解等方式解决争端；或者通过停止参与仲裁终结仲裁程序。

遵守并执行裁决的有关规定。其次，根据《公约》第五十四条的规定，缔约国应当认可和执行中心仲裁庭做出的裁决，其效力相当于本国司法系统做出的最终裁决。

### 三、内容和要求

《公约》第四节和《仲裁规则》第五章规定了仲裁裁决的内容和要求。不同于仲裁程序的其他重点规定，关于裁决的大部分规则不能由当事方协商选择，具有法律的强制效力。[1]

#### （一）多数决定

《公约》第四十八条第一款要求应当由仲裁庭的多数派决定仲裁中的问题，其中包括最终的裁决；并且进一步向仲裁庭施加了义务，必须通过表决多数决定裁决。在仲裁庭由一人组成的情况下，由独任仲裁员独自做出决定。

在实践中，仲裁庭通常能够取得一致，全票通过仲裁裁决。而在有些案件中，某个仲裁员与其他两位仲裁员难以在裁决问题上保持一致。根据《仲裁规则》第四十七条第三款的规定，她/他可以提出反对意见，但裁决已由表决多数而成立。在历史上，占表决少数的仲裁员通常是当事方指定的仲裁员，秘书长指定的主席仲裁员与另一方指定仲裁员组成了相关决定的表决多数。但在个别案例中，当事方指定仲裁员组成了表决多数，而主席仲裁员则因表决少数提供反对意见。在 Tokios-乌克兰案中，主席仲裁员不同意关于管辖权做出的多数意见，并提供了其反对意见。[2]

在规定集体多数决策的同时，《公约》及《仲裁规则》还规定了部分程序的最低人数条款。例如，在《仲裁规则》第十四条第二款规定，开庭时必须有仲裁庭的多数成员在场。而《仲裁规则》第二十条第一款规定主席仲裁员应当询问当事方关于仲裁庭开庭时最低人数的意见。值得注意的

---

[1] 第48条第5款，只有在当事方同意的情况下，才可以公开仲裁裁决。因此，当事方可以协商决定是否公开其案件的裁决。

[2] Tokios Tokelés v. Ukraine, ICSID Case No. ARB/02/18, ICSID Case No. ARB/02/18, Dissenting opinion of Professor Prosper Weil (29 April 2004).

是，《仲裁规则》要求的最低人数仅指向开庭程序，而不包括以通信方式做决定的程序和决策的相关程序；而当事方也可自行商定最低人数条款的适用范围。因此，最低人数条款的约定并不会影响仲裁裁决必须由仲裁庭多数决定的规则。

### （二）书面裁决与签名

大部分国际仲裁规则都要求仲裁裁决应当采用书面形式。如《联合国贸法会仲裁规则（2013）》第三十四条第二款就规定仲裁裁决应当采用书面形式。《公约》第四十七条同样要求仲裁裁决应当采用书面形式。

而签名则是保证仲裁员经过复核确认裁决版本的可靠性。虽然《公约》要求签名，但《仲裁规则》并没有明确要求全部仲裁员都要签名，只需要同意该裁决的仲裁员签署即可。因此，当仲裁意见仅是多数意见时，只有两名仲裁员签字确认也能赋予仲裁裁决效力。

### （三）全面解决和解释理由

《公约》要求仲裁裁决应当解决所有在手问题，并提供做出裁决的理由。因此仲裁庭一方面要处理所有已知的问题，另一方面也要根据当事方的辩论形成自己的裁判理由。

首先，仲裁庭需要回答所有的问题，而不是回应所有的主张。而问题和主张是有区别的：问题需要仲裁庭做出决定，主张则是为问题提供当事方各自版本答案的理由和依据。Amco-印尼案特设委员会认为，仲裁中需解决的问题应当与当事方的主要争议相关。① Klockner-喀麦隆案特设委员会则认为，问题出现的载体多样，可以是当事方提出的结论或提交的材料等。② 本案当事人在合同条款争议上都有重大利益，因此应当属于《公约》第四十八条意义上的问题而并非仅仅是主张。③

在实践中，仲裁裁决通常经过简要复述各当事方的众多主张，对每一

---

① Amco Asia Corporation and others v. Republic of Indonesia, ICSID Case No. ARB/81/1, Decision on Annulment（16 May 1986），第 16 段。

② Klöckner Industrie-Anlagen GmbH and others v. United Republic of Cameroon and Société Camerounaise des Engrais, ICSID Case No. ARB/81/2, Decision on Annulment（3 May 1985），第 131 段。

③ 同上，第 148 段。

问题提出自己的看法和决定。仲裁裁决如果遗漏了某个问题，并不会导致裁决可能被撤销，当事方可以通过《公约》第四十九条第二款的补正程序回答遗漏问题，对裁决进行修订。SPP-埃及案特设委员会指出，不同类型的救济程序作用不同，不可混淆：如果遗漏问题或出现错误，应当适用补正程序；并不是所有仲裁裁决存在缺陷的主张都可以请求撤销程序。①

其次，仲裁庭需要提供做出裁决的理由。Klockner-喀麦隆案特设委员会提出了何为理由的概念：理由应当是协助读者理解仲裁庭关于事实和法律推理的实质性内容。② 随后，Amco-印尼案特设委员会进一步发展了"充分相关理由"的标准，指出理由应当是仲裁庭结论的合理基础，必须与结论有合理的联系；"充分相关理由"的标准可能是仲裁中判断是否构成理由的适当标准。③ 在 MINE-几内亚案中，特设委员会认为只要能够帮助读者理解仲裁庭做出裁决的推理，即使存在错误，也应当认为裁决提供了符合法定要求的理由。④

不同于遗漏问题的后果，未提供或未充分提供理由的裁决，当事方可以据此提出撤销裁决的请求。然而要求提供理由，并不等同于要求仲裁庭提供正确的或无瑕疵的理由。Azurix-阿根廷案特设委员会指出，撤销裁决的基础是仲裁庭没能就裁决的整体或部分提供任何理由，而不是没有提供正确的或具有说服力的理由；并且理由可长可短，符合不同法统对阐述理由的不同要求。⑤ 同样，如果仲裁庭提供的理由相互冲突，可能会被视为未提供理由从而为撤销裁决打开了大门。Klockner-喀麦隆案特设委员会指出，由于相互冲突的理由会相互抵消而造成实质并未提供理由的后果，因此相互抵触的理由原则上应当属于《公约》第五十二条规定的未提供理由

① Wena Hotels Ltd. v. Arab Republic of Egypt, ICSID Case No. ARB/98/4 , Decision on Annulment (5 February 2002)，第 80、100 段。

② Klöckner Industrie-Anlagen GmbH and others v. United Republic of Cameroon and Société Camerounaise des Engrais, ICSID Case No. ARB/81/2, Decision on Annulment (3 May 1985)，第 119 段。

③ Amco Asia Corporation and others v. Republic of Indonesia, ICSID Case No. ARB/81/1, Decision on Annulment (16 May 1986)，第 43 段。

④ Maritime International Nominees Establishment v. Republic of Guinea, ICSID Case No. ARB/84/4, Decision of the Ad hoc Annulment Committee (22 DEC 1989)，第 5.08-5.09 段。

⑤ Compañiá de Aguas del Aconquija S. A. and Vivendi Universal S. A. v. Argentine Republic, ICSID Case No. ARB/97/3, Decision on Annulment (3 July 2002)，第 64 段。

而成为被撤销的依据。[1]

在质疑仲裁裁决时，当事方通常同时提出未能解决全部争议和未能提供合理解释的主张。例如，在 MINE-几内亚案[2]和 Klockner-喀麦隆案[3]等案件中，当事方就同时提出这两条理由请求撤销仲裁裁决。

## （四）个别意见和反对意见

无论是否支持其他仲裁员的意见，仲裁员都可以在裁决中发表自己独立的见解和结论。这是基于国际上两类不同法律制度的习惯：英美法系中常见裁判人员对裁决的个人意见，而大陆法系则没有在裁决中表现个人观点的传统。

至于意见的类型，仲裁员可以支持仲裁庭多数派的决定，并发表不同于多数派的理由和推理。很多案例存在仲裁员仅同意结论但不同意理由的情况。例如，在 Azurix-阿根廷案仲裁裁决中，仲裁员 Abi-Saab 同意多数派结论并发表了自己的逻辑推理。[4] 但更多的案例出现某仲裁员反对仲裁庭多数派的结论和理由。有些反对意见很简单。例如，在 AMT-扎伊尔案中，仲裁员仅发表了一份反对声明而未提供任何理由和依据。[5] 而在 Railroad-危地马拉案中，仲裁员仅提供了长约 100 字的反对意见。[6] 而有些仲裁员则倾向于提供详尽的推理支持其反对意见。[7]

有些反对意见在效果上为后续撤销程序提供了借鉴甚至依据。在

---

[1] Klöckner Industrie-Anlagen GmbH and others v. United Republic of Cameroon and Société Camerounaise des Engrais, ICSID Case No. ARB/81/2, Decision on Annulment（3 May 1985），第 116 段。

[2] Maritime International Nominees Establishment v. Republic of Guinea, ICSID Case No. ARB/84/4, Decision of the Ad hoc Annulment Committee（22 DEC 1989）.

[3] Klöckner Industrie-Anlagen GmbH and others v. United Republic of Cameroon and Société Camerounaise des Engrais, ICSID Case No. ARB/81/2, Decision on Annulment（3 May 1985）.

[4] TSA Spectrum de Argentina S. A. v. Argentine Republic, ICSID Case No. ARB/05/5, Award, 19 December 2008, Concurring Opinion of Arbitrator Abi-Saab.

[5] American Manufacturing Trading, Inc. v. Republic of Zaire, ICSID Case No. ARB/93/1, Award（21 February 1997），Declaration Mbaye.

[6] Railroad Development Corporation v. Guatemala, ICSID Case No. ARB/07/03, Award（18 Jan 2013），Dissent in Respect of the Second Rectification Request of Arbitrator Stuart E. Eizenstat.

[7] 如，Biwater Gauff v. Tanzania, Award and Concurring and Dissenting Opinion（24 July 2008）；TSA Spectrum v. Argentina, Award and Dissenting Opinion（19 December 2008）等案件。

Klockner-喀麦隆案中，某仲裁员在裁决中提出了自己的反对意见，而一方的当事方则据此反对意见请求了撤销程序，并获得了特设委员会的支持。[①]同样在 Phoenix-捷克案中，某仲裁员提交了反对意见，对事实、法律适用和仲裁员操守都提出了不同看法；败诉的当事方随后也主要依据这些反对意见提出了撤销仲裁裁决的诉讼。[②]

## （五）公开

《公约》和《仲裁规则》等规则倾向于不公开仲裁裁决，反映了缔约国关于对国际投资争端仲裁相关材料进行保密的历史观念。从传统上看，保密是惯例，公开是例外。早期的仲裁裁决，除了亲历者的学术论文外，只有在定期出版的 ICSID Reports 中能寻到只言片语。除了保护商业秘密、商业声誉和仲裁的私密性等考虑，当事方也担心公开裁决会引发其他诉讼，并可能导致影响投资环境等后果的发生。如果当事方拒绝公开裁决，则公众无从得知裁决的内容。例如在 AGIP-刚果案中，裁决就由于当事方的反对而未予公开。[③]

而由于日益增强的公众压力，国际投资仲裁关乎包括投资者和东道国公众在内的公共利益，公开仲裁裁决和相关文件已经成为新的惯例。[④] 自 20 世纪 90 年代开始，中心仲裁庭做出的大部分裁决甚至其他信息都开始通过公开渠道发布，并逐步建立了案件数据库系统存放。系统性地公开裁决等文件资料，反映了仲裁的保密性和公众利益的平衡和妥协。

但是《公约》本身修改难度很大，需要满足严苛的修改程序，近期内通过修订打开仲裁裁决保密的限制几无可能。2001 年修订的《仲裁规则》增加了要求中心在仲裁后迅速公开有关法律解释和推理部分的章节，在一

---

① Klöckner Industrie-Anlagen GmbH and others v. United Republic of Cameroon and Société Camerounaise des Engrais, ICSID Case No. ARB/81/2, Decision on Annulment（3 May 1985）.

② CME Czech Republic B. V. v. The Czech Republic, UNCITRAL, Challenge of Arbitral Award（judgement of SVEA Court of Appeal published at 42 ILM 919（2003）），15 MAY 2003.

③ AGIP S. p. A. v. People's Republic of the Congo, ICSID Case No. ARB/77/1, Award（30 November 1979）.

④ OECD Investment Committee Statement, "Transparency and Third Party Participation in Investor-State Dispute Settlement Procedures"（June 2005）. http://www.oecd.org/daf/inv/internationalinvestmentagreements/40077817.pdf，最后浏览时间 2020 年 10 月 16 日。

定程度上取得了一些进步。此外，《行政财务条例》第二十二条也要求在当事方同意公开的情况下，秘书长有义务采取积极措施公开仲裁裁决或程序记录等材料。

但是《公约》仅要求中心未经允许不得公开，但不限制任一当事方自行公开裁决和有关材料。有时当事方或其代理律师会公开裁决的部分内容。例如，在 Thunderbird-墨西哥案中，仲裁庭做出了不公开部分裁决的决定，指出如果裁决中使用了保密的信息，则裁决中包括该信息的部分应当保密，同时当事方应当提供该保密部分的摘要用于公布①。在 SIREXM-布基纳法索案②和 AGIP-刚果案③中，当事方也仅公开了仲裁裁决的部分内容。还有一种情况，由于执行程序的需要而列入法院的案卷记录，从而使裁决得以公开。在 LETCO-利比里亚案中，当事方请求美国地方法院执行仲裁庭的裁决，因此列入法院案卷记录从而使该裁决公布于众。④

## 四、时限要求

《仲裁规则》第四十六条规定，裁决应当在仲裁程序结束后 120 天内做出并签署，特殊情况下可以延长 60 天。但有时仲裁庭会选择在裁决基本完成的情况下，才宣布结束仲裁程序。因此上述对裁决时间的限制，在实践中基本不成问题。⑤ 但即使超出了法定期限，CDC-塞舌尔案仲裁庭认为也不构成《公约》第五十二条第三款规定的严重背离程序基本规则的行为，不能构成撤销仲裁裁决的理由。⑥ 因此在做出裁决的时限上，仲裁庭

---

① Fireman's Fund Insurance Company v. The United Mexican States, ICSID Case No. ARB (AF) /02/1, Award (17 July 2006), 第 222-225 段。

② Société d'Investigation de Recherche et d'Exploitation Minière v. Burkina Faso, ICSID Case No. ARB/97/1, Award (Excerpts) (19 JAN 2000).

③ Banro American Resources, Inc. and Société Aurifère du Kivu et du Maniema S. A. R. L. v. Democratic Republic of the Congo, ICSID Case No. ARB/98/7, Award (Excerpts) (1 September 2000).

④ Georges R. Delaume, The Finality of Arbitration Involving States: Recent Developments, Arbitration International, Volume 5, Issue 1, 1 March 1989, P21-34.

⑤ Lucy Reed, Jan Paulsson, Nigel Blackaby, Guide to ICSID Arbitration, P151, Wolters Kluwer, 2011.

⑥ CDC Group plc v. Republic of Seychelles, ICSID Case No. ARB/02/14, Decision on Annulment (29 June 2005), 第 65 段。

享有较大的自由裁量权和实施空间。

# 第二节　裁决的复审

裁决发布后，仲裁庭还可以应当事方要求对裁决进行补充、更正和解释等工作。中心的国际投资争端仲裁是个相对内循环的体系，根据相关规则的规定，当事方只能在《公约》体系内寻求复审已生效的仲裁裁决，而不能寻求其他国际组织或国内司法机构的救济。

## 一、补充和更正程序

如果发现轻微的技术或文字错误，或者未能解决全部的问题，《公约》第四十九条第二款提供了便捷的渠道使当事方可以请求原仲裁庭进行更正和补充。

更正和补充程序与撤销程序的区别在于裁决错误的大小以及是否影响了法律推理和适用，而遗漏问题则不是撤销仲裁的法定事由。如果是简单、轻微的错误，并未干扰仲裁庭对事实的认定和法律的适用，则宜通过更正程序修改原裁决出现的错误。Azurix-阿根廷案特设委员会分析了更正和撤销程序的关系，提出补充和更正程序的作用在于避免遗漏问题或出现文字等类似错误，而不是重新考虑案件的实体问题，并驳回了对仲裁裁决进行更正的请求。[①] 此外，在Thunderbird-墨西哥案中，执行秘书长进一步明确了更正和补充程序仅适用于仲裁裁决做出之后，而在程序中可以随时请求仲裁庭进行更正、解释和补充。[②]

### （一）程序

补充和更正程序只能应申请而起，仲裁庭、特设委员会或秘书长不能自行发起。由于规则不区分更正和补充程序，因此当事方在申请时不必指

---

① Compañiá de Aguas del Aconquija S. A. and Vivendi Universal v. Argentina, ICSID Case No. ARB/97/3, Decision on request for supplementary decision and rectification (28 May 2003).

② Waste Management, Inc. v. United Mexican States, ICSID Case No. ARB（AF）/98/2, Award（30 April 2004），第13-17段。

明选择补充或更正程序，而可以笼统地叙以补充或更正即可。虽然无需指明，但当事方仍有义务明确指出错误或遗漏的问题，需要仲裁庭等予以解决。

补充和更正申请应在裁决分发后 45 天内提出，并由秘书长在此期间内收悉方可有效；否则秘书长则有权按照《仲裁规则》第四十九条拒收。不同于争端立案的事前审查程序，秘书长在接受补充和更正申请时并没有审查的权限，一旦确认符合时限要求则必须予以登记立案。

而补充和更正程序的重要特点是由原仲裁庭做出裁决。这是与其他仲裁后的救济程序的明显区别。一旦原仲裁庭因仲裁员而去世，则补充和更正程序也无法被当事方采用。由于补充和更正程序没有细化的程序规定，因此仲裁庭可以采用其认为适当的方式进行交流并做出决定。

## （二）错误和遗漏的类型

补充和更正程序着眼于处理仲裁裁决可能出现的遗漏和明显的文字或技术等失误。但是《公约》对待遗漏和失误的要求不同：对于遗漏，仲裁庭"可以"对裁决进行补充；而对于失误，仲裁庭则"应当"进行改正。因此，仲裁庭负有法律上的义务更正文字、计算或其他类似的错误，同时也可以自行决定是否将当事方主张的遗漏问题补充到裁决当中。

仲裁庭的自由裁量权是由于遗漏问题本身的复杂性引起的。有些问题比较简单，例如，单纯的翻译、文字和计算错误，或者在计算损失时忽略了几项因素。这些错误相对比较明显，通过检查就可以发现。而有些问题则相对复杂，比如在仲裁过程中，仲裁庭可能认为当事方提出的某些主张与案件无关，或者不适宜做出某些问题的决定。这些都依赖于仲裁庭的对案件的思考、把握和决定。

在实践中，有些补充和更正程序的请求针对相对简单的文字或计算错误。例如，在 Thunderbird-墨西哥案中，当事方主张裁决的西语版本与英语版本相比，出现了翻译错误而要求更正[①]；在 Amco-印尼案中，仲裁庭

---

[①]　Waste Management, Inc. v. United Mexican States, ICSID Case No. ARB（AF）/98/2, Award（30 April 2004），第 13-17 段。

承认裁决中出现了文字错误，并予以了改正。① 类似的情况出现在 Santa Elena-哥斯达黎加案中，仲裁庭确认仲裁裁决存在文字错误，并进行了修正。② 在 LETCO-利比里亚案中，当事方在裁决做出后请求更正赔偿金额，理由是仲裁庭没有计入其支出的有关法律服务的费用；仲裁庭支持了该主张，重新计算了赔偿的金额。③

更多的案例与仲裁庭没能回应所有问题相关。在 Genin-爱沙尼亚案中，申请方提出了补充遗漏问题的请求，仲裁庭指出在仲裁中当事方并没有提供相关证据证明和支持该问题，也没能完成其对该问题的主张，因此以该请求未能指明存在的遗漏或错误问题为由，拒绝对裁决进行补充或更正。④ 在 Azurix-阿根廷案中，申请方提出仲裁庭在裁决中遗漏了问题未予处理；仲裁庭经审查发现，与主张相反，裁决中已经充分讨论和研究了该问题，并指出补充和更正程序并不是当事方寻求重开仲裁或对不满意问题进行重审的制度。⑤

## 二、解释程序

对于裁决中可能出现的不同理解，当事方也可以请求仲裁庭对含义模糊的部分进行解释。《公约》第五十条规定中心可以要求仲裁庭，应当事方申请解释裁决的部分内容。该解释是裁决内容的权威解释。实践中，当事方请求解释裁决的案例较少，截至 2021 年总共 8 起。⑥ 其中，SPP-埃及案⑦裁决是典型案例之一，后续案例很多裁决都援引了该案的解释决定。

---

① Amco Asia Corporation and others v. Republic of Indonesia, ICSID Case No. ARB/81/1, Resubmitted Case：Decision on Supplemental Decisions and Rectification, 17 October 1990.

② Compañia del Desarrollo de Santa Elena S. A. v. Republic of Costa Rica, ICSID Case No. ARB/96/1, Decision on Rectification (8 June 2000)，第 7-8 段。

③ Liberian Eastern Timber Corporation v. Republic of Liberia, ICSID Case No. ARB/83/2, Decision on Rectification (14 May 1986).

④ Alex Genin, Eastern Credit Limited, Inc. and A. S. Baltoil v. The Republic of Estonia, ICSID Case No. ARB/99/2, Decision on Supplementation and Rectification (4 April 2002)，第 10-15 段。

⑤ LG&E Energy Corp., LG&E Capital Corp., and LG&E International, Inc. v. Argentine Republic, ICSID Case No. ARB/02/1 , Decision on Supplementation (8 July 2008)，第 15-16 段。

⑥ https://icsid.worldbank.org/cases/case-database，最后浏览日期 2020 年 10 月 16 日。

⑦ Wena Hotels Ltd. v. Arab Republic of Egypt, ICSID Case No. ARB/98/4.

## （一）条件

《公约》第五十条规定，如果当事方就裁决的含义或范围存在争议，可以请求解释程序。根据 SPP–埃及案仲裁庭的理解，提出解释程序应当满足两个个要求：第一，当事方需要对裁决的含义或范围存在不同意见；第二，请求的目的必须在于获得裁决的解释。[1] 此外，也有仲裁庭认为还需要满足第三个条件，即解释的目的必须与裁决的执行存在联系。[2] 因此，仅就裁决的可读性或含义模糊的泛泛微词，或者与执行不相关的针对裁决的解读和探讨，并不在解释程序的范畴之内。

在 SPP–埃及案中，仲裁庭认为当事双方对裁决中的"征收"一词的含义存在不同的理解，并且该含义直接关系到裁决是否已经完成和得到有效执行。因此，仲裁庭支持了申请方的请求，将裁决中"征收"一词的准确含义解释为完全而彻底地剥夺有关权利。[3] 而对于澄清裁决对第三方的效力时，仲裁庭认可双方存在争议的主张，但是指出仲裁裁决本不及于第三方，也与裁决执行无关，因此仲裁庭无权对此做出决定。[4]

## （二）程序

与补充和更正程序类似，解释程序也是由当事方提出申请，仲裁庭不能自主发起解释程序。仲裁裁决做出后，除个别例外情形外，仲裁庭已经完成了其法定职责，而执行则主要依靠当事方来推进。只有当事方存在理解差异导致裁决执行不畅时，才需要仲裁庭接入来阐释裁决的原本含义。

不同于其他救济程序，解释程序不设时间限制，当事方在任何时间都可以提出澄清和解释裁决的请求。在实践中，当事方提出解释程序请求的时间也长短不一。例如，在 SPP–埃及案中，申请方在裁决生效三年半之

---

[1]　Wena Hotels Ltd. v. Arab Republic of Egypt, ICSID Case No. ARB/98/4, Decision on Interpretation（31 October 2005），第 76 段。

[2]　ATA Construction, Industrial and Trading Company v. Hashemite Kingdom of Jordan（ICSID Case No. ARB/08/2），Decision on Interpretation and on the Request for Provisional Measures（7 March 2011），第 35 段。

[3]　Wena Hotels Ltd. v. Arab Republic of Egypt, ICSID Case No. ARB/98/4, Decision on Interpretation（31 October 2005），第 122–126 段。

[4]　同上，第 127 段。

后、以及埃及执行裁决两年后提出了解释裁决的请求。而在 Trans-Global-约旦案[①]中，裁决做出后不到两个月，当事方就提出了需要仲裁庭解释裁决的请求。不设时间限制的逻辑，也与裁决执行长期性的特点有关。如果裁决执行需要一段时间，设定解释程序的时限可能导致裁决因分歧存在而无法执行，这就降低了仲裁裁决的效力和权威性。

### （三）决定

解释程序启动于裁决生效之后，由理解裁决而产生的歧义而起，并与裁决的执行直接相关。因此，仲裁庭对裁决的解释同样对当事方具有法律约束力。

解释裁决的决定应当由原仲裁庭完成。如果因各种原因无法重组原仲裁庭，也应当按照原程序中仲裁庭的组成方式重组仲裁庭。在 SPP-埃及案中，因原仲裁庭一成员已离世，秘书长新组仲裁庭用于解释裁决。而在 Trans-Global-约旦案中，由于解释程序距离裁决时间不长，原仲裁庭成员均同意参加解释程序，因此解释程序仍然由原仲裁庭负责。

就范围而言，解释程序既不适用于仲裁程序中的决定，也不适用于特设委员会的撤销裁决。一方面，由于仍在仲裁程序中，临时措施或管辖权等决定并不是最终裁决的一部分，不能适用解释程序。另一方面，《公约》第五十二条第四款在撤销程序中排除了解释程序的应用。如果当事方对撤销裁决有歧义，应当重新申请发起仲裁程序澄清。

此外，为了防止当事方滥用解释程序拖延执行裁决，《公约》授权仲裁庭决定是否在解释过程中暂停裁决的执行。应当事方申请，仲裁庭可以决定是否何时暂停裁决的执行，以待解释程序的结果；但仲裁庭无权自行决定暂停执行的事宜。

### 三、修订程序

《公约》第五十一条提供了仲裁庭在发现新的重要证据后，修订已做

---

① ATA Construction, Industrial and Trading Company v. Hashemite Kingdom of Jordan（ICSID Case No. ARB/08/2），Decision on Interpretation and on the Request for Provisional Measures（7 March 2011）.

出仲裁裁决的法律程序。与补充和更正程序不同，修订程序是基于此前未知而新发现的决定性证据和事实，对已做出的裁决进行重大的、有实质影响的修改。与解释程序的澄清解释作用不同，修订程序可能会对裁决做出重大的修改。而与撤销程序的目的也不一样，修订程序的最终目的仍然是维持原有的裁决。与补充和更正程序及解释程序类似，修订程序也只能由当事方提出，而不能由仲裁庭主动发起。在实践中，修订程序的案例不多，截至 2021 年总共 13 起①，也仅有 Conoco Phillips－委内瑞拉案和 Aguas－玻利维亚案公布了修订裁决。

与解释程序类似，修订程序也倾向于由原仲裁庭负责，如果原仲裁庭难以恢复，则应按照原仲裁庭组成规则重组仲裁庭裁决。AMT－扎伊尔案、Azurix－阿根廷案、Casadov－智利案等，都是由原仲裁庭完成修订程序。而在 ADC－匈牙利案和 ADC－匈牙利案中，修订程序的仲裁庭更换了原仲裁庭的一名仲裁员。②

## （一）新证据和新事实

启动修订程序的条件是发现了在仲裁时未知的重大的、对裁决具有决定性影响的新证据和新事实。当事方对某个问题是否存在不同意见，仲裁裁决是否存在遗漏或错误，都不是修订程序的前提。

首先，新发现的必须是事实或证据。裁决生效后，即使裁决所依托的条约、法律或规则发生了变化，也不能据以提出修订裁决对请求。并且修订程序不同于补充和更正程序，不适用于仲裁庭考虑裁决时所依据的事实出现差错的情形。在 Conoco Phillips－委内瑞拉案中，仲裁庭指出虽然金额计算所依据的数据出错，但并不是修订程序中新发现的事实和证据。③

其次，必须对裁决具有决定性影响。新发现的事实和证据应当能产生重大的法律效果，即如果仲裁庭在仲裁时掌握这些事实和证据，则会做出

---

① 其中 1 起尚未做出决定，1 起双方达成和解，5 起做出了修订决定，其余均因当事方放弃仲裁而终止。

② Dan Cake（Portugal）S. A. v. Hungary, ICSID Case No. ARB/12/9；Edenred S. A. v. Hungary, ICSID Case No. ARB/13/21.

③ Tidewater Investment SRL and Tidewater Caribe, C. A. v. Bolivarian Republic of Venezuela, ICSID Case No. ARB/10/5, Decision on Application for Revision（July 7, 2015），第 39 段。

完全不同的裁决意见。并且基于其重要作用，当事方在提出修订请求时应当明确指出新事实或证据可能颠覆的原裁决中的争点。在 Conoco Phillips-委内瑞拉案中，仲裁庭指出其仲裁裁决考虑了包括申请方提出的证据在内是所有可获得的事实和信息。因此即使申请方提供的新证据成立，也不能改变仲裁庭的相关裁决，这些所谓新证据不具有决定性作用。①

最后，必须是在仲裁时仲裁庭未知的事实或证据。"未知"要求体现在三个方面：一是仲裁时未知。事实或证据由于各种原因并不为仲裁庭知晓并考虑到裁决中。基于公平和公正的考虑，仲裁庭在得知此足以改变决定的情况后应当修改原裁决。因此，Aguas-玻利维亚案仲裁庭认为，裁决后发现的事实或证据不能作为请求修订裁决的理由。② 二是仲裁庭和申请当事方未知。有些事实和证据在仲裁时也已存在，一方当事方基于自身考虑选择隐而不发，而对方和仲裁庭既无从知晓又无法考虑，因此一旦其他当事方掌握了该事实或证据，则仍可据以提出修订裁决的请求。三是申请当事方在仲裁时做到了尽力举证。在仲裁时应知而因疏忽未知的，或刻意保留的证据和事实，都不能成为申请修订程序的理由。当事方在仲裁中已选择放弃的程序权利，不能通过修订程序挽回。

## （二）不同程序的协调

由于修订程序的基础性作用，理论上其他救济程序应当暂停进行以待修订裁决的出台。当事方可以同时请求并行补充和更正程序、解释程序或撤销程序，但这些程序的基础都是已生效的仲裁裁决。一旦启动了修订程序，则引以为基础的仲裁裁决则可能发生改变，从而动摇其他救济程序的法律基础。因此，实践中仲裁庭或特设委员会会暂时中止其他程序，留待修订程序的结果。在 Azurix-阿根廷案中，当事方提交了修订裁决的申请，而其时撤销程序正在审理中。特设委员会决定中止撤销程序以等候修订裁

---

① Tidewater Investment SRL and Tidewater Caribe, C. A. v. Bolivarian Republic of Venezuela, ICSID Case No. ARB/10/5, Decision on Application for Revision (July 7, 2015)，第59–63段。

② Venezuela Holdings, B. V., et al v. Bolivarian Republic of Venezuela, ICSID Case No. ARB/07/27, Decision on the Application for Revision (12 June 2015)，第3.1.9–3.1.13段。

决的最终结果。[1]

## （三）中止执行

修订程序规定了两类中止执行裁决的情况：一类是自动中止。如果当事方提出修订请求，则原裁决将自动中止，秘书长或仲裁庭对该中止执行的请求没有裁量权。在 Aguas-玻利维亚案中，在当事方提出修订请求后，秘书长在仲裁庭重组前决定暂时中止执行原裁决，随后仲裁庭确认继续中止实施裁决，直至修订程序的完成。[2] 另一类是酌情中止。仲裁庭也可以根据案情决定是否中止原仲裁裁决的执行。

## （四）时限要求

《公约》和《仲裁规则》规定，修订程序应在得知新事实或证据的 90 天内提出申请，最长不超过裁决做出后的三年。由于裁决时间明确，三年的请求时效相对容易确认。而 90 天的请求时效，由于很难发现当事方得知事实或证据的确切时点，往往是修订程序的难点之一。在已公开的修订裁决中，尚没有当事方争执时限部分的裁决。

# 第三节　撤销裁决

在《公约》提供的裁决复审机制中，撤销程序是最常见也最重要的一种。撤销程序通过纠正裁决可能出现的程序性错误，来保障《公约》仲裁体系的效率和公平。撤销程序是唯一一个可以整体或部分废除已生效仲裁裁决的救济手段，在实践中成了使用最频繁的程序工具。截至 2021 年，在 383 起仲裁裁决中，共有 20 起案件的裁决被全部或部分撤销，79 起撤销裁决的请求被驳回，另有 34 起撤销程序自然终止。[3]

---

① Siemens A. G. v. Argentine Republic，ICSID Case No. ARB/02/8，以及 Dan Cake（Portugal）S. A. v. Hungary, ICSID Case No. ARB/12/9.

② Venezuela Holdings, B. V., et al v. Bolivarian Republic of Venezuela, ICSID Case No. ARB/07/27, Decision on the Application for Revision（12 June 2015），第 3.2.1-3.2.3 段。

③ THE ICSID CASELOAD - STATISTICS ISSUE 2022 - 1，第 16 页，https://icsid. worldbank. org/sites/default/files/documents/The_ ICSID_ Caseload_ Statistics.1_ Edition_ ENG.pdf.

　　不同于上诉机制,《公约》规定的撤销程序不能审查仲裁庭的法律解释和适用, 也不能重新审查案卷记录里的事实, 更不能代替仲裁庭重新做出裁决。首先, 撤销程序的目的在于否定仲裁裁决的整体或部分, 使其失去既判效力和法律约束力, 而不是修改原裁决以修正其法律效力。① 因此特设委员会或支持裁决或否定裁决, 没有其他选择。在 Amco-印尼案中, 特设委员会指出, 撤销程序不能审查裁决实体, 不是针对错误裁决的修改机制; 它可以破坏裁决的法律效力, 而不能重新创设新的效力。② 即使特设委员会认为仲裁错误也无权修改, 只能予以撤销留待当事方重新仲裁。③ Casadov-智利案特设委员会指出, 撤销程序是在有限条件下的复审机制, 并不具有上诉的职能。④ 其次, 撤销程序仅关注仲裁程序的合法性, 而不是裁决实体的正确性。Shum-秘鲁案特设委员会强调, 撤销程序仅与仲裁庭决策程序相关, 即仲裁庭是否按照《公约》及相关规则进行。⑤ MINE-几内亚案特设委员会同样认为, 撤销程序无关裁决中事实或法律的认定错误, 并不是对错误裁决的救济程序。⑥ 最后, 撤销程序重点在于维护《公约》仲裁的终局性, 强调争端解决的时效性和经济性。相对于诉讼程序, 仲裁以其高效、便捷和经济呈优。如果采用了迁延日久、靡费无算的上诉程序, 将严重削弱仲裁在解决国际投资争端方面的优势。因此,《公约》设立了撤销程序, 一方面保障了裁决的终局性和法律效力, 另一方面仅在出现严重程序不适当的情况下才撤销部分或全部裁决, 由当事方决定交由新的仲裁庭仲裁。

---

① Amco Asia Corporation and others v. Republic of Indonesia, ICSID Case No. ARB/81/1, Decision on Jurisdiction in Resubmitted Proceeding (10 May 1988), 1 ICSID Reports 552.

② Amco Asia Corporation and others v. Republic of Indonesia, ICSID Case No. ARB/81/1, Decision on the Applications for Annulment of the 1990 Award and the 1990 Supplemental Award (17 December 1992), 第 1.17 段。

③ 在最初的两个撤销裁决的 Amco-印尼案和 Klockner-喀麦隆案中, 特设委员会对实体问题进行裁决的方式广受争议。此后的特设委员会不再效仿该两案例。

④ MTD Equity Sdn. Bhd. and MTD Chile S. A. v. Republic of Chile, ICSID Case No. ARB/01/7, Decision on Annulment (21 March 2007), 第 31 段。

⑤ Empresas Lucchetti, S. A. and Lucchetti Peru, S. A. v. The Republic of Peru, ICSID Case No. ARB/03/4, Decision on Annulment (5 September 2007), 第 97 段。

⑥ Maritime International Nominees Establishment v. Republic of Guinea, ICSID Case No. ARB/84/4, Decision on Annulment (22 December 1989), 第 4.04 段。

## 一、撤销理由

《公约》第五十二条第一款规定了申请仲裁裁决撤销程序的五种情形，分别是仲裁庭组成不适当、明显越权仲裁、仲裁员腐败、严重程序违法、未予充分解释原因。在实践中，以仲裁庭组成不当或仲裁员腐败为由的撤销裁决申请很罕见，更多的案例集中在其他情形中。并且，撤销裁决的请求仅限于法定的五种情形。根据 SPP-埃及案特设委员会的解读，《公约》第五十二条第一款列举的法定情形是穷尽的，除此之外没有其他情形可以申请撤销裁决。[1] 因此，无论当事方对裁决的主张如何，都应当归入这五种情形的一种或多种之内。

### （一）仲裁庭组成不适当

仲裁庭组成是仲裁程序的基础性问题之一。因此在国际仲裁中，仲裁庭组成不适当通常是撤销仲裁裁决的法定事由之一。例如，《公约》第五条就把仲裁庭组成缺陷作为挑战生效裁决的依据之一。

在《公约》谈判历史中，缔约国认为仲裁庭组成不适当包括违反当事方关于仲裁庭问题的协议，以及仲裁员不符合法定条件等情形。[2] 但是在实践中，主张仲裁庭组成缺陷的撤销请求案例很少。截至 2016 年 4 月，总共发现 5 个撤销案例提及了仲裁庭组成不适当的理由，并且没有 1 个成功的案例[3]。

究其原因，其主要与《仲裁规则》第二十七条关于放弃反对权的规定有关。首先，不及时反对即丧失诉权。如果当事方在仲裁程序中发现仲裁庭组成可能存在问题，应当及时提出反对，否则特设委员会在撤销程序中会以《仲裁规则》第二十七条规定为由，认为当事方放弃了挑战仲裁庭组

---

[1]　Wena Hotels Ltd. v. Arab Republic of Egypt, ICSID Case No. ARB/98/4, Decision on Annulment (5 February 2002), 第 17-18 段。

[2]　The History of the ICSID Convention, Volume Ⅱ, P850.

[3]　Background Paper on Annulment for the Administrative Council of ICSID (May 5, 2016).

成瑕疵的权利，从而驳回撤销请求。在 Azurix-阿根廷案第二次撤销程序①，Azurix-阿根廷案②、Transgabonais-加蓬案③和 Azurix-阿根廷案④这四起案件中，特设委员会都以此为由驳回了撤销请求⑤。其次，适用场景有限。由于《仲裁规则》第二十七条的存在，能够以仲裁庭组成存在瑕疵为由请求撤销裁决的情景仅有两个：一是在程序中主张了仲裁庭组成的问题，但被仲裁庭驳回的；二是裁决做出后才发现的原仲裁庭组成的新问题，才可能成为挑战仲裁裁决的依据，这在实践中比较罕见。最后，撤换仲裁员并不属于仲裁庭组成瑕疵的范畴。在 Azurix-阿根廷案中，特设委员会认为仲裁庭组成瑕疵仅限于仲裁庭组成程序和仲裁员任职资格等方面，而根据《公约》第五十八条撤换仲裁员的请求并不属于撤销裁决的事由。⑥

## （二）明显越权仲裁

仲裁庭根据《公约》等相关规则的规定和当事方的管辖同意获得了对诉争端仲裁的管辖权，因此条约规定和管辖同意就构成了仲裁庭管辖权的基础和边界。

在仲裁庭的实践中，明显越权主要体现在两个方面：一是超越管辖权仲裁不具有管辖权的争议事项，或未能管辖应当仲裁的争端；二是未按照当事方约定适用适当的法律规则。此外，《公约》还要求越权裁判应当达到明显的程度，才能构成撤销裁决请求的法定事由。

---

① Compañía de Aguas del Aconquija S. A. and Vivendi Universal S. A. v. Argentine Republic, ICSID Case No. ARB/97/3, Decision on the Argentine Republic's Request for Annulment of the Award Rendered on 20 August 2007 (August 10, 2010).

② Azurix Corp. v. Argentine Republic, ICSID Case No. ARB/01/12, Decision on the Application for Annulment of the Argentine Republic (September 1, 2009).

③ Compagnie d'Exploitation du Chemin de Fer Transgabonais v. Gabonese Republic, ICSID Case No. ARB/04/5, Decision on Annulment (11 May 2010).

④ EDF International S. A., SAUR International S. A. and León Participaciones Argentinas S. A. v. Argentine Republic, ICSID Case No. ARB/03/23, Decision on Annulment (February 5, 2016).

⑤ Background Paper on Annulment for the Administrative Council of ICSID (May 5, 2016)，第 79 段。https://icsid. worldbank. org/sites/default/files/Background% 20Paper% 20on% 20Annulment% 20April%202016%20ENG.pdf.

⑥ Azurix Corp. v. Argentine Republic, ICSID Case No. ARB/01/12, Decision on the Application for Annulment of the Argentine Republic (September 1, 2009)，第 272-284 段。

### 1. "明显" 的含义

只有当越权仲裁达到"明显"的程度时，特设委员会才能撤销有争议的裁决。关于"明显"的准确含义，《公约》和相关规则并没有明确规定，当事方和特设委员会主要通过词典释义和《公约》上下文解释"明显"在撤销仲裁中的含义。SPP-埃及案特设委员会认为，越权裁判应当是显而易见的，而不能是经过仔细观察、深入思考的结果，否则就不构成"明显"的越权。[①] 同样，CDC-塞舌尔案特设委员会指出，越权必须是不言自明的，如果是否明显还需要争论，则该越权行为是不明显的。[②] 在 Soufraki-阿联酋案中，特设委员会进步解释"明显"既要易于发现，又要具备实质性的特点。[③] 至于如何确定存在明显越权，特设委员会通过实践逐渐确立了两种判断方法。

第一种是两步法，即首先确认是否存在越权，其后在考虑是否明显的问题。首先采用两步法的是 Klockner-喀麦隆案第一次撤销程序。对于仲裁庭对管理合同争议的处理，当事方认为其未同意仲裁庭管辖管理合同相关争议，且管理合同自有其仲裁条款，因此仲裁庭对管理合同有关争议不具有管辖权。特设委员会起初考虑了仲裁庭能否管辖管理合同争议，进而考虑越权管辖是否呈现了明显的特征。[④] 但特设委员会的解读并不算成功，其将"明显"解释为"合理且不武断"，反而更加含糊。随后，Wena-埃及等案的特设委员也采用了两步法。

第二种是表面证据法，即能否通过表面证据发现越权是否足以明显。在 AGIP-刚果案中，特设委员会阐释了其采用的方法，即只要能迅速确定已经发生，而不需要通过详细分析就能确定的越权裁判就是明显的。[⑤]

---

① Wena Hotels Ltd. v. Arab Republic of Egypt, ICSID Case No. ARB/98/4 , Decision on Annulment（5 February 2002），第 25 段。

② CDC Group plc v. Republic of Seychelles, ICSID Case No. ARB/02/14, Decision on Annulment（29 June 2005），第 41 段。

③ Hussein Nuaman Soufraki v. The United Arab Emirates, ICSID Case No. ARB/02/7, Decision on Annulment（5 June 2007），第 40 段。

④ Klöckner Industrie-Anlagen GmbH and others v. United Republic of Cameroon and Société Camerounaise des Engrais, ICSID Case No. ARB/81/2, Decision on Annulment（3 May 1985），第 4-56 段。

⑤ Mr. Patrick Mitchell v. Democratic Republic of the Congo, ICSID Case No. ARB/99/7, Decision on Annulment（1 November 2006），第 20 段。

Repsol-Petroecuador 案特设委员会认为，只要简单通过阅读仲裁裁决，而不需要仔细检查其内容就能发现的越权，就是明显的越权仲裁。①

## 2. 越权管辖

越权管辖包括两方面的含义：一是超越规则和当事方的管辖同意对范围外的争议进行了仲裁，二是未能对同意范围内的争议进行仲裁。前述《公约》管辖权的规定，通过主体、客体和同意管辖三个维度限定了仲裁庭的管辖范围。不符合任一维度的仲裁行为，都可能构成越权管辖。

AGIP-刚果案是仲裁庭在没有管辖权的情况下进行仲裁的案例。仲裁庭认为申请方开办的律师事务所符合投资的定义，而东道国认为律所不符合双边投资协定中投资的规定。特设委员会认为，律所不能给东道国带来经济效益，不符合中心在先判例形成的投资的定义，因而不属于投资的范畴，仲裁庭对不属于投资的争端进行了仲裁，因而是越权仲裁。对于明显性，特设委员会并没有直接作答，只是表示如果某项错误不足以改变仲裁结果，则该错误不属于明显的错误。②

如果仲裁庭未予充分行使管辖权解决相应争端，同样也构成了越权仲裁。Azurix-阿根廷案第一次撤销程序特设委员会指出，无权仲裁和未予仲裁都是明显越权裁判的类型。③ 同样，Shum-秘鲁案特设委员会也把无权仲裁和不作为都作为仲裁庭明显越权裁判的情形。④ 在 MHS-马来西亚案中，仲裁庭起先认为争议的合同因对东道国没有经济贡献而不属于投资，因而对该争议没有管辖权。而特设委员会认为，仲裁庭认定投资的结论有误，其具有管辖权却没有据以解决争议，因此明显超过了法定授权裁判。⑤

在实践中，基于管辖权的越权仲裁成功案例不多。截至 2016 年 4 月，

① Repsol YPF Ecuador, S. A. and others v. Republic of Ecuador and Empresa Estatal Petróleos del Ecuador (PetroEcuador), ICSID Case No. ARB/08/10, Decision on Annulment (8 January 2007), 第 36 段。

② Mr. Patrick Mitchell v. Democratic Republic of the Congo, ICSID Case No. ARB/99/7, Decision on Annulment (1 November 2006), 第 41-48 段。

③ Compañiá de Aguas del Aconquija S. A. and Vivendi Universal S. A. v. Argentine Republic, ICSID Case No. ARB/97/3, Decision on Annulment (3 July 2002), 第 86 段。

④ Empresas Lucchetti, S. A. and Lucchetti Peru, S. A. v. The Republic of Peru, ICSID Case No. ARB/03/4, Decision on Annulment (5 September 2007), 第 99 段。

⑤ Malaysian Historical Salvors, SDN, BHD v. The Government of Malaysia, ICSID Case No. ARB/05/10, Decision on the Application for Annulment (16 Apr 2009), 第 83-84 段。

有 30 个撤销程序主张了因仲裁庭越权仲裁的撤销请求，其中仅有 1 个撤销了全部裁决①，另有 1 个撤销了部分裁决②；在未予行使管辖权的 13 个撤销请求中，有 1 个撤销了全部裁决③，另有 2 个部分撤销④的案例⑤。

### 3. 越权适用法律

越权适用法律指仲裁庭没有按照《公约》第四十一条第一款的规定适用合适的法律进行仲裁。由于当事方选择的仲裁法律也是其仲裁合意的内容之一，因此仲裁庭未能按照合意适用仲裁法律的情形则直接超出了当事方管辖同意的范围，从而超越了其仲裁权限。并且如果仲裁庭适用了适当的法律，但是适用方式错误而做出的仲裁裁决，由于涉及了实体问题的裁判而不属于撤销程序的范畴，因此即使法律适用明显失当甚至错误，也不能据以撤销裁决。

首先，未能适用适当的仲裁法律足以构成明显越权仲裁。对此，特设委员会的意见大致相同。最早的案例是 Klockner-喀麦隆案⑥和 Amco-印尼案⑦。特设委员会指出，未能适用恰当的法律构成了明显越权仲裁的行为。MINE-几内亚案特设委员会从管辖同意和授权范围两个角度分析，仲裁庭未按规则适用恰当的法律做出的裁决，不符合其管辖权来源的规定，则属于明显的越权仲裁。⑧

但在实践中，是否适用恰当的法律的边界并不总是清晰的，适用法律

---

① Mr. Patrick Mitchell v. Democratic Republic of the Congo, ICSID Case No. ARB/99/7, Decision on Annulment（1 November 2006）.

② Occidental Petroleum Corporation and Occidental Exploration and Production Company v. The Republic of Ecuador, ICSID Case No. ARB/06/11, Decision on Annulment of the Award（2 November 2015）.

③ Malaysian Historical Salvors, SDN, BHD v. The Government of Malaysia, ICSID Case No. ARB/05/10, Decision on the Application for Annulment（16 Apr 2009）.

④ Compañiá de Aguas del Aconquija S. A. and Vivendi Universal S. A. v. Argentine Republic, ICSID Case No. ARB/97/3, Decision on Annulment（3 July 2002）; Helnan International Hotels A/S v. Arab Republic of Egypt, ICSID Case No. ARB/05/19, Decision of the ad hoc Committee（14 June 2010）.

⑤ Background Paper on Annulment for the Administrative Council of ICSID（May 5, 2016），第 89 段。

⑥ Klöckner Industrie-Anlagen GmbH and others v. United Republic of Cameroon and Société Camerounaise des Engrais, ICSID Case No. ARB/81/2, Decision on Annulment（3 May 1985），第 58 段。

⑦ Amco Asia Corporation and others v. Republic of Indonesia, ICSID Case No. ARB/81/1, Decision on Annulment（16 May 1986），第 23 段。

⑧ Maritime International Nominees Establishment v. Republic of Guinea, ICSID Case No. ARB/84/4, Decision on Annulment（22 December 1989），第 5.03 段。

方式的不同会得出不同的结论。在 Shum-秘鲁案中，仲裁庭对某国际条约进行了解释，但并没有具体说明其解释所依据的规则。特设委员会的多数成员认为，虽然规则说明极简和概括，但仲裁庭并没有放弃适用条约解释的规则，因此不构成未能适用规则的错误。但是反对意见则表达了相反的立场，认为条约解释过程中部分元素的缺失，证明了其未能适用解释规则，从而应当认为是未能适用适当的规则。① 同样在 Soufraki-阿联酋案中，针对其国籍问题，申请方认为仲裁庭适用意大利国籍法的方式与意大利国内司法机构的方式不同，因而主张仲裁裁决没有适用意大利国籍法。而特设委员会则反驳了该意见，强调重点是仲裁庭适用了意大利的国籍法律而不是其他的法律。② Casadov-智利案特设委员会也认为适用法律方式的不同，并不能得出仲裁庭明显越权裁判的结论。③

其次，错误适用法律并不是撤销仲裁的原因。通常，适用法律错误是上诉程序适宜解决的问题，而《公约》体系不提供对仲裁裁决的上诉机制，撤销程序仅能在程序错误方面给与有限的救济。在最早的 Klockner-喀麦隆案和 Amco-印尼案中，特设委员会都清楚地指出，法律适用错误是上诉程序的问题，而不是撤销程序的范畴。其后的众多特设委员会，如 MINE-几内亚案和 SPP-埃及案等都遵循了这一立场。CDC-塞舌尔案特设委员会的观点有一定的代表性：关注的重点是仲裁庭是否在努力适用英国法律，而不是适用法律的正确与否；如果仲裁庭基于案件事实决定不适用英国法律，则特设委员会没有权利重新审视该决定的对错。④

对于更进一步的问题，如果适用法律的错误极其严重，是否可以等同于未能适用法律，特设委员会的意见并不一致。首先提出这个问题的是 Soufraki-阿联酋案。该案特设委员会认为，如果适用法律的错误严重或恶劣则实际上等同

---

① Empresas Lucchetti, S. A. and Lucchetti Peru, S. A. v. The Republic of Peru, ICSID Case No. ARB/03/4, Decision on Annulment (5 September 2007), 第 98 段；Dissenting Opinion of Sir Franklin Berman (5 September 2007), 第 7-8 段。

② Hussein Nuaman Soufraki v. The United Arab Emirates, ICSID Case No. ARB/02/7, Decision on Annulment (5 June 2007), 第 89-91 段。

③ MTD Equity Sdn. Bhd. and MTD Chile S. A. v. Republic of Chile, ICSID Case No. ARB/01/7, Decision on Annulment (21 March 2007), 第 47 段。

④ CDC Group plc v. Republic of Seychelles, ICSID Case No. ARB/02/14, Decision on Annulment (29 June 2005), 第 45 段。

于未适用该法律。① 而 Azurix-阿根廷案特设委员会则给出了相反的答案：虽然仲裁庭法律适用错误明显，但这些错误并不能等同于明显越权裁判。②

在实践中，因仲裁庭不适当适用法律而撤销裁决的请求很多，而成功案例寥寥。截至 2016 年 4 月，在 52 个撤销请求中，有 44 个涉及不适当适用法律的问题，但仅有 2 个撤销全部裁决③和 2 个部分撤销裁决④的案例⑤。

## （三）仲裁员腐败

仲裁员的腐败行为严重影响了仲裁的公平公正，动摇了裁决的有效性和权威性。《公约》仅强调了腐败而没有采用诸如不端行为等措辞，并且强调只有确认无疑的腐败才能够请求撤销仲裁，对腐败行为的推测都不足以构成撤销的法定事由。由于《仲裁规则》第六条要求仲裁员签署声明，保证不从中心之外的其他方获得任何与仲裁相关的指示或收入，因此撤销请求中的腐败行为可以理解为因仲裁获得非中心给与的经济利益的行为。如果当事方在仲裁程序中获悉腐败事实，亦可据此请求撤换仲裁员。

在实践中，尚未有任何当事方基于仲裁员腐败行为请求撤销裁决的案例。

## （四）严重程序违法

严守程序规定是仲裁公正性和合法性的重要保障。因此《公约》规定

---

① Hussein Nuaman Soufraki v. The United Arab Emirates, ICSID Case No. ARB/02/7, Decision on Annulment (5 June 2007), 第 86 段。

② CMS Gas Transmission Company v. The Republic of Argentina, ICSID Case No. ARB/01/8, Decision of the ad hoc Committee on the Application for Annulment of the Argentine Republic (25 September 2007), 第 135-136 段。

③ Sempra Energy International v. The Argentine Republic, ICSID Case No. ARB/02/16, Decision on the Argentine Republic's Application for Annulment of the Award (29 June 2010); Klöckner Industrie-Anlagen GmbH and others v. United Republic of Cameroon and Société Camerounaise des Engrais, ICSID Case No. ARB/81/2, Decision of the Ad Hoc Committee (3 May 1985).

④ Enron Corporation and Ponderosa Assets, L. P. v. Argentine Republic, ICSID Case No. ARB/01/3, Decision on the Application for Annulment of the Argentine Republic (30 July 2010); Amco Asia Corporation and others v. Republic of Indonesia, ICSID Case No. ARB/81/1, Ad hoc Committee Decision on the Application for Annulment (16 May 1986).

⑤ Background Paper on Annulment for the Administrative Council of ICSID (May 5, 2016), 第 94 段。

严重违反程序规定的仲裁裁决可以请求撤销。

## 1. 条件

以严重程序违法为由撤销裁决，需要同时满足两个条件：基础性和严重性。

基础性要求涉及的应当是基本的，具有特殊重要性的程序规则。在 Repsol-Petroecuador 案中，特设委员会在分析《公约》三种不同语言的官方版本后指出，西语版本中没有要求"基础性"程序规则，仅仅是细节的忽略，西语版本同其他语言版本有同等的法律效力，都要求程序行规则的基础性。在 MINE-几内亚委案中，特设委员会指出平等对待、充分辩护等是基础性权利的例子。[①] 仅仅违反仲裁规则或仲裁法律的行为，不一定属于严重背离程序要求的情形。在实践中，特设委员会对仲裁庭适用法律的各种情形进行了分析和判断。如在 CDC-塞舌尔案中，当事方主张仲裁庭没有按照证据规则裁判；而特设委员会指出：首先，当事方没有证明证据规则是一种基础性的规则，也没有证明仲裁庭违反证据规则的行为是实质的和严重的；其次当事方没有证据表明所谓违反证据规则的行为损害了该当事方的权利。因此特设委员会驳回了该撤销主张。[②]

严重性要求则指违反程序规定的情况应当具有实质性和严重性的特点，仅仅是程序方面的瑕疵不足以构成撤销裁决的基础。在 MINE-几内亚委案中，特设委员会解释了严重性的含义：应当从定量和定性两个角度考虑，即达到实质性违反程序要求的程度，以及剥夺了当事方依据法律本应获得的权利或保护的程度。[③] 在 SPP-埃及案等案件中，特设委员会都强调了应当达到实质上剥夺当事方本应获得的权利，才能被认为是严重背离了相关规则的规定。[④]

---

[①] Maritime International Nominees Establishment v. Republic of Guinea, ICSID Case No. ARB/84/4, Decision of the Ad hoc Annulment Committee (22 DEC 1989)，第 5.05 段。

[②] CDC Group plc v. Republic of Seychelles, ICSID Case No. ARB/02/14, Decision on Annulment (29 June 2005)，第 59-65 段。

[③] Maritime International Nominees Establishment v. Republic of Guinea, ICSID Case No. ARB/84/4, Decision of the Ad hoc Annulment Committee (22 DEC 1989)，第 5.06 段。

[④] Wena Hotels Ltd. v. Arab Republic of Egypt, ICSID Case No. ARB/98/4 , Decision on Annulment (5 February 2002)，第 57 段。

### 2. 基础性规则的范畴

在实践中，当事方据以主张撤销裁决的严重程序违法事项很多。特设委员会根据个案特点做出了很多有指导意义的裁决，其认定基础性规则主要包括公平待遇、正当程序等。

公平而无偏私的待遇。部分撤销申请会主张仲裁庭不公平地对待当事方，或者存在偏见。在 Klockner-喀麦隆案的第一次撤销程序中，当事方认为仲裁庭对其语气严厉，结果不利，对其不公平。特设委员会审查了裁决后认为，虽然仲裁庭用词激烈，但本身并不是偏见或显失公平的证据，尽管仲裁庭的论述或致人疑惑，但并没有证据显示其导致或令人认为出现了显失公平的情形。① 类似的情况也出现在 CDC-塞舌尔案中，当事方认为独任仲裁员在听证会上打断证词的工作方式，以及诱导对申请方有利的回答的提问方式，显示了仲裁员存有偏见。特设委员会认为案件记录并没有偏袒的瑕疵，仲裁员独立公正，工作流程适当，意在周密地开展辩论和决定。②

听取各方意见的程序。充分听取当事方的意见，既是当事方的程序权利，也是仲裁庭保证程序公平公正的义务。Amco-印尼案第二次撤销程序处理了仲裁庭在听取当事方意见方面存在的瑕疵。当事方主张仲裁庭在决定补充裁决时没有通知该方，也没有设置适当程序使其可以提供书证。特设委员会认为，给予当事方适当机会和时间以表达其对相关问题的意见，是以想保证程序公平的基本权利，仲裁庭补充裁决的程序严重背离了这一程序公平的要求，因此撤销了补充裁决。③ 在 Klockner-喀麦隆案第一次撤销程序中，当事方主张仲裁庭的裁决建立于未经辩论的观点之上，因此没有听取当事方的意见。特设委员会表示了反对意见，认为仲裁裁决似乎采取了折衷当事双方不同立场的观点，仲裁庭没有义务必须从当事方的主张

---

① Klöckner Industrie-Anlagen GmbH and others v. United Republic of Cameroon and Société Camerounaise des Engrais, ICSID Case No. ARB/81/2, Decision on Annulment (3 May 1985)，第98，110 段。

② CDC Group plc v. Republic of Seychelles, ICSID Case No. ARB/02/14, Decision on Annulment (29 June 2005)，第51-54 段。

③ Amco Asia Corporation and others v. Republic of Indonesia, ICSID Case No. ARB/81/1, Decision on the Applications for Annulment of the 1990 Award and the 1990 Supplemental Award (17 December 1992)，第9.08-9.10 段。

中选择其一作为仲裁庭的意见。[①]

证据规则和举证责任。《公约》并没有详细的证据规则，只是要求仲裁庭决定证据的可信性和证据力。在实践中，当事方对仲裁庭处理证据和分配举证责任存在异议，可能以此请求认定仲裁庭严重背离重要的程序权利。首先，特设委员会认为证据规则和举证责任分配可能构成基础性的重大的程序问题。在 Klockner-喀麦隆案中，当事方抱怨仲裁庭未给与其举证机会，仲裁庭则认为举证责任问题是《仲裁规则》第三十二—三十三条规定的程序问题。因此，仲裁庭在举证责任问题上的重大失误可能构成对基础性程序规则的严重违反。[②] 其次，仲裁庭对证据效力的决定不能成为严重的违反证据规则。在 CDC-塞舌尔案中，特设委员会指出仲裁庭对证据的评估而产生的错误，本身并不是撤销裁决的理由[③]。此外，独立而客观的仲裁庭和仲裁庭合议做裁决，也是特设委员会所看重的基础性的程序规则。

截至 2016 年 4 月，共有 41 个案件援引了仲裁裁决严重违反基础性程序规则事由请求撤销裁决，其中成功撤销全部裁决 1 个[④]，撤销部分裁决 2 个[⑤][⑥]。

## （五）未予充分解释原因

仲裁裁决解释裁判理由是《公约》及其规则的一项强制性义务。

---

① Klöckner Industrie-Anlagen GmbH and others v. United Republic of Cameroon and Société Camerounaise des Engrais, ICSID Case No. ARB/81/2, Decision on Annulment (3 May 1985)，第 91 段。

② Klöckner Industrie-Anlagen GmbH and others v. United Republic of Cameroon and Société Camerounaise des Engrais, ICSID Case No. ARB/81/2, Second ad hoc Committee Decision on Annulment (17 May 1990)，第 6.63-6.72 段。

③ CDC Group plc v. Republic of Seychelles, ICSID Case No. ARB/02/14, Decision on Annulment (29 June 2005)，第 59-61 段。

④ Víctor Pey Casado and Foundation "Presidente Allende" v. Republic of Chile, ICSID Case No. ARB/98/2, Decision on the Application for Annulment of the Republic of Chile (December 18, 2012).

⑤ Fraport AG Frankfurt Airport Services Worldwide v. Republic of the Philippines, ICSID Case No. ARB/03/25, Decision on the Application for Annulment of Fraport AG Frankfurt Airport Services Worldwide (December 23, 2010)；Amco Asia Corporation and others v. Republic of Indonesia, ICSID Case No. ARB/81/1, Decision on the Applications for Annulment of the 1990 Award and the 1990 Supplemental Award (17 December 1992).

⑥ Background Paper on Annulment for the Administrative Council of ICSID (May 5, 2016)，第 101 段。

MINE-几内亚案特设委员会指出，陈述原因是裁决的一项必要的内容，当事方就仲裁裁决免于陈述原因的约定，也不能限制当事方以缺乏原因解释提出撤销裁决请求的权利。① 而对仲裁庭而言，陈述裁决理由也是其承担仲裁工作的义务。SPP-埃及案特设委员会强调，仲裁庭应当向当事方解释其据以做出裁决的事实和法律依据，如果仲裁庭依逻辑提供了原因，则不存在撤销裁决的请求。② 并且，《公约》第四十八条和第五十二条仅关注仲裁庭是否提供了裁决所依据的理由，而其论证和分析过程的正误反而相对次要。③

截至 2016 年 4 月，共有 50 个撤销案件提出仲裁庭没有解释原因的主张，其中 2 个案件④撤销了全部裁决，6 个案件中⑤撤销了部分裁决⑥。

### 1. 没有陈述原因

由于《公约》第四十八条规定仲裁庭必须陈述裁决原因的强制义务，因而在实践中不提供裁决原因的案例很少。

---

① Maritime International Nominees Establishment v. Republic of Guinea, ICSID Case No. ARB/84/4, Decision on Annulment (22 December 1989), 第 5.10 段。

② Wena Hotels Ltd. v. Arab Republic of Egypt, ICSID Case No. ARB/98/4 , Decision on Annulment (5 February 2002), 第 83 段。

③ Maritime International Nominees Establishment v. Republic of Guinea, ICSID Case No. ARB/84/4, Decision on Annulment (22 December 1989), 第 5.08 段; Wena Hotels Ltd. v. Arab Republic of Egypt, ICSID Case No. ARB/98/4 , Decision on Annulment (5 February 2002), 第 79 段。

④ Klöckner Industrie-Anlagen GmbH and others v. United Republic of Cameroon and Société Camerounaise des Engrais, ICSID Case No. ARB/81/2, Decision on Annulment (3 May 1985); Mr. Patrick Mitchell v. Democratic Republic of the Congo, ICSID Case No. ARB/99/7, Decision on Annulment (1 November 2006).

⑤ Amco Asia Corporation and others v. Republic of Indonesia, ICSID Case No. ARB/81/1, Decision on Annulment (16 May 1986); Maritime International Nominees Establishment v. Republic of Guinea, ICSID Case No. ARB/84/4, Decision on Annulment (22 December 1989); CMS Gas Transmission Company v. The Republic of Argentina, ICSID Case No. ARB/01/8, Decision of the ad hoc Committee on the Application for Annulment of the Argentine Republic (25 September 2007); Enron Corporation and Ponderosa Assets, L. P. v. Argentine Republic, ICSID Case No. ARB/01/3, Decision on the Application for Annulment of the Argentine Republic (30 July 2010); Víctor Pey Casado and Foundation "Presidente Allende" v. Republic of Chile, ICSID Case No. ARB/98/2, Decision on the Application for Annulment of the Republic of Chile (December 18, 2012); TECO Guatemala Holdings, LLC v. Republic of Guatemala, ICSID Case No. ARB/10/23, Decision on Annulment (5 April 2016).

⑥ Background Paper on Annulment for the Administrative Council of ICSID (May 5, 2016), 第 108 段。

常见的情况是，在某个具体问题上，仲裁裁决无法全面反映仲裁庭的裁决思路。在 Klockner-喀麦隆案第一次撤销程序中，特设委员会认为仲裁裁决仅宣布了其决定而没有解释其认定申请方责任的原因，并且也无法难以重现仲裁庭的考虑思路，因此认为仲裁庭没有提供裁决原因的主张成立。[1]

同时，特设委员会也注意以暗示方式提供的原因和未予提供原因之间的区别。而在 MINE-几内亚案中，虽然仲裁庭没有解释采用美元计算利息的原因，但特设委员会指出原合同采用美元计价，因此以美元计息的理由充分，同时也表示仲裁庭应该更加明确地阐述其裁决理由。[2] 在 SPP-埃及案中，特设委员会也表示因为法律只要求仲裁庭提供裁决理由，而没有规定陈述相关理由的方式，因此仲裁庭也可以采用委婉或暗示的方式提供裁决原因。[3]

### 2. 裁决理由的质量

由于英美法系和大陆法系传统上的差异，不同的仲裁庭在陈述裁决理由时的方式和效果也不相同。而且《公约》相关规则仅要求提供原因的解释，对详尽程度的把握都由仲裁庭自行决定。SPP-埃及案特设委员会强调《公约》仅要求仲裁庭提供裁决理由，从而使当事双方能够通过裁决了解仲裁庭的裁判思路，而不要求其理由是否适当或具有说服力。[4] Azurix-阿根廷案特设委员会对理由陈述的性质和要求进行了总结，指出规则和先例均显示作为撤销裁决的依据在于仲裁庭未提供任何解释；如果仲裁庭提供的理由与争议相关，能够被当事方理解，其正确与否并不是《公约》第五十二条规定的内容。[5]

---

[1] Klöckner Industrie-Anlagen GmbH and others v. United Republic of Cameroon and Société Camerounaise des Engrais, ICSID Case No. ARB/81/2, Decision on Annulment (3 May 1985)，第 141-144 段。

[2] Maritime International Nominees Establishment v. Republic of Guinea, ICSID Case No. ARB/84/4, Decision on Annulment (22 December 1989)，第 6. 103-6. 104 段。

[3] Wena Hotels Ltd. v. Arab Republic of Egypt, ICSID Case No. ARB/98/4 , Decision on Annulment (5 February 2002)，第 93-98 段。

[4] 同上，第 80-83 段。

[5] Compañiá de Aguas del Aconquija S. A. and Vivendi Universal S. A. v. Argentine Republic, ICSID Case No. ARB/97/3, Decision on Annulment (3 July 2002)，第 64-65 段。

### 3. 自相矛盾的裁决理由

虽然裁决理由的质量并不是《公约》关注的方向，但仲裁裁决中出现的自相矛盾的理由陈述，很可能导致当事方难以理解仲裁庭的裁判思路，因而在效果上可能等同于未提供理由的陈述。正如 Klockner-喀麦隆案特设委员会指出的，互相矛盾的理由互相抵消效力，因此相当于自始没有提供理由。①

在 MINE-几内亚案中，仲裁庭在计算损失金额时认为，当事方提出的计算方法 Y 和 Z 是假想的情况而不能被采用；但其采用的方法同样是自己基于假设构造的方法。特设委员会认为，仲裁庭在这一点上前后矛盾，由于不能前后一致和统一，因此以未提供裁决理由为依据撤销了关于损失计算部分的裁决。②

### 4. 遗漏重要问题与没有陈述原因

如果仲裁裁决遗漏了部分问题没有解决，《公约》第四十九条第二款向当事方提供了补充和更正程序请求原仲裁庭补充解决遗漏的问题。

但是，有些特设委员会认为如果遗漏的问题特别重要，足以改变仲裁裁决，此时遗漏该问题就不能仅仅是更正和补充程序的问题，而应当从未提供裁决理由的角度撤销该裁决。在 MINE-几内亚案和 SPP-埃及案③中，特设委员会认为仲裁庭没有解决所有问题的瑕疵，只能通过未予提供理由这个情形来解释。并且，在 MINE-几内亚案中，特设委员会就以此为由撤销了裁决。

### 5. 放弃撤销权

《公约》规定任一当事方均可以请求撤销仲裁裁决。因此，当事方有权自行决定是否提出撤销裁决的申请，同样可以决定是否放弃行使撤销权。

---

① Klöckner Industrie-Anlagen GmbH and others v. United Republic of Cameroon and Société Camerounaise des Engrais, ICSID Case No. ARB/81/2, Decision on Annulment（3 May 1985），第121段。

② Maritime International Nominees Establishment v. Republic of Guinea, ICSID Case No. ARB/84/4, Decision on Annulment（22 December 1989），第6.105-6.107段。

③ Maritime International Nominees Establishment v. Republic of Guinea, ICSID Case No. ARB/84/4, Decision on Annulment（22 December 1989），第5.13段；Wena Hotels Ltd. v. Arab Republic of Egypt, ICSID Case No. ARB/98/4，Decision on Annulment（5 February 2002），第110段。

首先，当事方以不作为的方式放弃行使撤销权是最常见的方式。《仲裁规则》第二十七条规定，如果当事方没能及时反驳某一问题，则应被视做放弃了该反驳权。如果在撤销裁决的情况中，当事方没有及时行使撤销权的，即可被视为放弃在特定问题上请求撤销裁决。

其次，当事方还可以通过开启或放弃特定仲裁请求等作为的方式放弃行使撤销权。在 Amco-印尼案第一次仲裁中，印尼起先提出仲裁庭越权仲裁管辖权异议，但随后其撤回了该主张。在其后的撤销程序中，当印尼再次主张以越权仲裁管辖权为由请求撤销裁决时，特设委员会指出印尼方以其撤回主张的行动表明其放弃在管辖权问题上行使撤销权的意图。①

## 二、条件与时限

就撤销请求而言，《公约》要求当事方应当在裁决做出后 120 天内提交，仅有在主张仲裁员腐败的情况下可以在得知腐败线索后 120 天内提交。而且根据《行政财务条例》第二十九条的规定，时效期间自仲裁裁决做出的次日起算，至有关书面文件到达中心秘书处截止。

对于撤销请求的内容，《公约》规则也提出了实质性内容的要求。《仲裁规则》第五十条要求撤销请求至少要说明据以提出申请的法定事由的类别，因此仅在法定期间内提交表明撤销请求意愿，而在期间外提交实质性主张的请求不符合时限要求。

在 Amco-印尼案中，当事方主张对方撤销请求超出了法定时限：在法定期间内仅提交了声明，在期间外的备忘录中提交了实质性的内容。特设委员会支持了该主张，认为时限内提交的撤销请求缺乏实质内容，而需要在时限外细化的，这样的请求并不充分。② 同样，SPP-埃及案特设委员会也要求撤销请求应当详细说明其撤销事由的主张，但是基于相同撤销事由的新主张，并不损害对方当事方的利益。③

---

① Amco Asia Corporation and others v. Republic of Indonesia, ICSID Case No. ARB/81/1, Decision on Annulment（16 May 1986），第 69 段。

② 同上，第 51-53 段。

③ Wena Hotels Ltd. v. Arab Republic of Egypt, ICSID Case No. ARB/98/4 , Decision on Annulment（5 February 2002），第 19 段。

仲裁实践也发展出了延长请求时限的案例。虽然《公约》要求 120 天内送达撤销请求，但在争议的仲裁裁决因其他事后救济程序而在事实上处于未决状态时，则法定期间的起算时点将随之后延。例如，当事方通过补充和更正程序请求原仲裁庭对裁决进行完善，则裁决生效的时间和撤销请求期间的起点都将从仲裁庭更正和补充程序做出决定的时间起算，从而延长了当事方提出撤销请求的准备时间。在 Amco-印尼案第二次撤销程序中，诉争裁决于 1990 年 6 月 5 日做出，补充和更正裁决于 1990 年 10 月 17 日做出，当事方于 10 月 17 日提出了撤销请求。在 Salini-摩洛哥案中，裁决发放时间为 2003 年 12 月 22 日，撤销程序则于 2004 年 4 月 30 日登记。这几个案例撤销请求登记时间都超过了 120 天，当事方可以通过对原裁决的其他挑战程序延长其准备撤销裁决的请求时限。

## 三、特设委员会

与仲裁程序不同，撤销程序由中心秘书长指定的特设委员会 Ad hoc Committee 负责审理。

在特设委员会的组成方式上，秘书长有最终的决定权，而当事方无权指定特设委员会的成员。在实践中，秘书长可能就组成事宜征求当事方的意见①，也可能完全不咨询当事方而自行做出决定②。在委员会成员的来源上，也只能从中心的仲裁员专家库中选择，而不能任用专家库以外的专业人士。而在仲裁庭组成上，如果当事方同意也可以选择专家库以外的人士组成仲裁庭。在人数上，特设委员会一般由三人组成，而仲裁庭可选择任意单数的仲裁员。

在委员会成员任职资格上，撤销程序也与仲裁程序不同。特设委员会任职资格更加严格。首先，国籍不同。特设委员会成员不能是当事方国民

---

① Empresas Lucchetti, S. A. and Lucchetti Peru, S. A. v. The Republic of Peru, ICSID Case No. ARB/03/4, Decision on Annulment (5 September 2007)，第 24 段。

② CDC Group plc v. Republic of Seychelles, ICSID Case No. ARB/02/14, Decision on Annulment (29 June 2005)，第 15 段；Mr. Patrick Mitchell v. Democratic Republic of the Congo, ICSID Case No. ARB/99/7, Decision on Annulment (1 November 2006)，第 6 段；CMS Gas Transmission Company v. The Republic of Argentina, ICSID Case No. ARB/01/8, Decision of the ad hoc Committee on the Application for Annulment of the Argentine Republic (25 September 2007)，第 6 段等。

或申诉投资者相同国籍的人。其次，新人参与。参与过本案仲裁或调解程序的仲裁员、调解员，都不能进入特设委员会。

## 四、中止执行裁决

在撤销裁决程序中，当事方可以请求中止仲裁裁决的执行。由于阶段的不同，共有两种不同类型的执行中止：一是临时中止，产生于秘书长登记当事方撤销请求后，是由登记程序自动出发的中止程序，在特设委员会成立前，仲裁裁决可以被临时中止执行。二是裁定中止。当特设委员会成立后，其有权依据案情决定、修改和延长裁决整体或部分执行的中止，裁定中止是撤销程序实践中比较重要的问题之一。

### 1. 启动方式

通常情况下，只有当事方才能提出中止执行裁决的请求，特设委员会仅在特定情况下可以自行决定中止裁决的执行。

首先，当事方可以请求秘书长临时中止裁决的执行。临时中止由撤销仲裁请求登记行为而自动引发，无需秘书长做出决定。如无特设委员延期，将到期自动解除。

其次，当事方可以向特设委员会请求中止执行的命令。关于中止执行的命令，当事双方都可以在满足法定条件的情况下向特设委员会申请。

最后，特设委员会可在做出部分撤销的决定后，暂时中止裁决其他部分的执行。由于裁决被部分撤销，其余部分的法律效力不受影响，但特设委员会仍然可以根据《仲裁规则》第五十五条第三款的规定，临时性的中止裁决的执行，留待新成立的仲裁庭决定是否继续执行裁决。

### 2. 决定方式和要求

特设委员会享有在撤销程序期间内是否中止执行裁决的自由裁量权。其可以决定中止执行裁决的整体或某一部分，亦可以决定解除或延长中止执行的命令。

根据《仲裁规则》第五十四条第一款的规定，在收到当事方提出的中止执行裁决的请求后，特设委员会应当首先处理该请求，之后才能进入实质问题的审查过程。

只有当事方有机会能够提出关于中止执行的意见后，特设委员会才能考虑决定中止执行裁决。既要保障当事方的程序性权利，又要避免当事方滥用中止程序干扰仲裁裁决的终局性。

### 3. 中止执行的条件

《公约》及其规则并没有规定请求中止执行裁决的条件，但在实践中，特设委员会可能考虑以下因素。

第一种是裁决撤销的概率。如当事方提出表面证据显示其可能成功主张撤销裁决的，特设委员会应当考虑中止执行。但 MINE-几内亚案①和 CDC-塞舌尔案②特设委员会都反驳了这种观点，认为中止执行的决定和撤销概率没有关系。

第二种是预防裁决执行的拖延。例如，在 Repsol-Petroecuador 案中，特设委员会认为，为了防止当事方通过请求中止执行来拖延程序，应当要求申请当事方提交保证金。③

第三种是防止败诉方无力履行裁决。在 MINE-几内亚案中，考虑到几内亚立即执行裁决的困难，以及如胜诉其获得赔偿的难度，特设委员会决定继续中止裁决的执行。④

此外，当事方提供保证金的情况，以及当事方可能遭受难以挽回的损失等情况，都是实践中特设委员会考虑中止执行裁决的因素。

## 五、决定与救济

### （一）裁判思路的演进

特设委员会关于撤销裁决请求的考虑思路经历了明显的演进过程。从最早的上诉式思路，到相对成熟的平衡式思路，形成了三代不同的裁判风格。

---

① Maritime International Nominees Establishment v. Republic of Guinea, ICSID Case No. ARB/84/4, Interim Order No. 1 (12 August 1988)，第 16-18 段。

② CDC Group plc v. Republic of Seychelles, ICSID Case No. ARB/02/14, Decision on Continuation of Stay (14 July 2004)，第 13-15 段。

③ Repsol YPF Ecuador, S. A. and others v. Republic of Ecuador and Empresa Estatal Petróleos del Ecuador (PetroEcuador), ICSID Case No. ARB/08/10, Procedural Order No. 1 (22 December 2005)，第 9 段。

④ Maritime International Nominees Establishment v. Republic of Guinea, ICSID Case No. ARB/84/4, Interim Order No. 1 (12 August 1988)，第 26-28 段。

在最初的撤销裁决中，特设委员会表现了类似上诉机构的作风和方法。Amco-印尼案和Klockner-喀麦隆案是最早的两个引入特设委员会考虑撤销裁决的案例。如前所述，在这两起撤销裁决中，特设委员会不仅审查了当事方主张的程序性问题，还进一步审查了裁决中的实体问题；其上诉庭式的裁判方法引发了激烈的争论。除了专家学者的论文之外，后续仲裁庭也从表明了其反对意见。在Amco-印尼案第二次仲裁中，仲裁庭表示撤销第一次仲裁裁决的特设委员会超越了其管辖范围，在其没有管辖权的实体问题上发表了不恰当的意见。①

由于初代撤销裁决引发的巨大争议，随后的特设委员会采取了相对保守和克制的做法。在MINE-几内亚案、Amco-印尼案第二次裁决撤销程序等案件中，特设委员会摒弃了初代特设委员会上诉式的裁判风格，严格按照《公约》第五十二条规定的撤销理由进行分析和决定。如在MINE-几内亚案中，特设委员会按照当事方主张的越权裁判、程序违法和未予解释的撤销主张，分别对合同违约和损害计算两个问题进行了分析。②

第三代裁决对撤销申请的范围作了进一步的约束，着重强调维护裁决的终局性。在SPP-埃及案中，特设委员会指出虽然《公约》第五十二条列举了可以撤销裁决的情形，但是违反这些规定并不意味着必须撤销裁决。③ 同样Soufraki-阿联酋案特设委员会提出撤销裁决并不是出现《公约》第五十二条第一款违反事项的必然结果。④ 在Azurix-阿根廷案中，特设委员会不能因无关紧要的事由就撤销裁决，仅当必要时才可以撤销裁决。⑤ 在AGIP-刚果案中，特设委员会也同意只有出现实质或严重违反法定规则

---

① Amco Asia Corporation and others v. Republic of Indonesia, ICSID Case No. ARB/81/1, Decision on Jurisdiction in Resubmitted Proceeding (10 May 1988)，第94段；Award in Resubmitted Proceeding (31 March 1990)，第151段。

② Maritime International Nominees Establishment v. Republic of Guinea, ICSID Case No. ARB/84/4, Decision of the Ad hoc Annulment Committee (22 DEC 1989).

③ Wena Hotels Ltd. v. Arab Republic of Egypt, ICSID Case No. ARB/98/4 , Decision on Annulment (5 February 2002)，第83段。

④ Hussein Nuaman Soufraki v. The United Arab Emirates, ICSID Case No. ARB/02/7, Decision on Annulment (5 June 2007)，第24段。

⑤ Compañiá de Aguas del Aconquija S. A. and Vivendi Universal S. A. v. Argentine Republic, ICSID Case No. ARB/97/3, Decision on Annulment (3 July 2002)，第63-66段。

时，才能部分或整体撤销先前裁决。① 至此，特设委员会对待撤销裁决的方法基本定型。CDC-塞舌尔案特设委员会总结认为，中心撤销裁决的案例法的发展，正日益脱离最早 Klockner 和 Amco 两案的窠臼；目前的实践仅考察仲裁程序的过程，以确保程序公正性为要，而不是对裁决的实体问题进行"二次揣测"。②

Soufraki-阿联酋案特设委员会总结了撤销裁决程序的作用在于确保仲裁程序全环节的公正性。因此，特设委员会需要核实三个公正性：一是仲裁庭的公正性，即组成合法且无腐败等违纪现象；二是程序公正性，即仲裁庭应当在当事方同意其管辖的边界内仲裁，也不能严重偏离程序的基础规则；三是裁决的公正性，即裁决推理和分析应当严整有序、逻辑自洽，并能够支持仲裁庭做出裁决。这三项公正性是《公约》撤销程序的核心目标。③

## （二）自由裁量权

根据《公约》第五十二条第三款的规定，特设委员会有权决定撤销裁决，同时特设委员会并没有义务在当事方成功证明存在撤销事由时必须决定撤销争议裁决。因此特设委员会可以自行裁量决定是否撤销裁决。

Amco-印尼案第二次撤销程序特设委员会指出，《公约》授权特设委员会撤销裁决，并不意味着这项权利应当自动地行使。《公约》相关条款规定的"明显""严重""基础性"等措辞暗示了特设委员会有权自行考量和决定撤销裁决的问题。如果无须撤销裁决以救济程序失当或撤销裁决的决定将损害仲裁裁决的既判效力时，特设委员会当然可以拒绝撤销裁决④。随后在 SPP-埃及案、MINE-几内亚案、Azurix-阿根廷案、Soufraki-阿联酋案

① Mr. Patrick Mitchell v. Democratic Republic of the Congo, ICSID Case No. ARB/99/7, Decision on Annulment (1 November 2006)，第 20 段。

② CDC Group plc v. Republic of Seychelles, ICSID Case No. ARB/02/14, Decision on Annulment (29 June 2005)，第 35 段。

③ Hussein Nuaman Soufraki v. The United Arab Emirates, ICSID Case No. ARB/02/7, Decision on Annulment (5 June 2007)，第 23 段。

④ Amco Asia Corporation and others v. Republic of Indonesia, ICSID Case No. ARB/81/1, Decision on the Applications for Annulment of the 1990 Award and the 1990 Supplemental Award (17 December 1992)，第 1.20 段。

等撤销程序中，特设委员会相继采纳并适用了类似的逻辑，即特设委员会没有义务必须做出撤销决定，而是视程序适当影响公平的程度，决定是否给予撤销裁决的救济。

此外，特设委员会并不是上诉机构，只有撤销裁决的权力，而没有维持裁决的权力。基于仲裁裁决的终局性，对于未请求撤销的，或者特设委员会决定不与撤销的裁决或部分裁决，仍然对当事方存在既判效力，仍然是有法律约束力的裁决。

## （三）整体与部分撤销

《公约》授权特设委员会可以撤销裁决的整体或某一部分。在实践中，关于撤销的范围，不同的特设委员会采用的标准也不尽相同。

一种标准是请求范围决定了撤销范围。在 MINE-几内亚案中，当事方主张撤销裁决中的某一部分；特设委员会最终决定对争议部分予以撤销，其余部分仍然有效。对于撤销的范围，该委员会表示，只有在当事方请求撤销的范围内，才有权撤销，除非撤销的部分裁决将导致裁决整体失效。[1]

另一种标准是特设委员会可以自行决定撤销的范围。Azurix-阿根廷案特设委员会认为，当事方可以请求撤销部分或全部裁决，但特设委员会可并不局限于此，具有完全的自由裁量权。[2]

## （四）重新仲裁

当仲裁裁决被部分甚至全部撤销后，特设委员会无权制作仲裁裁决。当事方的争端需要交由新的仲裁庭，通过新的仲裁程序解决。实践中，重新仲裁的案件不多，截至 2019 年，仅有 9 个案件进入了重新仲裁程序。

重新仲裁仅能由当事方提起，中心或特设委员会无权自行发起新的仲裁程序。此外不同于第一次仲裁程序，秘书长无权事先审查重新仲裁案件

---

[1] Maritime International Nominees Establishment v. Republic of Guinea, ICSID Case No. ARB/84/4, Decision on Annulment (22 December 1989)，第 4.07-4.08 段。

[2] Compañiá de Aguas del Aconquija S. A. and Vivendi Universal S. A. v. Argentine Republic, ICSID Case No. ARB/97/3, Decision on Annulment (3 July 2002)，第 68-69 段。

的管辖权问题，只能即时自动予以登记。

而重新仲裁是仲裁的当事方和争端都与第一次仲裁相同。在商业社会中，公司法人的分立、合并和继承中都是常见的现象。因此，有些案件就投资者当事方在重新仲裁中的地位产生过分歧。例如，在 Azurix-阿根廷案中，由于原申请方已经被吸收合并，因此新公司出现在重新仲裁程序中，而东道国则反对其继承原申请方的地位。新仲裁庭认为，从资产、股权等方面看，新公司都是原申请方的继承方，因此应当被视作原申请方参加重新仲裁程序。① 更有代表性的案例是 Amco-印尼案。在重新仲裁时，原申请方已经依法注销，因此东道国主张因申请方注销而停止重新仲裁；而新仲裁庭认为依据注册地法律，注销公司在三年内仍可以参加诉讼，因此认定原申请方有权继续参加重新仲裁程序。②

同时，重新仲裁的范围只能是被撤销的裁决。首先，当事方只能选择重新仲裁程序解决其争议。由于《公约》第二十六条排除了当事方寻求其他救济途径的可能，因此当事方只能选择重新仲裁来解决尚未完成的争议，即被撤销裁决涉及的争议。其次，未撤销的部分裁决已经产生既判效力，具有法律约束力。根据《公约》第五十三条的规定，生效裁决对当事方具有法律约束力。对于裁决中未予撤销的部分，按照规定已经具备终局效力，新仲裁庭无权涉及或重审这部分裁决。最后，当事方无权提出新的仲裁请求。同样由于争端和当事方的同一性，新仲裁庭的管辖权仍然受到原仲裁程序申请文件的约束，因此新仲裁庭仍然只能在原有争端的范围内行事，而不能额外新增新的仲裁请求。

关于仲裁权利，新的仲裁庭享有自由裁量权，可以自行考虑和决定在手的争端，而不受在先裁决或特设委员会撤销决定的限制。对于已撤销的部分裁决，原仲裁裁决因严重违反某些基础性的程序规定而撤销，其部分认定受到违规行为的干扰而不再具有法律约束力。而特设委员会并不具有上诉庭的职能，无权就原仲裁裁决的对错发表意见。因此，新仲裁庭无须

---

① Compañiá de Aguas del Aconquija S. A. and Vivendi Universal S. A. v. Argentine Republic, ICSID Case No. ARB/97/3, Decision on Jurisdiction (14 November 2005), 第 82-86 段。

② Amco Asia Corporation and others v. Republic of Indonesia, ICSID Case No. ARB/81/1, Decision on Jurisdiction in Resubmitted Proceeding (10 May 1988), 第 106-108 段。

受限于原先的裁决和决定。

# 第四节　执行裁决

《公约》仲裁最突出的特点之一即是其裁决的终局性及裁决执行的便利性。除了《公约》体系内的救济制度外，其裁决不受外部任何司法和仲裁机构的司法审查；争端各方负有法律义务主动执行裁决，尤其是裁决中关于财产责任的部分更可以在缔约国法院申请执行。

## 一、裁决效力

《公约》第五十三条从三个方面保障了仲裁裁决的终局性：法律约束力、不受外部司法审查、遵守裁决的义务。

### （一）法律约束力

仲裁裁决对当事方有法律约束力。仲裁庭的管辖权来自当事方通过不同方式表达的受仲裁管辖的合意。通过交付仲裁，当事方通过明示或默示的方式表达了认可仲裁裁决法律效力的表示。由此可以得出关于《公约》第五十三条关于法律约束力的三层含义。

第一，仲裁约束力仅及于当事方。非仲裁当事方由于未同意接受该仲裁庭管辖，因此仲裁裁决对其他案外方没有法律上的约束力。[1] 即使是缔约国，若不是仲裁当事方，仲裁裁决同样对其没有法律效力。《公约》第二十五条允许缔约国指定一些部门或组织，可以以自己的名义参加仲裁。在这些案件中，东道国反而不是仲裁的当事方，因此仲裁裁决对东道国没有法律的约束力。

第二，仲裁裁决不是案例法。如前所述，案例法并不是中心仲裁的法律依据。前案的裁决对后案仲裁庭的裁决并没有决定性的作用。这也是由于仲裁裁决的权源仅来自当事方，对于案外人，包括后案的仲裁庭在内，

---

[1]　或有学者认为《公约》要求缔约国都有认可和执行裁决的义务。但笔者认为，该义务源于条约义务，而并非基于裁决的既判力。

都没有法律上的约束作用。

第三，有约束力的仅是仲裁裁决本身。① 在仲裁过程中，仲裁庭可能对一些程序性问题做出决定，也可能对部分问题先行做出裁决。这些裁决和决定并不一定都有法律约束力，只有汇入最终裁决的部分才对当事方有法律上的约束效力。

## （二）不受外界司法审查

《公约》的仲裁几乎是个封闭的体系。中心仲裁庭的裁决仅受《公约》体系内的审查监督和救济机制制约，而其他仲裁中司空见惯的司法机关审查，则无法适用于中心仲裁庭做出的裁决。这也是中心仲裁有别于其他国际仲裁的显著区别之一。

《公约》第五十三条第一款规定，中心裁决不受任何非《公约》体系的上诉或救济程序审查。这也与《公约》第二十六条关于管辖权的规定相呼应：当事方提交仲裁，除非另有约定，即认为双方同意排除其他争端解决方式。因此，一方面当事方无权将已做出的裁决交付其他司法机关审查，另一方面缔约国的国内法院，或其他国际仲裁机构也无权对中心裁决进行实质的审查。②

因此，即使一方当事方对裁决结果不满意，仍然不能通过上诉或者寻找其他仲裁或司法途径的方式，寻求对同一争议的二次审查。

## （三）遵守裁决的义务

基于裁决的既判力，当事方都有义务履行已做出的裁决。并且该义务对当事方是绝对义务，并不以是否启动裁决的认可或执行程序为前提条件。

在 Azurix-阿根廷案中，东道国主张在胜诉方没有提出执行的主张之前，其没有义务执行裁决。对此，特设委员会表达了反对意见：《公约》第五十三条要求当事方立即执行裁决中的有关条款，并无须以启动第五十四

---

① 根据《公约》内在救济审查制度而产生的裁决，例如对裁决的解释、修订和撤销的决定，同样被视为仲裁裁决。

② 在执行裁决时，执行法院的确有权依据其国内仲裁和执行的法律法规，执行中心的裁决。

条的执行程序为前提。①

MINE-几内亚案特设委员会在论及主权豁免在仲裁执行中的作用时指出，主权豁免是对强制执行的抗辩事由，但其本身正说明了东道国一方未能遵守裁决的事实。而不遵守裁决本身则构成了不履行国际条约义务的事实，并将因此受到制裁和规制。②

但是遵守裁决与执行裁决并不能等而视之。败诉方有遵守裁决并不再就相同问题提出仲裁或诉讼的义务，但并没有立即执行裁决的义务。当事方可以通过自愿执行和向法院申请执行等方式完成裁决的执行工作。

## 二、认可与执行

仲裁裁决生效后即对当事方产生法律效力。而《公约》有别于其他国际仲裁或司法机构的显著特点之一是，裁决能在全体缔约国范围内获得认可和执行。《公约》第五十四条规定了全体缔约国都有义务认可已生效的裁决，并执行裁决财产部分的规定。由于非财产类型的执行标的复杂、多样，《公约》同样授权执行缔约国可以按照其国内法律规定予以考虑和执行。

因此从条约规定上，裁决的认可和执行的规则也不相同：对于裁决的认可，所有缔约国都负有条约义务；而对于执行，当事方都有义务主动和立即执行；而对于非当事方的执行裁决的缔约国，只有财产部分的裁决应当执行。

### （一）认可

认可是执行的前序。认可程序的主要目的在于由执行机关确认申请执行所依据的裁决的真实性和有效性。不同于执行程序，认可程序的义务是普世的，缔约国都负有认可生效裁决的义务，且没有依据其国内法律或其他国际条约拒绝认可的自由裁量权。

根据《公约》第四十九条第一款的规定，在仲裁庭做出裁决后，中心

---

① Continental Casualty Company v. Argentine Republic, ICSID Case No. ARB/03/9, Decision on Argentina's Application for a Stay of Enforcement of the Award (23 October 2009), 第 12 段。

② Maritime International Nominees Establishment v. Republic of Guinea, ICSID Case No. ARB/84/4, Interim Order 1 (August 12 1988), 第 25 段。

秘书长应当立即向当事方提供其认证过的裁决副本。根据《公约》第五十四条第二款的规定，当事方在向执行机构申请执行时需要提供生效裁决的副本。此外，根据第五十一—五十三条，已做出的裁决亦有可能因解释、修订和撤销等审查程序，被仲裁庭或特设委员会决定暂停执行。因此认可程序的目的在于使执行机关能够验证当事方提交的裁决的真实性和有效性，以及是否存在执行方面的前置条件等。由此可见，一旦执行机关根据规定认可了裁决，则裁决的所有条款均可成为启动执行程序的标准，而不仅限于财产部分的条款。

在 LETCO-利比里亚案中，当事方向纽约法院申请执行仲裁裁决。纽约法院解释了有关认可和执行中心裁决的问题：首先，《公约》缔约国的执行法院都有执行的管辖权。当东道国签署《公约》，并据以与外国投资者进行仲裁，即表明缔约国同意在其国内完全认可和执行有关仲裁裁决。因此，缔约国知晓在认可和执行阶段，有可能通过其他缔约国的司法机关执行生效裁决，尤其是裁决的财产部分的规定。因此，纽约法院作为缔约国美国的地方法院对案件执行有管辖权。① 其次，裁决的认可和执行是两个不同的程序。根据《公约》第五十四条的规定，缔约国签署参加《公约》即意味着其同意在裁决认可程序中的国家豁免权。而执行程序则不同，其他缔约国的法院在执行裁决时应当遵从其国内法律的规定，其中包括有关主权豁免方面的规定。②

从其他案件的执行过程中，也可以找出认可程序是执行程序的前序这一特点。在 AIG-哈萨克斯塔案中，当事方在英国寻求裁决的认可和执行。认可程序比较顺利，而在当事方寻求执行哈萨克斯塔在英国银行的存款时，哈萨克斯塔方提出了主权豁免的抗辩并成功地阻止了执行。③

---

① Liberian Eastern Timber Corporation v. Republic of Liberia, ICSID Case No. ARB/83/2, United States District Court, Southern District of New York, Order (September 5 1986), 2 ICSID Reports 384.

② Liberian Eastern Timber Corporation v. Republic of Liberia, ICSID Case No. ARB/83/2, United States District Court, District of Columbia (16 April 1987), 2 ICSID Reports 390.

③ AIG Capital Partners, Inc. and CJSC Tema Real Estate Company Ltd. v. The Republic of Kazakhstan, ICSID Case No. ARB/01/6, Judgment of the English High Court of Justice on Enforcement (October 20 2005), 第95段。

## （二）执行

裁决的执行，从《公约》的规定可以分成两个层面：首先，当事方有义务遵守和执行裁决。《公约》第五十三条规定了裁决的法律效力，以及裁决对当事方施加的遵守和执行义务。其次，对于当事方之外的缔约国，其执行的义务只包括裁决的财产部分。第五十四条规定每一缔约国有法定义务执行生效裁决的财产部分。根据第五十五条的规定，执行过程应当遵从本国的法律规定，其中包括关于主权豁免方面的条款。

### 1. 条件

《公约》第五十四条第二款对当事方申请法院执行仲裁裁决的条件做了规定。就笔者看来，该款规定的执行裁决的条件包括一明一暗两个条件。

首先，明示的条件是申请执行的当事方应当提交仲裁裁决的正式版本作为执行依据。当仲裁庭做出裁决后，中心秘书长将根据《公约》第十一条和第四十九条的规定制作裁决的正式版本分发给当事方；裁决自此生效。因此申请执行当事方可以通过向执行法院提交裁决的正式版本证明裁决有效可执行。① 不同于缔约国法院执行裁决的程序，在申请执行阶段，当事方仅需要提交生效裁决的正式版本，并没有其他进一步的要求。为了便于执行，《公约》设计了相对简便的启动执行程序的条件；而具体的执行阶段则需要以来执行地关于裁决执行的法律规定。在 LETCO-利比里亚案中，纽约地方法院的做法具有代表性：在接受执行申请阶段，根据《公约》第五十四条第二款的规定要求当事方提供了生效裁决的正式版本，在随后的执行阶段，则依据美国法律中关于主权豁免的有关规定对当事双方对执行问题进行了审理和判断。②

其次，默示的条件则是仅有争端当事方可以申请执行裁决，第三人无权要求法院执行生效的仲裁裁决。因此，申请方的股东或母公司，以及以

---

① 对于可能因解释、修订或撤销程序而导致的中止执行裁决的情形，执行法院也应当要求当事方提供有关证据，证明不存在仲裁庭做出中止执行该裁决的决定所依据的理由。

② Liberian Eastern Timber Corporation v. Republic of Liberia, ICSID Case No. ARB/83/2, United States District Court, Southern District of New York, Order (September 5 1986), 2 ICSID Reports 384.

东道国制定机构作为当事方案件中的东道国，都没有资格申请法院执行。而作为外交保护入场的涉案投资者的母国，也只有在东道国不履行裁决义务的情况下才可能在国际场合对东道国提出执行要求。但该程序已不再是《公约》规定的执行程序的范畴。

### 2. 执行的法律适用

《公约》第五十四条第三款明确裁决执行的法律依据，适用执行地关于裁决执行的法律规定。《世界银行执行董事对公约的报告》解释了采用执行地法律的原因，考虑到普通法和大陆法在法律系统上的明显区别，以及各国采用单一制和联邦制的法院组织形式的不同，《公约》没有对如何执行裁决的程序和实体性要求进行规定，而是交由缔约国根据各自特点处理裁决执行的法律适用问题。[①]

即便如此，执行地缔约国仍需要遵守《公约》规定的关于执行裁决的条约义务。首先，仲裁裁决的终局性法律效力不容挑战。对于裁决的合法性和适当性，执行地法院没有管辖权。任何对裁决本身的救济，只能通过《公约》内部的审查救济制度完成。其次，执行地法院对执行内容没有决定权。一方面当事方可以选择多个不同地的法院申请执行，由不同法院执行裁决的不同部分；另一方面对于财产性质的裁决规定，法院没有权利拒绝执行。最后，执行地法律对裁决执行的规定仅及于程序性规定以及违反程序性规定的救济制度。由于裁决本身终局性的法律效力，执行地法院仅需要处理如何执行裁决的问题，即对执行程序和抗辩事由进行审理，并提供相应的救济途径。

### 3. 非财产部分的执行

缔约国在执行仲裁裁决的义务方面，《公约》第五十三条的规定仅及于裁决的财产部分规定。从执行的便利性角度出发，大多数案件中的当事方都倾向选择将财产性要求作为仲裁诉求。

但是当事方仍然有其他非财产类型的仲裁诉求。比如在强制征收或国有化相关的争端中，当事方可能要求返还财产，或者在注销经营许可类案件中，可能要求恢复或延长该许可等。

---

① 《世界银行执行董事对投资争端解决公约的报告》第 42 段，http://icsidfiles.worldbank. org/icsid/icsid/staticfiles/basicdoc/partB-section05.htm#04。

在 Goetz-布隆迪案中，申请方就提出了恢复免税许可的仲裁要求。仲裁庭认为东道国撤销免税许可在效果上接近财产征收，因此其违反了其在双边投资协定项下的义务。在随后双方达成的和解方案中，东道国将返还超额征收的税款，并恢复免税的经营许可。[①]

在 Azurix-阿根廷案中，申请方要求仲裁庭禁止东道国征收某种印花税。仲裁庭在裁决中指出，仲裁庭不仅有权利指明当事方权利义务关系，并有权禁止当事方特定的行为。[②]

非财产性质的裁决对当事双方仍然具有法律效力，当事方仍然有义务履行裁决规定的义务。但是由于非财产性质的裁决规定，在其他缔约国申请执行时可能遇到的不便，例如法院对其他主权国家的主权行为没有管辖权、不能要求或禁止主权国家的管理行为等原因，申请方倾向于请求仲裁庭给与财产利益的救济。即使在 Goetz-布隆迪案中，当事方在提出恢复免税许可请求的同时，也提出了与此有关的损失赔偿请求。

## 三、抗辩事由

《公约》第五十五条对第五十四条第三款中对执行裁决的法律适用进行了细化，尤其强调了主权豁免作为抗辩裁决执行事由的重要作用。

### （一）主权豁免规则

《公约》第五十五条保证了执行地法律关于主权豁免规定的有效性，即东道国可以根据执行地现行法律中关于主权豁免的规定，在法庭的执行程序中开展抗辩，以阻止对裁决某些条款的执行。

《联合国国家及其财产管辖豁免公约》是国际法领域关于主权国家及其财产在其他国家享有豁免权的国际公约。国际性法院和国家法院一直将该《公约》视为分析国家豁免法的一个有用、但并非总是具有决定性的出发点。因此，与该《公约》获得批准的缓慢速度相比，认为其将对法律和

---

① Antoine Goetz and others v. Republic of Burundi（ICSID Case No. ARB/95/3），Award（February 10, 1999），第 307 段。

② Enron Corporation and Ponderosa Assets, L. P. v. Argentine Republic, ICSID Case No. ARB/01/3, Decision on Jurisdiction（14 January 2004），第 81 段。

实践产生协调影响的观点更具现实意义。[①] 该《公约》第五条规定了主权豁免是指另一个国家的法院对其他主权国家及其财产没有管辖权。同时第十七—二十条对国际仲裁对国家及其财产的管辖权进行了规定，通过仲裁协议等方式明示放弃主权豁免权的，法院可以执行该国家及其财产相关的裁决规定；除此之外，法院仅在商业性交易等少数情况下享有仲裁裁决执行的管辖权。

就中心仲裁而言，由于排除了外部司法机构的审查，因此其仲裁裁决仅需要面对执行过程中缔约国法院的管辖权问题。在面临执行仲裁裁决的申请时，执行地法院考虑的首要问题是基于当地主权豁免有关法律的执行管辖权。就执行管辖的豁免权，区分执行标的是否商业用途是广为接受的标准。主要国家关于仲裁执行的主权豁免规定，通常都区分执行标的是否是商业用途的财产。如果该标的系商用，则法院可以执行裁决中关于该标的的规定；如果系非商用财产，则有可能触发主权豁免规定免于执行。

**1. 区分标准**

在实践中，作为执行标的财产是否用于商业用途并不总是清晰可见。财产的经济属性，使其可能同时满足商业用途和行使管理只能双重的目的。因此，在执行时法院经常面临如何确认执行标的商业性质。通常认为，在判断执行财产的性质时，应当结合执行标的来源重点考虑涉案国家使用该财产的目的。

就目的而言，如果执行标的已经被划拨用于特定的公共服务或其他国家管理行为，则通常认为这种财产并不属于商业性质的资产。有意见进一步认为，如果执行标的存在未来用于公共服务的可能性，则该资产同样享受主权豁免条款的保护。[②] 因此如果执行标的同时用于公共服务职能和商业用途，执行法院可能更倾向于采取保守态度，引用主权豁免相关规定保护该资产，而不是根据仲裁裁决执行该资产。

---

① Philippa Webb, Introductory Note to the United Nations Convention on Jurisdictional Immunities of States and Their Property (New York, 2 December 2004), United Nations Audiovisual Library of International Law, https://legal.un.org/avl/ha/cjistp/cjistp.html, 2020-10-06.

② C. H. Schreuer, State Immunity – Some Recent Developments (Cambridge: Grotius, 1988), P149-151.

### 2. 执行标的与仲裁的联系

在执行其他国际仲裁裁决时，有些国家法律提出了执行标的应当与仲裁争议存在联系方可在其国内法院申请执行。虽然就《公约》裁决执行而言，第五十四条第一款已经通过强制性规定的形式，提供了拟执行的财产类裁决与执行地的联系，但对于待执行裁决的其他规定，理论上仍然可能需要满足待执行裁决与执行地联系的要求。

《联合国国家及其财产管辖豁免公约》（1991 年草案）第十八条第一款 c 项规定，申请执行的财产除了具备非官方用途、位于执行地的条件外，还应当与仲裁争议具有联系。① 若根据该款的规定，作为主权豁免例外而能执行仲裁裁决的标准相对较高：一方面需要有存在于其他国家的纯商业用途的资产，另一方面该资产还要与仲裁争议有关。在实践中，几乎难以找到符合两条标准的资产用于执行。

在 2004 年正式公布的《联合国国家及其财产管辖豁免公约》中，该要求被弱化为待执行的资产应与裁决义务履行当事方存在联系即可。这一改变仅要求执行标的与东道国之间存在联系，因此明显提高了仲裁裁决执行的可能性。

要求执行标的与争议存在联系的代表是瑞士。在利比亚-LIAMCO 中，瑞士法院认为其执行国际仲裁裁决需要执行标的及仲裁争议与瑞士的联系，仅仅是仲裁地在瑞士并不能提供这种联系供其执行裁决。② 此外，法国也要求执行标的与仲裁的争议之间应当具有一定的联系，否则法国法院无法执行。③

并非所有国家关于执行国际仲裁裁决的法律都要求执行标的与裁决争议存在一定的联系。意大利宪法法院在 Condor 对司法部的裁决中写道，要求待执行财产与仲裁争议存在特定的联系并不是广为接受的原则，在西欧

---

① *Draft Articles on Jurisdictional Immunities of States and Their Property* 1991, Yearbook of the International Law Commission, 1991, vol. II（Part Two）.

② C. H. Schreuer, State Immunity – Some Recent Developments（Cambridge：Grotius, 1988）, P163.

③ Soci'et'e Eurodif v. R'epublique Islamique d'Iran, Cour d'appel, Versailles, 9 July 1986, 2 ICSID Review-FILJ 161（1987）.

各国通常没有此类规定。① 英国《1978 年主权豁免法》、澳大利亚《1985年外国国家豁免法》也没有类似联系的要求。

### 3. 有关法律和实践

美国《1976 年外国主权豁免法》规定，当执行标的与仲裁协议其他条款不冲突时，美国法院可以执行当事方国家的商业资产。② 在 LETCO-利比里亚案中，在寻求在美国境内执行东道国资产时，纽约法院首先审查了该执行标的是否用于商业活动。法院认为由于执行标的所产生的收入用于支持政府功能，因此受到主权豁免规则的保护，不能用于执行。③

英国《1978 年主权豁免法》同样允许法院执行其他国家用于商业用途的在英资产。④ 其中，商业用途是指交易目的在于提供货物、服务、贷款及其他非主权行为的经济活动。在 CCL-哈萨克斯坦案中，AIG 试图在英国法院执行东道国中央银行在英存款。法院认为该执行标的属于央行，并不是仲裁当事方的资产；此外，他国央行资产享有主权豁免，也不能够被执行。⑤

法国也采用了类似的标准区分主权国家的商业资产。在 SOABI-塞内加尔案中，巴黎上诉法院认为：外国及其资产原则上享有执行的豁免权，但当执行标的被用于基于私法的经济或商业活动时，则可以例外地予以执行⑥。

此外，欧盟《1972 年国家豁免法》、加拿大《1982 年国家豁免法》和澳大利亚《1985 年外国国家豁免法》等都有类似的规定。

### 4. 特定类别财产的规则

在执行裁决中，最常引用主权豁免规则的资产是央行在外资产和外交财产。

---

① Condor and Filvem v. Ministry of Justice, Italian Constitutional Court, Case No. 329, 15 July 1992, 101 ILR 394, at 402.

② 28 USC 1610 (a) (6).

③ Liberian Eastern Timber Corporation v. Republic of Liberia, ICSID Case No. ARB/83/2, US District Court for Southern District of New York II (1December 12 1986), 2 ICSID Reports 385, 388/9.

④ Sec. 13 (4).

⑤ Judgment of the English High Court of Justice on Enforcement (October 10 2005), 第 93-94 段。

⑥ Société Ouest Africaine des Bétons Industriels v. Senegal, ICSID Case No. ARB/82/1, Paris Court of Appeal Decision (December 5 1989), 117 Journal du droit international 141.

央行在外资产主要是指一国央行或金融管理部门在境外其他银行的存款或者金融资产。在实践中，是否赋予央行在外资产以主权保护，各国立法和实践并不一致。美国、加拿大、英国和澳大利亚等国的法律给予央行资产和其他政府财产相同的保护。在前述的 CCL-哈萨克斯坦案中，英国法院就拒绝执行哈国央行在英的财产，仍然认为外国央行或金融管理机构的财产不能等同于商业用途的资产。① 此外，也有一些案例的执行法院没有根据主权豁免保护外国央行财产免受仲裁裁决的执行。②

外交资产受《维也纳外交关系公约》规定的保护，外交用的房地产、设备和其上的其他物品，以及交通工具不受扣押和执行。同时《联合国国家及其财产管辖豁免公约》也专章规定外交财产享受主权豁免的保护。虽然两个公约都强调了外交财产不受执行或扣押的保护，但在外交机构所持有的银行账户问题上仍存在区别。《维也纳外交关系公约》并未提及外交机构的银行账户免受扣押和执行，而《联合国国家及其财产管辖豁免公约》则强调了外交机构及其所属或派出机构的银行账户都同样享受主权豁免的保护。美国、英国、澳大利亚、加拿大和欧盟等国家和地区关于主权保护的法律都确认了外交资产的保护。在 LETCO-利比里亚案中，申请方提出了执行东道国在美外交使团银行账户的请求，主张该账户同时履行了商业性交易的职能，至少应当执行关于商业性交易部分的资金。法院拒绝了该主张，提出一方面基于《维也纳外交关系公约》，驻在国应当保障外交机构的完整功能，其中就包括保护银行账户的资产；另一方面，外交使团银行账户发生的购买商品或服务的商业交易，是为了外交使团履行职能的需要，是辅助性和间或性的行为，并不能因此而导致外交银行账户失去主权豁免的保护。③

---

① AIG Capital Partners, Inc. and CJSC Tema Real Estate Company Ltd. v. The Republic of Kazakhstan, ICSID Case No. ARB/01/6, Judgment of the English High Court of Justice on Enforcement (October 20 2005)，第 57 段。

② C. H. Schreuer, State Immunity-Some Recent Developments (Cambridge：Grotius, 1988)，第 156 页。

③ Liberian Eastern Timber Corporation v. Republic of Liberia, ICSID Case No. ARB/83/2, US District Court for District of Columbia Decision (April 16 1987), 2 ICSID Reports 391.

## （二）商事裁决

商事裁决的抗辩主要针对基于《公约》的《附加便利规则》做出的仲裁裁决。该类仲裁裁决不能直接援引《公约》在其他缔约国执行有关财产部分的裁决，只能通过适用《承认及执行外国仲裁裁决公约》（即《纽约公约》）的方式执行。

而《纽约公约》针对的对象是国际商事仲裁裁决。《附加便利规则》所做出的裁决，是否属于商事仲裁裁决则完全取决于执行地法律的规定。例如，在涉及征收或国有化的案例中，执行地法律可能就不认为该类案例属于商事争议，而拒绝以《纽约公约》的方式予以执行。